新编21世纪高等职业教育精品教材◆经济贸易类

经济学基础

（含活页练习册）

JINGJIXUE JICHU

主编　姚　君

中国人民大学出版社
·北京·

图书在版编目（CIP）数据

经济学基础：含活页练习册 / 姚君主编. —北京：中国人民大学出版社，2023.7

新编21世纪高等职业教育精品教材. 经济贸易类

ISBN 978-7-300-31415-0

Ⅰ. ①经… Ⅱ. ①姚… Ⅲ. ①经济学-高等职业教育-教材 Ⅳ. ①F0

中国国家版本馆 CIP 数据核字（2023）第 016725 号

新编21世纪高等职业教育精品教材 · 经济贸易类

经济学基础（含活页练习册）

主　编　姚　君

Jingjixue Jichu （Han Huoye Lianxice）

出版发行	中国人民大学出版社		
社　　址	北京中关村大街31号	邮政编码	100080
电　　话	010-62511242（总编室）		010-62511770（质管部）
	010-82501766（邮购部）		010-62514148（门市部）
	010-62515195（发行公司）		010-62515275（盗版举报）
网　　址	http://www.crup.com.cn		
经　　销	新华书店		
印　　刷	中煤（北京）印务有限公司		
开　　本	787 mm × 1092 mm　1/16	版　　次	2023年7月第1版
印　　张	19	印　　次	2023年7月第1次印刷
字　　数	382 000	定　　价	48.00元

前言

科学是人类认识世界、改造世界最伟大的工具，为人类创造了空前丰富的物质财富，带来了巨大的物质文明和精神文明。正因为科技的发展，人类由野蛮时代迈入文明时代。人文社会科学以人类的精神世界、精神文化和社会现象为研究对象，揭示社会的本质和规律，为人类的生存和发展服务。经济学作为人文社会科学的重要组成部分，旨在研究人类经济活动的本质，揭示经济现象的发展规律，帮助人们认识社会经济现象。经济学理论既是社会大众从事经济活动的潜在行为准则，也是政府调控经济的基本理论依据。

“经济学基础”课程是经济类、管理类专业的专业基础课程。“经济”可以有两种解释：一个意思是“节俭”，这是经济学中微观部分的核心思想，以最小的成本换取最大的利益；另一个意思是“经邦济世”，这是宏观经济学的最终目的，运用国家政策让全社会的人都过得更好。

面对错综复杂的国际环境和艰巨繁杂的国内改革发展稳定任务，我国经济社会发展取得了全方位、开创性的历史性成就，国家经济实力、科技实力、综合国力跃上新台阶，成为世界第二大经济体，交出了一份亮眼的“成绩单”，展现了韧性和活力，成为引领世界经济复苏的重要力量。中国特色社会主义进入新时代，中国经济现代化进程也出现了阶段性变化的特征，即实现经济现代化和高质量发展。在我国经济社会发展取得举世瞩目成就的基础上，我国经济理论实现了一系列重大创新，开拓了当代中国马克思主义政治经济学新境界，不仅为中国经济发展提供了理论支撑，而且为世界经济发展贡献了中国智慧。

党的二十大报告中强调，中国共产党的中心任务就是团结带领全国各族人民全面建成社会主义现代化强国、实现第二个百年奋斗目标，以中国式现代化全面推进中华民族伟大复兴。在中国式现代化进程中，高质量发展是全面建设社会主义现代化国家的首要任务。高质量发展需要坚持社会主义市场经济改革方向，把实施扩大内需战略同深化供给侧结构性改革有机结合起来，全面推进乡村振兴和促进区域协调发展，继续推进高水平对外开放，而这一切的实现都离不开高素质的人才。

高职教育发展的主要动力是经济产业对技术技能人才的需求，高职教育要立足国情，教书育人与服务经济并重。高职高专经济管理类专业教育要立足培育“知识型、技能型、创新型劳动者大军”，要将服务国家战略、融入区域发展、促进产业升级融入教学内容中。基于这样的理念，我们经过多年的教学积累，开发了这本活页式教材。本教材是高职高专经济类、管理类相关专业的通用教材，也是在线开放课程新形态一体化教材。

本教材在结构和内容上紧扣经济学理论，按照社会主义市场经济现实，分为5个项目共14个任务，这5个项目包括走进经济社会、经济主体行为、经济市场分析、民生经济问题和调控经济政策，从不同的角度、模块、类别来剖析经济学。

在结构安排上，采用“现实案例导入—项目和任务驱动—实操技能拓展”的编写方式，逻辑合理、层次清晰；在内容安排上，采用导学案例、知识精讲、案例讨论、知识链接、拓展阅读、课堂讨论、价值提升等形式，使每个项目都目标明确、教学轻松、贴近生活；在文字表述上，做到语言凝练、图文并茂、深入浅出、通俗易懂。课后内容编排了基础知识巩固的应知考核（包括选择题、判断题、问答题等）和能力素质拓展的应会考核（包括计算能力、案例分析能力、综合决策能力），使学生能够将理论知识真正运用于实践。

学习经济学理论有助于学生正确认识身边的经济现象，解读政府发布的经济信息和经济政策，为学习经济管理类专业课程奠定理论基础，更有助于学生理性参与经济活动。

本教材力求体现以下特色：

1. 体系新颖、内容实用。本教材针对高职高专应用型人才培养的特点，将经济学基础知识重新架构，突破传统的微观和宏观两部分理论教学的划分方法，通过认识经济、经济主体、经济市场、民生问题、国家调控等专题项目来呈现教学内容。内容参照经济生活中的真实案例，结合我国经济发展趋势和经济体制改革的思路，并融入了思政元素，引导学生能够从与现实生活和工作岗位相关的经济问题入手，学习用经济学的思维来认识现实经济问题，学会用经济思维分析和解决问题。

2. 学生主体、能力导向。本教材作为高职高专经济类、管理类相关专业学生的入门之用，侧重的是培养学生主动学习的态度，让他们学会自主学习的方法和技能，享受乐于学习和勇于分享的学习过程和经历，提高他们综合运用知识的能力。因此，教材中除了保证知识体系的完整性、结构安排的合理性之外，更注重培养学生在学习中的主体地位，通过分组讨论和课堂讨论、学中做、做中学的形式来巩固所学知识，并用于现实生活中的决策和分析，解决现实问题。

3. 栏目丰富、资源多样。本教材每个项目在课前都有明确的学习目标，包括知识要求、能力目标和素养目标。教材内容中基础理论部分大量引入经济生活中的案例，贴近生活，让学生了解经济学、走进经济学。“拓展阅读”资料通过二维码链接等信息化教学手段呈现，拓宽学生视野。“价值提升”通过融入社会主义核心价值观，引导学生在学习专业知识的同时加强思想道德修养，提高政治水平。本教材所有教学资源都通过线上平台开放，教学包全揽教学规划、微课视频讲解基础知识、拓展视频开阔视野、单元测验考查学生知识掌握度，实现课前、课中、课后以及课堂内外不间断学习，从而提升教学的效果和效率。

本教材由江苏信息职业技术学院姚君、佘颖、胡伟芬三位老师负责撰写，具体分工如下：姚君老师制定教材的总体思路并提出具体要求，编写前言、项目一和项目五，佘颖老师负责项目二和三的编写，胡伟芬老师负责项目四的编写，最后由佘颖老师进行统稿，姚君老师负责审稿。在本教材的编写过程中，得到了多所院校授课教师的指点，参阅了大量国内外相关教材、报刊和网站的文献，在此向相关作者表示衷心的感谢。

鉴于编者水平有限，书中不妥之处在所难免，盼读者批评指正。

姚 君

2023 年 4 月

目 录

项目一　走进经济社会

- 项目一　走进经济社会
  - 任务一　初识经济学
    - 一、经济学的内涵
    - 二、经济学的研究内容
    - 三、经济学的研究方法
    - 四、与经济学相关的职业岗位
  - 任务二　价格理论
    - 一、需求理论
    - 二、供给理论
    - 三、均衡价格
  - 任务三　弹性理论
    - 一、需求价格弹性
    - 二、需求收入弹性与交叉弹性
    - 三、供给价格弹性

知识要求 / 教学重点

- 掌握经济学的研究对象，理解经济学的研究方法，明确学习经济学的意义和作用
- 掌握需求和供给的含义，掌握需求定理和供给定理，理解影响需求和供给的因素
- 掌握均衡价格的决定因素，理解需求与供给的变动对均衡价格的影响
- 掌握需求弹性和供给弹性的概念及公式，理解需求弹性和供给弹性的分类及影响因素

能力目标 / 教学难点

- 能够理解政府支持定价和限制定价的做法和调控原理
- 能够理解需求价格弹性与总收益的关系，并学会运用

素养目标 / 课程思政

- 激发学生对经济运行规律的学习兴趣和探索欲望
- 增强学生独立思考，透过现象看本质和逻辑分析的能力
- 培养学生协同合作的团队精神
- 塑造学生爱国情怀和民族自豪感

任务一　初识经济学

导学案例

“房住不炒”

《2022年深圳市政府工作报告》中指出，要加快推进住有宜居，坚持“房子是用来住的、不是用来炒的”定位，稳地价、稳房价、稳预期，出台发展公租房、保障性租赁住房和共有产权住房的政策措施，加强房地产市场监管，整顿规范房地产市场秩序，促进房地产业健康发展和良性循环；加大土地供应力度，供应居住用地3.65平方公里。完成公共住房投资390亿元，新开工住房面积1 500万平方米，建设筹集公共住房11万套（间），供应分配5.5万套（间）；完成老旧小区改造300个；深入推进城中村治理，整治燃气等不合理加价行为。要拿出更多实招硬招，千方百计解决好大城市住房突出问题，努力让新市民、青年人等群体在深圳安居乐业、安心发展。

学习任务：

1. 楼市中存在哪些市场主体及市场客体？
2. 谁在主导房价的涨跌？
3. 政府为何要提出“房住不炒”和“房地产业的良性循环、健康发展”的调控理念？

知识精讲

一、经济学的内涵

（一）经济学的前提假设

1. 资源稀缺性（Scarcity of Resources）

相对于人类社会的无穷需求而言，经济物品和生产这些物品所需要的资源总是不足的。这种资源的相对有限性就是资源稀缺性。

稀缺性是人类社会面临的永恒问题。只要有人类社会，就会有稀缺性。需求是无限的，资源是相对有限的，因此，稀缺性决定了社会和个人必须做出选择，即用有限的资源去满足人们需求的决策。

2. 理性人假设（The Basic Assumption of Rationality）

理性人假设，又称经济人假设，即每一个从事经济活动的人都是利己的，每一个从事经济活动的人所采取的经济行为都是力图以自己最小的经济代价去获得最大的经济利益。

（二）经济学的研究对象

经济学（Economics）是研究人们如何合理使用相对稀缺的资源来满足无限多样的需求的一门社会科学。从定义中不难看出，经济学要解决的基本问题有两类，即资源配置与资源利用。

1. 资源配置

资源配置是指把有限的资源分配到各种可供选择的用途中，以生产出能满足人们不同需求的产品。资源配置具体包括以下三个方面的问题：

（1）生产什么，生产多少？人们的需求具有多样性和层次性，条件不同，每种需求的相对重要性也不同。在资源稀缺，全部需求得不到完全满足时，为使有限的资源能提供的满足程度最大，就要根据各种需求的相对重要性，合理选择应满足需求的种类及其程度。由于资源有限，用于生产某种产品的资源多些，则用于生产另一种产品的资源就会少一些。

（2）怎样生产？“怎样生产”是指用什么资源和生产方法来生产。资源具有多样性，且每种资源的相对稀缺程度不同，同样的产品可以用能相互替代的不同的资源或资源组合来生产，那么就要选择生产成本最低或能带来最高收益的资源或资源组合。

（3）为谁生产？“为谁生产”是指生产出来的产品按什么原则、采用什么方式在人们之间进行分配。

2. 资源利用

资源利用是指人们如何更好地利用现有的稀缺资源生产出更多的产品。资源利用涉及以下三个方面的问题：

（1）为什么资源得不到充分利用？如何解决失业问题，实现充分就业？

（2）在资源和技术既定的条件下，产量为什么不能始终保持在生产可能性曲线上？怎样保持经济稳定而持续地增长？

（3）货币购买力的变动影响着资源的配置和利用，那么怎样通过控制通货膨胀来保持物价的基本稳定？

课堂讨论

1. 天下到底有没有免费的午餐？
2. 俗语说“物以稀为贵”，请用经济学的术语做出解释说明。

二、经济学的研究内容

（一）微观经济学

1. 微观经济学的特征

微观经济学（Microeconomics）以单个经济单位为研究对象，通过研究单个经济单位的经济行为和相应的经济变量单项数值的决定来说明价格机制如何解决社会的资源配置问题。

微观经济学的中心理论是均衡理论。市场经济中，在每个经济单位追求自身利益最大化的过程中，价格起着极为重要的作用。价格就像一只“看不见的手”，指引着各种经济主体的行为，引导着资源配置，决定着购买什么、购买多少、何时购买，以及生产什么、生产多少、怎样生产、为谁生产。微观经济学以均衡价格理论为中心，着力阐述价格机制如何使资源配置达到最优化，故也称价格理论或市场经济学。

微观经济学的研究方法是个量分析。个量即经济变量的单项数值，如某产品的产量、价格等。微观经济学就分析这类个量的决定、变动及其相互关系。

2. 微观经济学的假设条件

（1）市场出清假设，指商品价格具有充分的灵活性，能使需求和供给迅速达到均衡的市场。在出清的市场上，没有定量配给、资源闲置，也没有超额供给或超额需求。

（2）完全理性假设，指经济人以利己为动机，力图以最小的经济代价去追逐和获取自身的最大的经济利益。

（3）完全信息假设，指市场上每一个从事经济活动的个体（即买者和卖者）都对有关的经济情况拥有完全的信息。

3. 微观经济学的内容

微观经济学的内容比较广泛，主要包括：

（1）均衡价格理论，主要研究某种商品的价格如何决定，价格如何调节经济运行。

（2）消费者行为理论，研究消费者如何把有限的收入分配到各种物品的消费上，以实现效用最大化。

（3）生产者行为理论，研究生产者如何把有限的资源用于各种物品的生产，以实现利润最大化。

（4）市场理论，包括要素市场和产品市场。主要研究企业在不同结构市场上的行为与市场均衡；产品按什么原则分配给社会各集团组织与个人，即工资、利息、地租和利润如何决定。

（5）市场失灵与微观经济政策，研究社会资源配置最优化的实现，以及社会经济福利的实现等问题。

（二）宏观经济学

1. 宏观经济学的特征

宏观经济学（Macroeconomics）以整个国民经济为研究对象，通过研究经济中各有关总量的决定及其变化来说明资源如何才能得到充分利用。宏观经济学把资源配置作为既定的前提，研究现有资源未得到充分利用的原因、达到充分利用的途径，以及经济如何增长等问题，以实现社会经济福利的最大化。

宏观经济学的中心理论是国民收入决定理论。宏观经济学把国民收入作为最基本的总量，以国民收入决定为中心来研究资源利用问题，分析整个国民经济的运行状态。

宏观经济学的研究方法是总量分析。总量是指能反映整个经济运行情况的经济变量，如国内生产总值、国民收入、总投资、总消费等。宏观经济学分析这些总量的决定、变动及其相互关系，故也称总量经济学。

2. 宏观经济学的假设条件

（1）市场机制是不完善的。20 世纪 30 年代出现的空前严重的经济危机使经济学家认识到，如果只靠市场机制的自动调节，经济就无法克服危机和保持充分就业，就会在资源稀缺的同时，又产生资源的浪费。如果要使资源得到合理配置，同时得到充分利用，仅仅依靠市场机制是不行的。

（2）政府有能力调节经济，通过“看得见的手”纠正市场机制的缺陷。政府可以通过研究经济运行的规律，并采取适当的手段，干预调节经济，以克服经济萧条和通货膨胀，实现充分就业。宏观经济学正是建立在信任政府有能力调节经济的基础之上的。

3. 宏观经济学的内容

宏观经济学的内容比较广泛，主要包括：

（1）国民收入决定理论，研究不同时期宏观经济的决定。短期中用总需求-总供给模型，即从总需求和总供给的角度出发，分析国内生产总值和物价水平的决定及其变动的规律；长期中分析潜在国内生产总值、物价水平和自然失业率的变动。

（2）失业与通货膨胀理论，研究失业、通货膨胀和国内生产总值之间的相互关系，从而找出解决失业和通货膨胀的途径。

（3）经济周期与经济增长理论，研究国民收入短期波动的原因、长期增长的源泉等问题，以期实现经济长期稳定的发展。

（4）宏观经济政策，研究国家干预经济的理论依据和具体措施。

拓展阅读：
约翰·梅纳德·凯恩斯

课堂讨论

请举例说明你身边的经济现象哪些属于微观经济学的范畴，哪些属于宏观经济学的范畴。

三、经济学的研究方法

（一）均衡分析法

均衡分析法主要分析各种经济变量之间的关系，说明均衡的实现及其变动。均衡分析偏重于数量分析，而对于影响经济变化的历史的、制度的和社会的因素基本不予考虑，因为它们很难量化，难以进行量上的均衡分析。

（二）边际分析法

边际分析法就是通过对增量变化的分析，来确定资源配置的合理边界或当事人行为的合理边界，确立实现均衡所要求的数量条件。边际分析法是微观经济分析的基本方法。

（三）模型分析法

建立经济模型是进行实证分析所必需的具体方法。在进行实证分析时要提出用于解释经济现象的理论与假设，建立相应的经济模型以检验假设的准确性，并根据模型结论做出预测。经济模型建立的过程也是经济理论形成的过程：（1）所研究问题与使用变量的定义；（2）提出模型建立的假设条件；（3）提出假说，并进行证明，形成理论；（4）利用模型形成的理论进行预测。

（四）规范分析法和实证分析法

规范分析法是在分析经济现象时以一定的伦理和价值判断为基础，对经济问题提出评判意见的研究方法。规范分析是个人从自己的价值观出发，对事物做出评价，因此不同的人有不同的看法。由于没有统一的标准，规范分析所得出的结论无法进行检验。

实证分析法是摆脱价值判断，对经济本身的内在运行规律进行研究，并根据这些规律，分析和预测经济主体经济行为后果的研究方法。实证分析是对客观现象的分析，它可能是真实的，也可能是虚假的。这种分析是真是假，可以通过客观事实检验出来。

（五）静态分析法、比较静态分析法和动态分析法

静态分析法就是分析经济现象的均衡状态以及有关经济变量达到均衡状态所必须具备的条件，完全抽掉了时间因素和具体变化的过程。

比较静态分析法是将一种给定条件下的静态与新的条件下产生的静态进行比较。如果原有的已知条件发生了变化，则必将导致有关的变量相应地发生一系列的

变化，从而打破原有的均衡，形成新的均衡，比较静态分析法就是对新旧两种均衡状态进行对比分析。

动态分析法是对经济事物变化过程的分析，动态分析法引入了时间因素，分析考察各种变量在不同时期的变动情况。正是由于这种方法研究变量各个时间的变化情况，因此该方法也被称为时间序列分析法。

四、与经济学相关的职业岗位

经济学毕业生就业面非常广，适合在政府机构、金融机构、高等学校、大中型企业，从事政策分析、教学研究、经济管理、营销等工作，也适合自主创业。经济学毕业生主要就业岗位如下。

（一）经济预测、分析职位

经济预测、分析职位各个行业中都有，但一般只有跨国公司、大中型企业和政府经济决策部门、公共研究机构才会设置。该职位主要负责各种市场数据的收集和分析，其重要性越来越明显。

（二）营销职位

营销职位一直是市场需求最旺盛的职位类别之一，主要工作是把产品卖给国内和国外的客户。国内市场营销人员职位对专业的要求并不是非常高，然而一些跨国公司的销售培训生中常能见到经济学专业的研究生。从事外贸业务的人员需要更多综合性能力，例如为国内客户寻找国外货源；组织国际货物贸易物流，将生产的产品销售到世界各地。有相当一部分外贸营销人员在经验成熟后，成立了属于自己的外贸公司。

（三）管理职位

管理职位一般对学历的要求比较高。以研究生为例，大多数研究生在攻读硕士学位期间都参与了一些社会实践，拥有了一定的工作经验，所以正式进入社会时，能谋得一些管理职位，例如生产管理、行政管理、人事管理、金融管理等。

（四）金融机构相关岗位

资本市场是经济市场中重要的组成部分，金融机构相关岗位一般需要较扎实的理论功底，这类职位大体包括：

（1）基金经理，其职责大致可分为：负责某项基金的筹措；负责基金的运作和管理；负责基金的上市和上市后的监控。目前这方面的人才十分紧缺，其职业的前景广阔。要成为一名合格的基金经理并不容易，一般要具有硕士以上学位，有风险控制专业知识背景，还要具有较强的多学科、多行业分析判断能力，有敏锐的市场嗅觉，丰富的实践经验也是必需的。

（2）证券经纪人，目前我国证券经纪人有证券业务员、佣金经纪人、中介经纪人、交易所中介经纪人之分。证券经纪人的素质要求主要集中在两个方面：一是扎实的金融学基础知识；二是基于对市场的长期观察之后得出的投资经验。由于证券投资是高风险、高收益的投资，证券经纪人必须通过对证券市场价格变动趋势的研究，把握规律性，并结合影响证券价格的各种因素分析，逐步积累并具备相当的投资经验和熟练的业务操作能力。

（3）股票分析师，主要为股市投资者提供股市投资咨询服务，以及举办有关的讲座、报告会、分析会等，部分股票分析师在报刊上发表股评文章，以及通过电台、电视台等公众媒体提供股市投资服务。

价值提升

水资源短缺与污染应该引起我们的深思

众所周知，我国是一个水资源严重短缺的国家，人均水资源仅是世界平均水平的1/4。尽管我国的水资源总量约为2.7万亿立方米（2022年数据），但区域分布却很不平衡，其中80%分布在南部，而南部耕地仅占全国耕地的1/3。我国幅员辽阔，南北跨度非常大，可以想象到长距离输水的困难。因此，可用水资源总量不是很大。预计2030年人口高峰将达到16亿，人均水资源量为1 700立方米，接近或达到世界公认的水警戒线，缺水将越来越成为我国经济社会发展的严重制约因素。我国受干旱影响的年平均耕地面积约为4亿亩。但是，在我国水资源富庶的南方地区，水资源现状同样不是很乐观。目前，北部的水资源开发已超过50%，导致河流干涸和湖泊萎缩；南部地区的污水排放过多，造成了水污染；西北干旱地区大量生态用水被挤压，沙漠化正在蔓延；西南丘陵地带坡度高，田野高，水位低，水资源开发利用任务艰巨。从国家的角度来看，目前的水资源承载能力和生态环境承载力显然不足。

思考：

热爱生活，爱护环境，珍惜水资源。由于资源稀缺性，在资源使用中应如何进行合理的配置和利用？

任务二　价格理论

导学案例

确保重要民生商品保供稳价　遏制大宗商品价格不合理上涨

2021年以来，受主要国际传导等多重因素影响，部分大宗商品价格持续上涨。为切实保障重要民生商品供应和价格平稳，遏制大宗商品价格不合理上涨，监管层打出一系列组合拳，为保持价格平稳运行奠定坚实基础。

2021年6月28日，国家发展改革委发布消息，6月21日至25日，全国平均猪粮比价为4.9∶1。按照《完善政府猪肉储备调节机制 做好猪肉市场保供稳价工作预案》规定，已进入过度下跌一级预警区间，中央和地方须启动猪肉储备收储工作。

这是2021年6月上旬预案实施以来，我国第二次发布预警信息。为有效缓解生猪和猪肉市场价格周期性波动，多部门联合制定并出台预案，从机制完善的角度做出一系列安排，目的就是将本轮政府猪肉储备调节中的经验做法机制化、制度化，努力熨平“猪周期”波动，有效调控市场异常影响，促进生猪产业持续健康发展。

“价格过高时，投放储备以保障居民消费需要，推动价格向合理区间回落，避免生猪产能过度扩张；价格过低时，启动收储以托住市场，给养殖场户吃下‘定心丸’，避免生猪产能过度淘汰。”国家发展改革委有关负责人说。

粮油肉蛋菜果奶等重要民生商品生产供应和价格稳定，事关人民群众基本生活，关乎发展和安全。我国重要民生商品产供储加销链条长、环节多、涉及范围广，“小生产、大市场”特征突出，面对自然灾害、市场风险、突发事件，价格容易大起大落。加强制度构建确保重要民生商品保供稳价，意义重大。

（资料来源：安蓓，魏玉坤．确保重要民生商品保供稳价 遏制大宗商品价格不合理上涨——聚焦近期价格走势．新华社，2021-06-29.）

学习任务：

1. 粮油肉蛋菜果奶等民生商品的价格由哪些因素决定？
2. 在控制民生商品价格方面，政府可以发挥什么样的作用？

知识精讲

一、需求理论

（一）需求的含义

需求（Demand）是指消费者在一定时期内在各种可能的价格水平下愿意而且能够购买的某种商品的数量。需求是购买欲望和购买能力的统一，缺少任何一个条件都不能成为有效需求。

（二）需求的表示方法

1. 需求表

需求表（Demand Schedule）是描述一种商品价格与需求量之间关系的表格。例如表1-1中所示，当价格为1元时，需求量为700个；当价格上升为2元时，需求量下降为600个；当价格进一步上升为3元时，需求量下降为500个，以此类推。

表 1-1　某商品的需求表

价格－数量组合	A	B	C	D	E	F	G
价格(元)	1	2	3	4	5	6	7
需求量(个)	700	600	500	400	300	200	100

2. 需求曲线

需求曲线（Demand Curve）是用图示法把需求表中需求量与商品价格之间的关系表示出来而得到的那条曲线。需求曲线一般向右下方倾斜。如图 1-1 所示，横轴表示商品的数量，纵轴表示商品的价格。与数学上的习惯相反，在微观经济学分析需求曲线和供给曲线时，通常以纵轴表示自变量 P，以横轴表示因变量 Q。

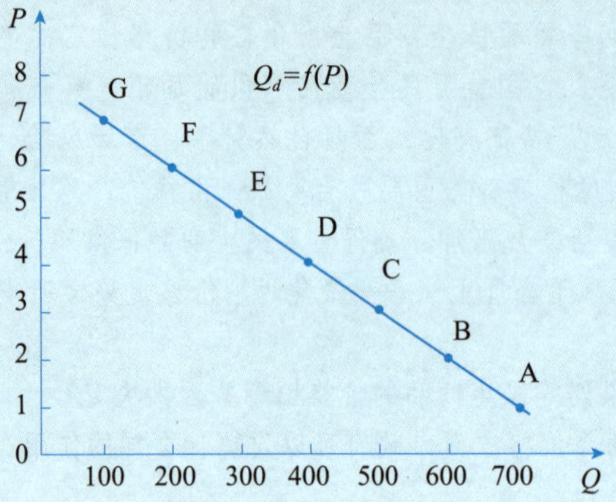

图 1-1　某商品的需求曲线

3. 需求函数

如果把影响需求量的所有因素作为自变量，把需求量作为因变量，则可以用函数关系来表示需求量和这些影响需求量的因素之间的依存关系，这种函数称为需求函数（Demand Function）。在经济分析中，为了简化分析过程，通常假定其他条件保持不变，仅分析一种商品的价格变化对该商品需求量的影响，即把一种商品的需求量仅仅看成是这种商品价格的函数。这样，需求函数可以记作：$Q_d = f(P)$。式中 Q_d 是某种商品的需求量，P 是该商品的价格。

（三）需求定理

需求定理（The Law of Demand）是指在其他条件不变的情况下，商品的需求量与价格变化是反比关系，即商品的价格高则需求量小，价格低则需求量大。

需求定理反映一般商品的需求规律，但也有某些特殊商品不符合需求定理，比如吉芬商品、炫耀性商品和投机性商品。

1. 吉芬商品

19 世纪时英国人吉芬发现，1845 年爱尔兰发生灾荒，土豆价格上升，但是土豆的需求量却反而增加了。这一现象在当时被称为“吉芬难题”。这类需求量与价格呈同方向变动的特殊商品也因此被称作“吉芬商品”。

2. 炫耀性商品

“炫耀性商品”由著名经济学家凡勃伦提出，表示完全用价格来衡量需求程度，需求量与价格呈同方向变动的特殊商品，如贵重首饰、高档手表、豪华轿车等。

3. 投机性商品

投机性商品受人们心理预期影响较大，需求呈现不规则变化，如股票、债券、黄金等。

（四）需求的影响因素

1. 商品本身价格

一般说来，一种商品的价格越高，该商品的需求量就会越小。相反，一种商品的价格越低，需求量就会越大。

2. 消费者收入

对于大多数商品来说，当消费者的收入水平提高时，就会增加对商品的需求量。相反，当消费者的收入水平下降时，就会减少对商品的需求量。

3. 消费者偏好

当消费者对某种商品的偏好程度增强时，该商品的需求量就会增加。相反，消费者的偏好程度减弱，需求量就会减少。

4. 相关商品的价格

当一种商品本身的价格保持不变，而与它相关的其他商品的价格发生变化时，这种商品本身的需求量也会发生变化。例如：在其他条件不变的前提下，当花卷的价格不变而馒头的价格上升时，人们往往就会增加对花卷的购买，从而使得花卷的需求量上升。

5. 消费者对未来的预期

当消费者预期某种商品的价格在未来下一期会上升时，就会增加对该商品的当期需求量；当消费者预期某商品的价格在将来下一期会下降时，就会减少对该商品的当期需求量。

6. 人口数量和结构变动

人口数量的增减直接影响需求的变化。人口结构的变动主要影响需求的结构，进而影响某些商品的需求。

7. 政府的政策

政府的政策也会影响需求，如偏紧的财政政策和货币政策会抑制消费需求，而鼓励消费的消费信贷制度则会增加需求。

视频：需求和需求量的变动

（五）需求和需求量的变动

需求量的变动（Movements Along the Demand Curve）指的是其他因素不变，商品本身的价格变化引起计划购买量的变动，在图上表现为需求曲线上点的移动，如图 1–2 所示。

需求的变动（Shifts of the Demand Curve）指的是商品本身的价格不变，其他因素变化引起计划购买量的变动，在图上表现为需求曲线的移动，如图 1–3 所示。

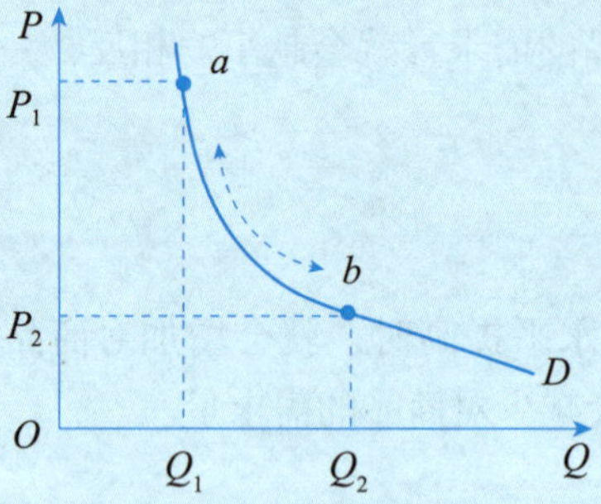

图 1–2 需求量的变动

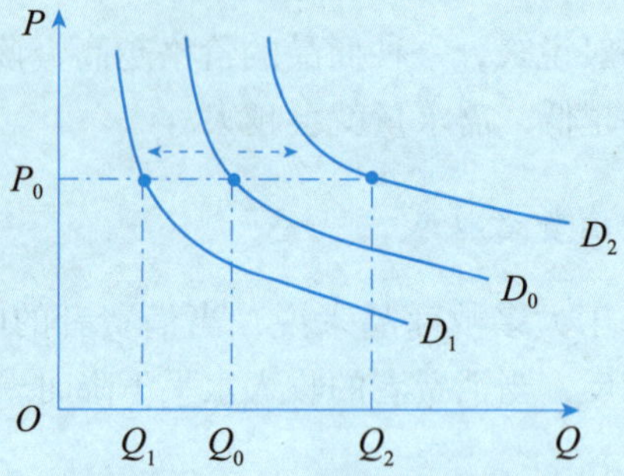

图 1–3 需求的变动

课堂讨论

小张是一家假发店的老板。他在进行假发需求预测的时候遇到了一些疑惑，请结合所学的知识帮小张答疑解惑吧！请指出下列变化是影响假发的需求还是需求量：

1. 光头人士的收入增加，会不会改变对假发的需求？
2. 帽子的价格上升，会不会改变对假发的需求？
3. 护理头发的成本上升，会不会改变对假发的需求？
4. 重归单身生活，会不会改变对假发的需求？
5. 假发的价格下降，会不会改变对假发的需求？

学中做

请你选择一种经常消费的商品，分析你在消费该商品时影响因素有哪些，并画图说明你的观点。

二、供给理论

（一）供给的含义

供给（Supply）是指生产者（厂商）在一定时期和一定价格水平下愿意而且能够提供的某种商品数量。因此，有效供给是供给欲望和供给能力的统一。

（二）供给的表示方法

1. 供给表

供给表（Supply Schedule）是表示某种商品的各种价格和与各种价格相对应的该商品的供给数量之间关系的数字序列表，如表 1-2 所示为某商品的供给表。

表 1-2　某商品的供给表

价格 - 数量组合	A	B	C	D	E
价格（元）	2	3	4	5	6
供给量（个）	0	200	400	600	800

2. 供给曲线

供给曲线（Supply Curve）是用图示法把供给表中供给量与商品价格之间的关系表示出来而得到的那条曲线。供给曲线一般向右上方倾斜。如图 1-4 所示，图中的横轴表示商品数量，纵轴表示商品价格。

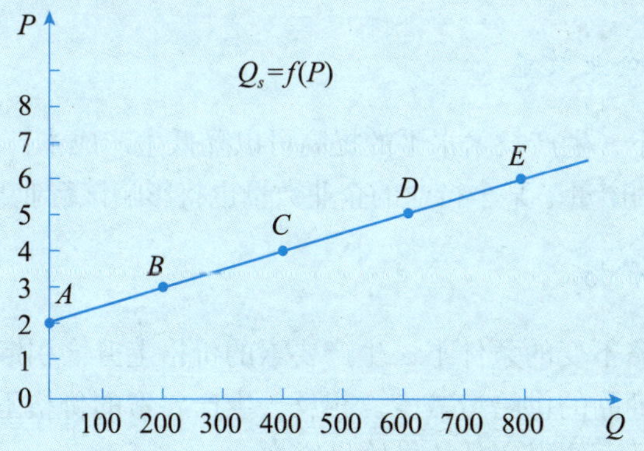

图 1-4　某商品的供给曲线

3. 供给函数

如果把影响供给量的所有因素作为自变量，把供给量作为因变量，则可以用函数关系来表示供给量和这些影响供给量的因素之间的依存关系，这种函数称为供给函数（Supply Function）。在经济分析中，通常假定其他条件保持不变，仅分析一种商品的价格变化对该商品供给量的影响，即把一种商品的供给量仅仅看成是这种商品价格的函数。这样，供给函数可以记作：$Q_s = f(P)$。式中 Q_s 为某种商品的供给量，P 为该商品的价格。

（三）供给定理

供给定理（The Law of Supply）是指在其他条件不变的情况下，商品的供给量与价格变化是正比关系，即商品的价格高则供给量大，价格低则供给量小。供给定理是在假定影响供给的其他因素不变的前提下，研究商品本身价格与供给量之间的关系。离开这一前提，供给定理就无法成立。

供给定理反映一般商品的供给规律，但也有某些特殊商品不符合供给定理，比如劳动、土地和投机性商品。劳动的供给起初会随着工资的提高而增加，但是当工资高到一定程度或者当劳动达到一定强度时，劳动者会更加看重闲暇时间，也就是劳动的供给并不会随着工资的增加进一步提高，而是会出现先增加而后减少的状态；土地这种供给量固定的商品，其供给量不会随着价格的变动而变动，类似的商品还有古董、名人字画；投机性商品受人们心理预期影响较大，供给呈现不规则变化，如股票、债券、黄金等。

（四）供给的影响因素

1. 商品本身价格

一般说来，一种商品的价格越高，生产者提供的产量就越大。相反，商品的价格越低，生产者提供的产量就越小。

2. 生产技术和企业数量

在一般的情况下，生产技术水平的提高可以降低生产成本，增加生产者的利润，生产者会提供更多的产量。某个行业的企业数量也将影响该行业某种商品的供给。

3. 生产要素的价格

在商品自身价格不变的条件下，生产要素的价格上升会引起生产成本上升，减少利润，从而使得商品的供给量减少。相反，生产要素的价格下降会引起生产成本下降，利润增加，从而使得商品的供给量增加。

4. 相关商品的价格

在一种商品的价格不变，而其他相关商品的价格发生变化时，该商品的供给量会发生变化。例如：对某个生产小麦和玉米的农户来说，在玉米价格不变和小麦价格上升时，该农户就可能增加小麦的耕种面积而减少玉米的耕种面积。

5. 生产者对未来的预期

如果生产者对未来的预期看好，如预期商品的价格会上涨，往往会扩大生产，增加供给产量。如果生产者对未来的预期是悲观的，如预期商品的价格会下跌，往往会缩减生产，减少供给产量。

6. 政府的政策

政府的政策也会影响供给。例如：政府的税收政策，政府如果增加税收，生产者的负担则加重，供给便会减少，反之则会增加。

（五）供给和供给量的变动

供给量的变动（Movements Along the Supply Curve）指的是其他因素不变，商品本身的价格变化，引起的企业计划供给量的变动，在图上表现为供给曲线上点的移动，如图 1-5 所示。

供给的变动（Shifts of the Supply Curve）指的是商品本身的价格不变，其他因素变化，引起的企业计划供给量的变动，在图上表现为供给曲线的移动，如图 1-6 所示。

视频：供给和供给量的变动

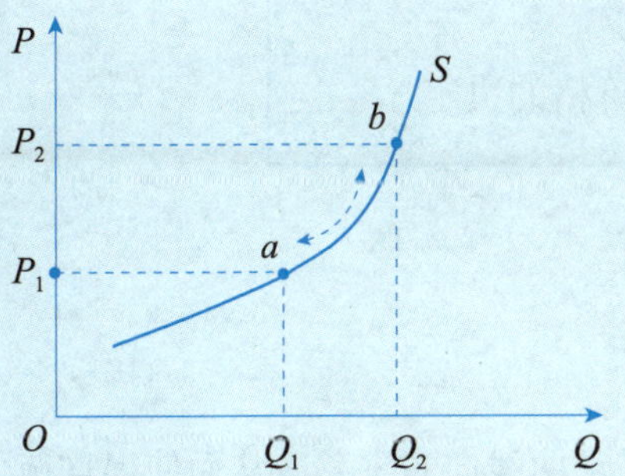

图 1-5　供给量的变动

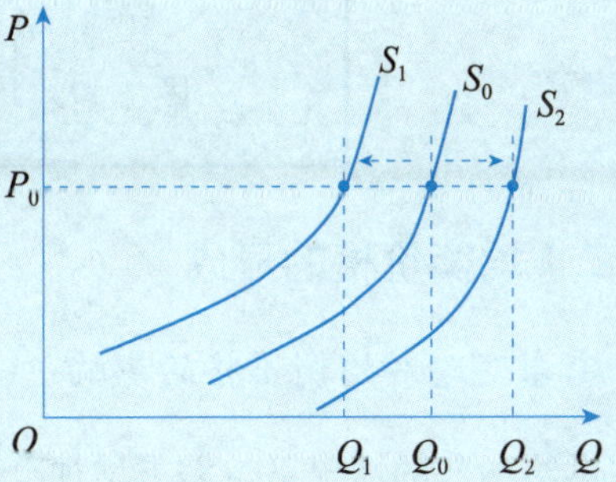

图 1-6　供给的变动

课堂讨论

请解释下列现象如何影响供给和供给量。

1. 新技术的应用使电动汽车生产成本下降，电动汽车生产规模扩大。
2. 西瓜涨价，农民扩大西瓜种植面积。
3. 对房屋开发商征税，开发商减少了房屋供给数量。

三、均衡价格

（一）均衡价格的含义

一种商品的均衡价格（Equilibrium Price）是指该种商品的市场需求量和市场供给量相等时的价格。在均衡价格水平下的相等的供求数量被称为均衡数量，均衡点上的价格被称为均衡价格。市场上需求量和供给量相等的状态，也被称为市场出清的状态。

在图 1–7 中，假定 *D* 曲线为市场的需求曲线，*S* 曲线为市场的供给曲线。需求曲线 *D* 和供给曲线 *S* 相交于正点，正点为均衡点 *E*。在均衡点 *E*，均衡价格（P_e）为 4 元，均衡数量（Q_e）为 400。显然，在均衡价格 4 元的水平，消费者的购买量和生产者的销售量是相等的，都为 400 单位。换言之，在均衡数量 400 的水平，消费者愿意支付的最高价格和生产者愿意接受的最低价格是相等的，都为 4 元。因此，这样一种状态便是一种使买卖双方都感到满意并愿意持续下去的均衡状态。

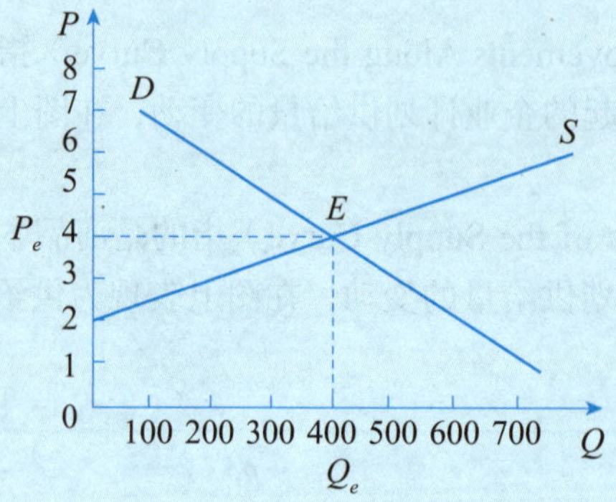

图 1–7　均衡价格的决定

（二）均衡价格的形成

1. 需求变动对均衡价格的影响

在供给不变的情况下，需求增加会使需求曲线向右平移，从而使得均衡价格和均衡数量都增加；需求减少会使需求曲线向左平移，从而使得均衡价格和均衡数量都减少。

在图 1–8 中，既定的供给曲线 *S* 和最初的需求曲线 D_1 相交于 E_1 点。在均衡点 E_1，均衡价格为 P_1，均衡数量为 Q_1。需求增加使需求曲线 D_1 向右平移至 D_2 曲线的位置，D_2 曲线与 *S* 曲线相交于 E_2 点。在均衡点 E_2，均衡价格上升为 P_2，均衡数量增加为 Q_2。相反，需求减少使需求曲线向左平移至 D_3 曲线的位置，D_3 曲线与 *S* 曲线相交于 E_3 点。在均衡点 E_3，均衡价格下降为 P_3，均衡数量减少为 Q_3。

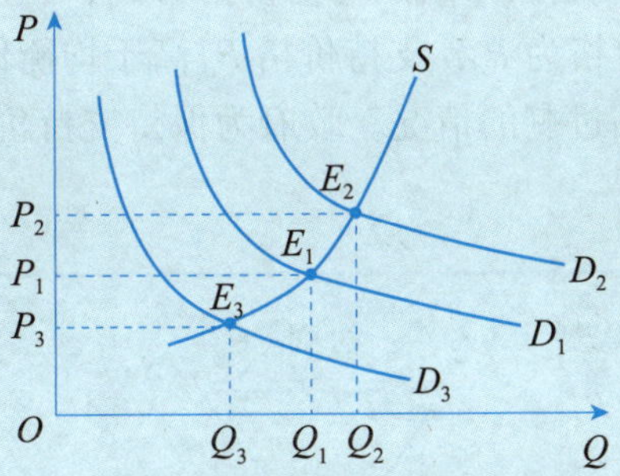

图 1–8　需求变动对均衡价格的影响

2. 供给变动对均衡价格的影响

在需求不变的情况下，供给增加会使供给曲线向右平移，从而使得均衡价格下降，均衡数量增加；供给减少会使供给曲线向左平移，从而使得均衡价格上升，均衡数量减少。

在图 1–9 中，既定的需求曲线 D 和最初的供给曲线 S_1 相交于 E_1 点。在均衡点 E_1 的均衡价格和均衡数量分别为 P_1 和 Q_1。供给增加使供给曲线向右平移至 S_2 曲线的位置，并与 D 曲线相交于 E_2 点。在均衡点 E_2，均衡价格下降为 P_2，均衡数量增加为 Q_2。相反，供给减少使供给曲线向左平移至 S_3 曲线的位置，且与 D 曲线相交于 E_3 点。在均衡点 E_3，均衡价格上升为 P_3，均衡数量减少为 Q_3。

视频：均衡价格的形成

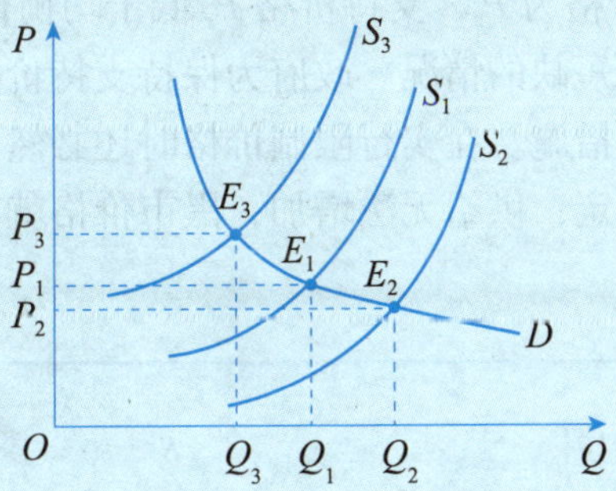

图 1–9　供给变动对均衡价格的影响

（三）均衡价格的运用

1. 支持价格

支持价格，又称价格下限（Minimum Price），指政府为扶持某种商品的生产而规定的这种商品的最低价格，如农产品支持价格。支持价格必定高于均衡价格。在政府规定了支持价格后，如果市场均衡价格高于这种支持价格，价格仍由市场供求决定，支持价格实际上不起作用。

如图 1-10 所示，市场自发形成的均衡价格为 P_e，均衡数量为 Q_e，政府为了支持该行业发展而规定的价格为 P_d，支持价格 P_d 高于均衡价格 P_e，此时供给量大于需求量，市场上出现产品过剩的情况。政府为保持支持价格，可以采取政府收购、组织出口等措施。

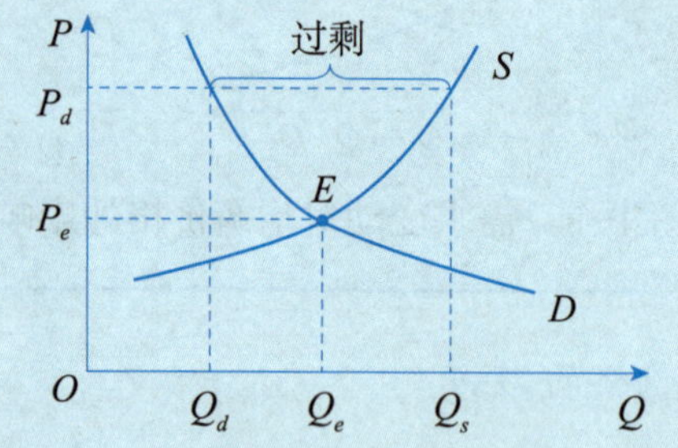

图 1-10　支持价格

2. 限制价格

限制价格，又称价格上限（Maximum Price），指政府为限制某种商品价格上升而规定的这种商品的最高价格，限制价格必定低于均衡价格。在政府规定了限制价格时，如果市场均衡价格低于这种支持价格，价格仍由市场供求决定，限制价格实际上不起作用。

如图 1-11 所示，市场自发形成的均衡价格为 P_e，均衡数量为 Q_e，政府为了限制该行业发展而规定的价格为 P_s，支持价格 P_s 低于均衡价格 P_e，此时需求量大于供给量，市场上出现产品短缺的情况。政府为保持支持价格，可以采取进口、寻找替代品、配给制、排队等措施。在实行限制价格时还必然出现黑市交易，即违法的市场交易。由于价格被固定，供给无法增加，黑市价格就由需求决定，这一价格一定高于均衡价格。

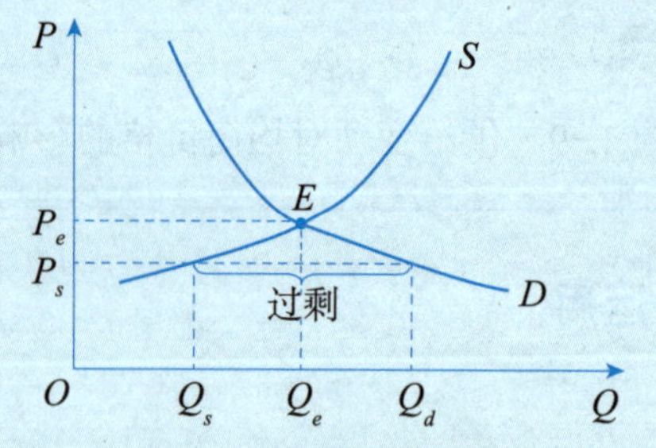

图 1-11　限制价格

做中学

政府对铁路票价、经济适用房价格、水费、电费等实行了最高限价，这种政策保护了消费者权益，有利于社会和谐稳定。请调查相关资料，针对其中一种现象分析这些政策会产生哪些不利影响，运用所学知识谈谈如何消除这些不利影响？

价值提升

华为 P50 手机定价风波

5G 技术的面市，让很多消费者有了全新的体验，但是华为 P50 手机上市时，由于缺乏射频芯片的关键技术，并没有配上 5G 技术。喜欢华为的人认为自己在支持国产，华为扛起了中国民族高科技产业崛起的大旗，再贵的华为产品，自己掏钱也是为了让它更加出色；不喜欢华为的人会将华为 P50 手机同等配置的手机如小米、OPPO、VIVO 等国产机做对比，认为华为性价比不高。

思考：

厂商在为手机定价时应考虑哪些因素？你在选购手机时会考虑哪些因素？综合供给和需求两方面，你认为手机的均衡价格受哪些因素影响？

任务三　弹性理论

导学案例

让水饮回归本源

气泡水、苏打水、无糖凉茶、膳纤饮料、运动功能饮料……近年来，水饮市场不断上新，刺激着人们的味蕾，也兼顾健康和创意，满足着消费者日益多样化、个性化的需求。

作为生命之源，水是人体必不可少的补给。从最初的解渴，到后来的口感，再到后面的养生……随着生活水平的提升，人们对水的需求不断升级，给市场带来无限商机。敏锐用心的商家，相机推出花样百出的饮品。喝水，变成一种感觉和一份心情，提升了生活的品质。

在点赞商家创意的同时，也应看到，不断上新的饮品生命周期其实很短暂，迭代速度之快让消费者眼花缭乱，一些新概念也很难辨别和理解。据《2021 水饮创新趋势报告》显示，果汁、茶饮料、乳饮料等口味型饮料产品，2～3 年便走完生命周期，如娃哈哈营养快线、康师傅冰红茶、可口可乐美汁源等产品，尽管全渠道仍维持一定零售体量，但整体销量也趋于下行或难以增长。

期待商家在不断推出创意、带来新鲜感的同时，围绕水的功用做文章，厚积薄发，行稳致远。同时，也呼吁有关方面，做好市场引导，让水饮回归本源，真正成为人们美好生活的重要载体。

（资料来源：杜秀萍．让水饮回归本源．中国经济网，2021-07-30．）

学习任务：

1. 商家开发不同的功能饮料是出于什么目的？
2. 你认为什么样的水饮不会被轻易取代，能有较长的生命周期？请说明理由。

知识精讲

一、需求价格弹性

（一）需求价格弹性的定义

需求价格弹性（The Price Elasticity of Demand）表示在一定时期内一种商品的需求量变动对于该商品的价格变动的反应程度。或者说，表示在一定时期内当一种商品的价格变化百分之一时所引起的该商品的需求量变化的百分比。

$$\text{需求价格弹性}=\frac{\text{需求量变化的百分比}}{\text{价格变化的百分比}}$$

即：

$$E_d=\frac{\Delta Q/Q}{\Delta P/P}=-\frac{\Delta Q}{\Delta P}\cdot\frac{P}{Q}$$

在通常情况下，由于商品的需求量和价格是呈反方向变动的，需求价格弹性系数为负值，因此为了便于比较，就在公式中加一个负号，以使需求价格弹性系数取正值。

知识链接

需求价格弧弹性：需求曲线上两点之间弧的弹性。

$$E_d=\frac{\text{需求量变化的百分比}}{\text{价格变化的百分比}}=-\frac{\Delta Q/Q}{\Delta P/P}=-\frac{Q_2-Q_1}{P_2-P_1}\cdot\frac{\frac{P_1+P_2}{2}}{\frac{Q_1+Q_2}{2}}=-\frac{Q_2-Q_1}{P_2-P_1}\cdot\frac{P_1+P_2}{Q_1+Q_2}$$

需求价格点弹性：需求曲线上某一点的弹性，也就是价格变动无限小时所引起的需求量变动的反应程度。

$$E_d=-\lim_{\Delta P\to 0}\frac{\Delta Q}{\Delta P}\cdot\frac{P}{Q}=-\frac{\mathrm{d}Q}{\mathrm{d}P}\cdot\frac{P}{Q}$$

需求价格弧弹性和点弹性的本质是相同的。两者区别仅在于：前者表示价格变动量较大时的需求曲线上两点之间的弹性，而后者表示价格变动量无穷小时的需求曲线上某一点的弹性。

（二）需求价格弹性的分类

各种商品的需求价格弹性并不一样。根据各种商品需求价格弹性系数的大小，需求价格弹性可以分为五类：

（1）完全无弹性（Perfectly Inelastic），$E_d=0$，在这种情况下，价格无论如何变动，需求量都不会变动，需求曲线如图 1-12（a）所示，是一条与横轴垂直的线。例如糖尿病人对胰岛素这种药品的需求。

（2）完全弹性（Perfectly Elastic），$E_d\to\infty$，在这种情况下，当价格没有变动，是既定的时候，需求量也会是无限的，需求曲线如图 1-12（b）所示，是一条与横轴平行的线。例如人们对黄金的需求。

（3）单位弹性（Unit Elastic），$E_d=1$，在这种情况下，价格变动的比率等于需求量变动的比率，需求曲线如图 1-12（c）所示，是一条正双曲线。

（4）缺乏弹性（Relatively Inelastic），$0<E_d<1$，在这种情况下，需求量变动的比率小于价格变动的比率，需求曲线如图 1-12（d）所示，是一条比较陡峭的线。生活必需品，如粮食、蔬菜、食盐等就属于这种情况。

（5）富有弹性（Relatively Elastic），$E_d>1$，在这种情况下，需求量变动的比率大于价格变动的比率，需求曲线如图 1-12（e）所示，是一条比较平坦的线。奢侈品，如名贵的珠宝、手表等就属于这种情况。

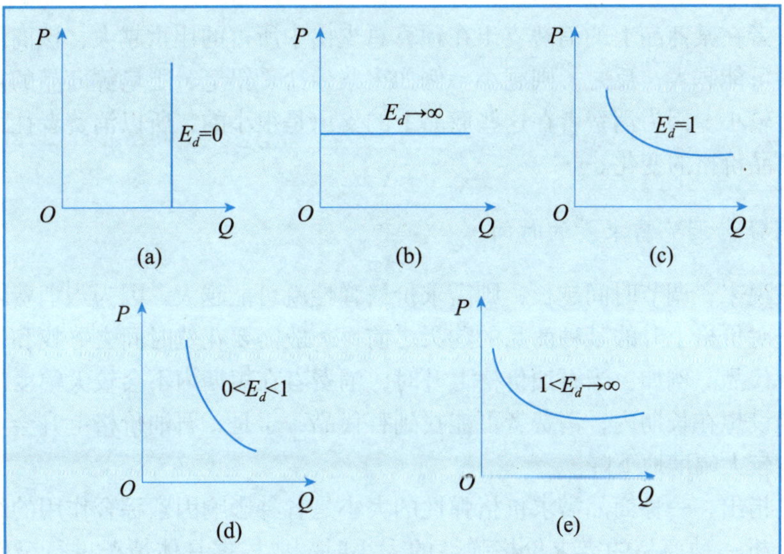

图 1-12　需求价格弹性的类型

（三）影响需求价格弹性的因素

影响需求价格弹性的因素是很多的，其中主要有以下几个：

1. 商品的可替代性

一般说来，一种商品的可替代品越多，相近程度越高，则该商品的需求价格弹性往往就越大；相反，该商品的需求价格弹性往往就越小。例如：在苹果市场，当苹果的价格上升时，消费者就会减少对苹果的需求量，增加对相近的替代品如香蕉、梨子的购买，这样，苹果的需求弹性就比较大。又如：对于食盐来说，没有很好的可替代品，所以，食盐价格的变化所引起的需求量的变化几乎等于零，它的需求价格弹性是极其小的。

2. 商品用途的广泛性

一般说来，一种商品的用途越是广泛，它的需求价格弹性就可能越大；相反，用途越是狭窄，它的需求价格弹性就可能越小。这是因为，如果一种商品具有多种用途，当它的价格较高时，消费者只购买较少的数量用于最重要的用途上。当它的价格逐步下降时，消费者的购买量就会逐渐增加，将商品越来越多地用于其他的各种用途上。

3. 商品对消费者生活的重要程度

一般说来，生活必需品的需求的价格弹性较小，非必需品的需求的价格弹性较大。例如：馒头的需求价格弹性是较小的，电影票的需求价格弹性是较大的。

4. 商品的消费支出在消费者预算总支出中所占的比重

消费者在某商品上的消费支出在预算总支出中所占的比重越大，该商品的需求价格弹性可能越大；反之，则越小。例如火柴、盐、铅笔、肥皂等商品的需求价格弹性就比较小。因为消费者在这些商品上的支出是很小的，所以消费者往往不太重视这类商品价格的变化。

5. 消费者调节需求量的时间

一般说来，调节时间越长，则需求价格弹性就可能越大。因为当消费者决定减少或停止对价格上升的某种商品的购买之前，一般需要花费时间去寻找和了解该商品的可替代品。例如：当石油价格上升时，消费者在短期内不会较大幅度地减少需求量。但设想在长期内，消费者可能找到替代品，于是，石油价格上升会导致石油的需求量较大幅度地下降。

需要指出，一种商品需求价格弹性的大小是各种影响因素综合作用的结果。所以，在分析一种商品的需求价格弹性的大小时，要根据具体情况进行全面的综合分析。

（四）需求价格弹性与厂商的销售收入

在实际的经济生活中会发生这样的现象：有的厂商提高自己的产品价格，能使自己的销售收入得到提高，而有的厂商提高自己的产品价格，却反而使自己的销售收入减少了。这意味着，以降价促销来增加销售收入的做法，对有的产品适用，对有的产品却不适用。如何解释这些现象呢？这便涉及商品的需求价格弹性的大小和厂商的销售收入两者之间的相互关系。

厂商的销售收入等于商品的价格乘以商品的销售量，即 $TR = P \times Q$。其中，P 表示商品的价格，Q 表示商品的销售量即需求量。

1. 富有弹性的商品

对于 $E_d > 1$ 的富有弹性的商品，降低价格会增加厂商的销售收入；相反，提高价格会减少厂商的销售收入，即厂商的销售收入与商品的价格呈反方向的变动。这是因为，当 $E_d > 1$ 时，厂商降价所引起的需求量的增加率（即 Q_1Q_2 的距离）大于价格的下降率（即 P_1P_2 的距离）。这意味着价格下降所造成的销售收入的减少量必定小于需求量增加所带来的销售收入的增加量。所以，降价最终带来的销售收入 *TR* 值是增加的。相反，在厂商提价时，最终带来的销售收入 *TR* 值是减少的。这种情况如图 1-13 所示。

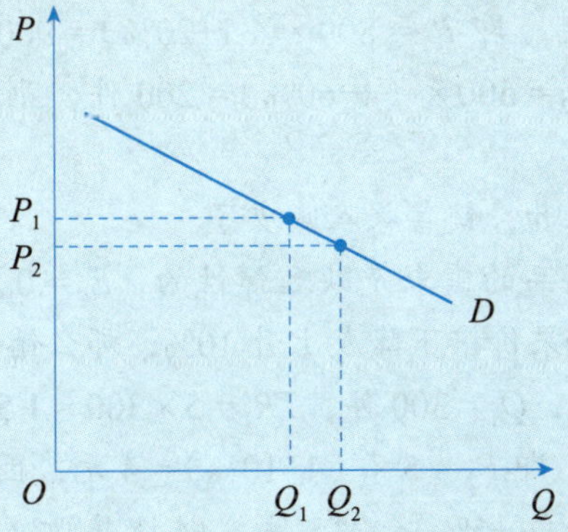

图 1-13　富有弹性的商品的价格与销售收入

2. 缺乏弹性的商品

对于 $E_d < 1$ 的缺乏弹性的商品，降低价格会使厂商的销售收入减少；相反，提高价格会使厂商的销售收入增加，即销售收入与商品的价格呈同方向的变动。其原因在于：$E_d < 1$ 时，厂商降价所引起的需求量的增加率（即 Q_1Q_2 的距离）小于价格的下降率（即 P_1P_2 的距离）。这意味着需求量增加所带来的销售收入的增加量并不能全部抵消价格下降所造成的销售收入的减少量。所以，降价最终使销售收入 *TR* 值减少。相反，在厂商提价时，最终带来的销售收入 *TR* 值是增加的。这种情况如图 1-14 所示。

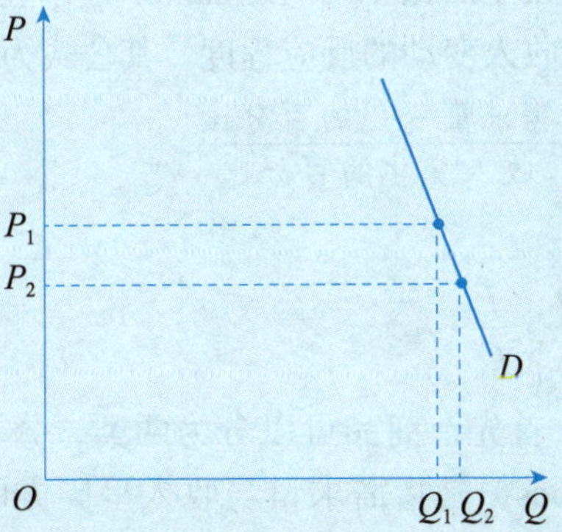

图 1-14　缺乏弹性商品的价格与总收益

学中做

案例 1–1 已知某商品的需求是富有弹性的，$E_d = 3$，原来的价格 $P_1 = 800$ 元，销售量为 $Q_1 = 500$ 件。如果价格下降或上升 20%，那么销售收入将如何变化？

分析： 价格 $P_1 = 800$ 元，$Q_1 = 500$ 件，$TR_1 = 800 \times 500 = 400\ 000$ 元。

如果价格下降 20%，即 $P_2 = 800 \times (1-20\%) = 640$ 元，因为 $E_d = 3$，所以销售量增加 60%，即 $Q_2 = 500 \times (1+60\%) = 800$ 件，则销售收入 $TR_2 = P_2 \times Q_2 = 640 \times 800 = 512\ 000$ 元。

这表明，商品价格下降，销售收入增加了。

如果价格上升 20%，即 $P_2 = 800 \times (1+20\%) = 960$ 元，因为 $E_d = 3$，所以销售量减少 60%，即 $Q_2 = 500 \times (1-60\%) = 200$ 件，则销售收入 $TR_2 = P_2 \times Q_2 = 960 \times 200 = 192\ 000$ 元。

这表明，商品价格上升，销售收入减少了。

案例 1–2 已知某商品的需求是缺乏弹性的，$E_d = 0.5$，原来的价格 $P_1 = 5$ 元，销售量为 $Q_1 = 300$ 件。如果价格下降或上升 10%，那么销售收入将如何变化？

分析： 价格 $P_1 = 5$ 元，$Q_1 = 300$ 件，$TR_1 = 5 \times 300 = 1\ 500$ 元。

如果价格下降 10%，即 $P_2 = 5 \times (1-10\%) = 4$ 元，因为 $E_d = 0.5$，所以销售量增加 5%，即 $Q_2 = 300 \times (1+5\%) = 315$ 件，则销售收入 $TR_2 = P_2 \times Q_2 = 4 \times 315 = 1\ 260$ 元。

这表明，商品价格下降，销售收入减少了。

如果价格上升 10%，即 $P_2 = 5 \times (1+10\%) = 6$ 元，因为 $E_d = 0.5$，所以销售量减少 5%，即 $Q_2 = 300 \times (1-5\%) = 285$ 件，则销售收入 $TR_2 = P_2 \times Q_2 = 6 \times 285 = 1\ 710$ 元。

这表明，商品价格上升，销售收入增加了。

二、需求收入弹性与交叉弹性

（一）需求收入弹性

需求收入弹性（Income Elasticity of Demand）表示在一定时期内，消费者对某种商品需求量的变动对于收入变动的反应程度。其公式为：

$$\text{需求收入弹性} = \frac{\text{需求量变化的百分比}}{\text{收入变化的百分比}}$$

即：

$$E_i = \frac{\Delta Q/Q}{\Delta I/I} = \frac{\Delta Q}{\Delta I} \cdot \frac{I}{Q}$$

根据弹性系数大小，首先，商品可以分为两类，分别是正常品和劣等品。其中，正常品（Normal Goods）是指需求量与收入呈同方向变化的商品，即需求收入弹性为正的商品；劣等品（Inferior Goods）是指需求量与收入呈反方向变化的商品，即需求收入弹性为负的商品。

需求收入弹性可分为五类：

（1）收入富有弹性，$E_i > 1$，在这种情况下，需求量变动的百分比大于收入变动的百分比。优等品，如高档消费品、耐用消费品、奢侈品，就属于这种情况。

（2）收入单位弹性，$E_i = 1$，在这种情况下，需求量随收入变动相同的百分比。

（3）收入缺乏弹性，$0 < E_i < 1$，在这种情况下，需求量变动的百分比小于收入变动的百分比。必需品就属于这种情况。

（4）收入无弹性，$E_i = 0$，在这种情况下，无论收入如何变化，需求量完全没有变化，食盐就属于这种情况。

（5）收入负弹性，$E_i < 0$，在这种情况下，收入增加时，对这种商品的需求量反而减少，肥肉、公共交通等就属于这种情况。

知识链接

恩格尔系数和恩格尔定律

恩格尔系数是食品支出总额占个人消费支出总额的比重。19 世纪德国统计学家恩格尔根据统计资料，对消费结构的变化得出一个规律：一个家庭收入越少，家庭收入中（或总支出中）用来购买食物的支出所占的比例就越大，而随着家庭收入的增加，家庭收入中（或总支出中）用来购买食物的支出比例则会下降。推而广之，一个国家越穷，每个国民的平均收入中（或平均支出中），用于购买食物的支出所占比例就越大，随着国家的富裕，这个比例呈缩小趋势。国际上常常用恩格尔系数来衡量一个国家和地区人民生活水平的状况。

联合国根据恩格尔系数的大小，对世界各国的生活水平有一个划分标准，即一个国家平均家庭恩格尔系数大于 60% 为贫穷；50% ～ 60% 为温饱；40% ～ 50% 为小康；30% ～ 40% 为相对富裕；20% ～ 30% 为富足；20% 以下为极其富裕。

恩格尔定律是指在一个家庭或在一个国家中，食物支出在收入中所占的比例随着收入的增加而减少。用弹性概念来表述恩格尔定律可以是：对于一个家庭或一个国家来说，富裕程度越高，则食物的需求收入弹性就越小；反之，则越大。许多国家经济发展过程的资料表明恩格尔定律是成立的。

（二）需求交叉弹性

需求交叉弹性（Cross Elasticity of Demand）表示在其他条件不变的情况下，一种产品的需求对其替代品或互补品价格变动的反应程度，用 E_{xy} 表示需求的交叉弹性。

$$E_{xy} = \frac{\Delta Q_x / Q_x}{\Delta P_y / P_y} = \frac{\Delta Q_x}{\Delta P_y} \cdot \frac{P_y}{Q_x}$$

需求交叉弹性可分为三类：（1）$E_{xy} > 0$ 是替代品（Substitutes）。y 商品的价格 P_y 上升（下降）引起 x 商品的需求量 Q_x 上升（下降），这说明商品 x 和商品 y 之间的关系为替代关系。弹性的绝对值越大，替代性越强，如苹果和香蕉；（2）$E_{xy} <$

0 是互补品（Complements）。y 商品的价格 P_y 上升（下降）引起 x 商品的需求量 Q_x 下降（上升），这说明商品 x 和商品 y 之间的关系为互补关系，如汽车和汽油。弹性的绝对值越大，互补性越强；（3）$E_{xy}=0$ 是独立无关的商品（Unrelated Products），如茶叶与食盐。

三、供给价格弹性

（一）供给价格弹性的定义

供给价格弹性（Price Elasticity of Supply）表示在一定时期内一种商品的供给量的变动对于该商品的价格的变动的反应程度。或者说，表示在一定时期内当一种商品的价格变化百分之一时所引起的该商品的供给量变化的百分比。它是商品的供给量变动率与价格变动率之比，公式为：

$$供给价格弹性=\frac{供给量变化的百分比}{价格变化的百分比}$$

即：

$$E_s=\frac{\Delta Q/Q}{\Delta P/P}=\frac{\Delta Q}{\Delta P}\cdot\frac{P}{Q}$$

与需求价格弹性一样，供给价格弹性也分为弧弹性和点弹性，前者表示某商品供给曲线上两点之间的弹性，后者表示某商品供给曲线上某一点的弹性。

（二）供给价格弹性的分类

通常情况下，由于商品的供给量与价格呈同向变化，所以 E_s 为正值。与需求的价格弹性一样，供给的价格弹性可分为五个类型。

（1）完全无弹性，$E_s=0$，在这种情况下，价格无论如何变动，供给量都不会变动，供给曲线如图 1-15（a）所示，是一条垂直于横轴的线。现实生活中的土地、古董就属于这种情况。

（2）完全弹性，$E_s\to\infty$，在这种情况下，价格即使不变或者上升很小，就会引起供给量上升无穷，供给曲线如图 1-15（b）所示，是一条水平线。如劳动力严重过剩地区的劳动力供给就属于这种情况。

（3）单位弹性，$E_s=1$，在这种情况下，价格变动的比率等于供给量变动的比率，供给曲线如图 1-15（c）所示。少数机械类产品属于这种类型。

（4）缺乏弹性，$0<E_s<1$，在这种情况下，供给量变动的比率小于价格变动的比率，供给曲线如图 1-15（d）所示，是一条比较陡峭的曲线。如石油、航天等资本技术密集型产品及农产品就属于这种情况。

（5）富有弹性，$E_s>1$，在这种情况下，供给量变动的比率大于价格变动的比率，供给曲线如图 1-15（e）所示，是一条比较平坦的曲线。如餐饮服务、服装等劳动密集型产品就属于这种情况。

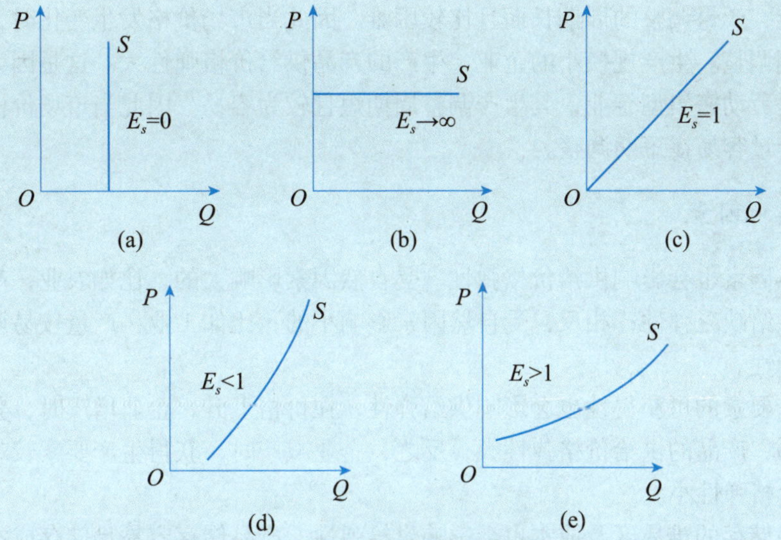

图 1-15 供给弹性的类型

（三）影响供给价格弹性的因素

1. 时间因素

在影响供给价格弹性的多种因素当中，时间因素是一个很重要的因素。当商品价格发生变化时，厂商调整产量需要一定的时间。如果短期内厂商根据价格的变化调整产量，存在不同程度的困难，相应地，供给价格弹性就较小；但是，在长期内，生产规模的扩大与缩小，甚至转产比较容易，也就是说供给量可以对价格的变动做出较充分的反应，那么，供给价格弹性较大。

2. 生产成本

其他条件不变时，生产成本随着产量的变化而变化。如果产量增加只引起边际成本轻微提高，意味着供给曲线平坦，供给价格弹性较大；如果产量增加引起边际成本较大提高，意味着供给曲线比较陡峭，供给价格弹性较小。

3. 生产周期

在一定时期内，对于生产周期较短的产品，厂商可以根据价格变化及时调整产量，则供给价格弹性较大；相反，生产周期较长的产品的供给价格弹性往往较小。

4. 固定资产的投资规模

固定资产投资规模大的企业，生产产品的供给价格弹性小。这是因为此类企业主要是资本密集型企业，由于受到巨大投入和专业化生产设备的制约，其生产规模较为稳定，产量调整的周期长而且比较困难。因此当市场价格发生变化时，产量难以在短期调整。生产规模小的企业，生产的产品供给价格弹性大。这是因为这类企业主要是劳动密集型企业，其生产调整周期短且较为容易。因此当市场价格发生变化时，产量容易在短期调整。

5. 其他因素

自然因素也会影响供给价格弹性。受自然因素影响大的，比如农业，产量难以调整，供给缺乏弹性；相反，受自然因素影响小的，比如工业，产量较易调整，供给具有弹性。

生产要素的可获得性也会影响供给弹性，在价格上升，企业增产时，获得生产要素容易，产品的供给价格弹性大；反之，企业减产时，获得生产要素较难，产品的供给价格弹性小。

产品储存的难易度及成本也会影响供给弹性，产品储存容易且储存成本低，产品的供给价格弹性大；相反，产品储存难且成本高，产品的供给价格弹性小。

价值提升

拓展阅读：蛛网理论

掣肘新能源汽车发展，充电桩问题如何解决？

燃油车要加油，但是很少会有人抱怨加油难，而只会埋怨汽油又涨价了；与之相对，新能源汽车需要充电，少有人会抱怨电费贵，只会埋怨充电难。可见，充电问题已经成为挡在新能源汽车发展前路的“拦路虎”。

一、私人充电桩配建紧迫性已凸显

早在 2020 年 3 月，新能源汽车充电桩、特高压等七大领域就被纳入“新基建”范畴，要求加快新型基础设施建设进度。虽然“新基建”的提出，让社会更多地关注到充电桩，但是，“2020 年全年度充电设施行业并没有出现跨越式发展，其市场规模和总量整体呈现平稳增长态势”。中国电动汽车充电基础设施促进联盟主任张帆表示。

《中国能源报》曾报道，2020 年全年能够完成 100 亿元左右投资，新增公共桩 20 万台左右，新增私人桩超过 40 万台，新增公共充电站 4.8 万座。从实际情况来看，2020 年全年国内充电基础设施增量仅为 46.2 万台，大幅低于预期。

2021 年，充电桩被写入了政府工作报告和“十四五”规划纲要。

《2021 年国务院政府工作报告》明确指出，增加停车场、充电桩、换电站等设施，加快建设动力电池回收利用体系。“十四五”规划纲要同样指出，推进老旧楼宇改造，积极扩建新建停车场、充电桩。

此前，公共充电桩主要服务于 B 端的出租车、网约车和物流车等服务车辆，随着新能源汽车个人消费比逐年提高，私人桩配建的紧迫性凸显。

据中国电动汽车充电基础设施促进联盟数据显示，2020 年随车配建充电设施

增量依然不高，同比下降 24.3%，未随车配建充电设施 37.2 万台，整体未配建率 29.8%。究其原因，主要有居住小区安装充电桩存在电力容量不足、没有固定停车位、物业配合度低等问题。

作为全国人大代表，广汽集团党委书记、董事长曾庆洪在两会期间建议，要加强配套基础设施建设，应在旧城改造、城郊接合部开发时提前考虑用地规划、充电站布局、配电设施建设等问题，新增电力供应重点考虑老旧小区和城中村地带的电力升级改造，解决这些区域用电的问题。

虽然国家层面给予了重大利好消息，但对于个人桩建设尚存的这些问题，如怎么报批、物业不配合该如何解决等，在执行层面上还需主管部门尽快出台明确规定。

在张帆看来，“解决问题的关键在于厘清各方的权、责、利”。对物业而言，配合建桩能带来什么利益，有怎样的责任和管理权限，相关政策或法规要予以明确；电网公司、第三方运营应当提出“统建统管”，解决电力负荷不足和维护日常运营安全；用户同样也要配合承担有序充电、使用绿色能源等责任。“私人桩配建需要多方配合、共同努力。”

二、公共充电桩四大“痛点”怎么破

近年来，新能源汽车产业稳步向前发展，但是充电的便利性、充电桩数量不足、布局不甚合理、部分充电桩位置信息没有实现共享等痛点，成为掣肘其发展的重要因素。

能链快电联合创始人于翔介绍，截至 2020 年，中国有近 500 万辆电动汽车，全国充电基础设施累计数量为 168.1 万台，车桩比例约为 3：1。“充电桩总量并不少，但充电桩使用率却不足 5%。”

在北京颐和园公园西门外的停车场，10 多个充电专用车位前空无一车，充电桩落满了灰尘，显然很久没有使用过。而在市区内的商场等公共停车场充电专用车位上，又会时常见到燃油车停放。

于翔认为，油车占位、桩体故障运维不及时、场站功能单一缺乏配套，导致车主找不到充电桩，体验长期不佳，从而产生焦虑情绪，一定程度上影响了消费者对新能源汽车的选购热情。

对此，工信部副部长辛国斌指出：“把现有的充电桩更好地充分利用起来是下一步要考虑的问题，现在要利用现有的信息管理技术把所有充电桩纳入一个管理平台，并尽量做到共享。”

“在符合条件的城市加油站、停车场配建普通充电桩，同时在一二线城市边缘、城乡接合部，新建、配建大功率快充站（如 180kW），作为现有城市充电设备的积极补充。”曾庆洪建议。

据了解，国网公司已经组建了充电桩建设的公司，一些民营企业和其他相关领域的企业也参与到充电桩建设当中。“随着整个市场容量的不断扩大，充电桩的建设布局会更加科学化、规范化。”辛国斌说道。

思考：

1. 政府为什么要大力推动新能源汽车产业的发展？政府出台了哪些相关政策？

2. 政府对新能源汽车的消费者给予一定的补贴，会对汽车销售市场产生什么影响？

3. 制约新能源汽车行业发展的“短板”是什么？查阅资料了解国家相关的解决措施。

项目综合训练

应知考核

一、选择题

1. 经济学可定义为（　　）。
   A. 企业赚取利润的活动
   B. 研究人们如何依靠收入生活的问题
   C. 研究稀缺资源如何有效配置的问题
   D. 政府对市场制度的干预

2. “资源是稀缺的”指的是（　　）。
   A. 世界上的资源最终将被消耗尽
   B. 资源是不可再生的
   C. 资源必须留给下一代
   D. 相对于需求而言，资源总是不足的

3. 一个经济体系必须回答的基本问题是（　　）。
   A. 生产什么，生产多少　　B. 如何生产
   C. 为谁生产　　D. 以上都是

4. 下列问题中不属于宏观经济学研究的是（　　）。
   A. 橘子汁价格下降的原因
   B. 物价水平下降的原因
   C. 政府预算赤字对通货膨胀的影响
   D. 国民生产总值的决定

5. 下列命题属于实证分析的是（　　）。
   A. 收入差距过大会影响社会安定
   B. 减免农业税会增加农民可支配收入
   C. 通货膨胀会使人们的实际收入水平下降
   D. 法定准备金率从 9% 降到 7%

6. 均衡价格一定随着（　　）。
   A. 需求与供给的增加而上升

B. 需求的增加和供给的减少而上升
C. 需求的减少和供给的增加而上升
D. 需求和供给减少而上升

7. 咖啡价格上升一般会导致（　　）。
A. 咖啡需求曲线右移
B. 咖啡伴侣等咖啡互补品需求增加
C. 茶等咖啡替代品需求减少
D. 茶等咖啡替代品需求增加

8. 政府规定最低价格，会使（　　）。
A. 过分旺盛的需求得到遏制　　B. 供给不足现象消失
C. 供过于求的现象加剧　　D. 供不应求的现象加剧

9. 下列哪种情况使总收益下降？（　　）
A. 价格上升，需求缺乏弹性　　B. 价格上升，需求富有弹性
C. 价格下降，需求富有弹性　　D. 价格上升，供给富有弹性

10. 随着工资水平的提高，劳动的供给量（　　）。
A. 一直增加　　B. 一直减少
C. 先增加后减少　　D. 先减少后增加

二、判断题

1. 微观经济学的中心理论是价格理论，宏观经济学的中心理论是国民收入决定理论。（　　）

2. 是否以一定的价值判断为依据是实证分析法和规范分析法的根本区别。（　　）

3. 资源的稀缺性决定了资源可以得到充分利用，不会出现资源浪费的现象。（　　）

4. 在研究一个国家的经济发展战略这样的重大问题时，可以完全抛开价值判断，进行实证研究。（　　）

5. 微观经济学要解决的问题是资源利用，宏观经济学要解决的问题是资源配置。（　　）

6. 农产品的需求一般来说是缺乏弹性的，这意味着当农产品价格上升时，销售收入将增加。（　　）

7. 当某种产品的价格上升 8%, 而需求量减少 7% 时，该产品的需求是富有弹性的。（　　）

8. 如果需求量增加，需求一定增加。（　　）

9. 假定其他条件不变，某种商品价格的变化将导致它的供给量变化，但不会引起供给的变化。（　　）

10. 在供给和需求同时发生变化的情况下，如果供给增加的幅度大于需求增加的幅度，均衡价格将下降。（　　）

三、问答题

1. 下列问题哪些属于微观经济问题，哪些属于宏观经济问题？

（1）蔬菜价格的波动比汽车的价格波动大；

（2）人民币和美元的汇率问题；

（3）CPI 一直在增长会引发通货膨胀；

（4）人们的工资每年在增长，消费在不断升级。

2. 下列陈述中，哪些属于实证分析，哪些属于规范分析？

（1）富人的所得税税率比穷人高；

（2）经济增长会提高一个国家的综合实力，因此经济增长是好事；

（3）提高利率会减少社会投资量；

（4）消费者的收入水平提高会促进对商品的需求增加。

应会考核

◎ 计算题

1. 某种商品的需求价格弹性系数为 1.5，当它降价 8% 时，需求量会增加多少？

2. 已知某商品的需求价格弹性系数为 0.8，当价格为每千克 4.2 元时，销售量为 1 500 千克，若其价格下降 10%，销售量是多少？该商品涨价后销售收入是增加还是减少了？增加或减少了多少？

3. 某商品的需求函数为 $P = 120-3Q$，供给函数为 $P = 5Q$，求均衡价格和均衡数量。

◎ 实训项目

1. 时间是一种稀缺资源，请运用经济学的思维分析你未来几年大学生活的时间规划，并提交一份书面报告，要求分析检查现有时间利用的情况，并制订时间利用的改进计划。

2. 请同学们进行一次市场调查，了解现实生活中某产品（如生活用品或家电产品）价格变动情况，并尝试分析其变动的原因，写一份调查报告。

项目二　经济主体行为

- 项目二　经济主体行为
  - 任务一　消费者理性决策
    - 一、基数效用论
    - 二、序数效用论
  - 任务二　生产者生产行为
    - 一、生产者的本质
    - 二、生产要素和生产函数
    - 三、短期内生产决策
    - 四、长期内生产决策
  - 任务三　成本与收益理论
    - 一、生产者成本
    - 二、短期成本分析
    - 三、长期成本分析
    - 四、生产者利润

知识要求 / 教学重点

- 理解效用理论、边际效用递减规律、无差异曲线和消费预算线
- 掌握消费者均衡及其条件
- 掌握总产量、平均产量和边际产量间的关系，以及边际产量递减规律
- 掌握等产量线和等成本线，以及边际技术替代率
- 掌握经济利润、会计利润、正常利润的内涵，利润最大化的原则

能力目标 / 教学难点

- 能运用消费者行为理论分析现实经济问题
- 能用效用理论和无差异曲线分析方法进行理论消费决策
- 能为生产者进行短期和长期生产决策
- 能分析生活中的机会成本和利润，做出经济决策

素养目标 / 课程思政

- 提高经济现象的逻辑分析和规划能力
- 养成勤于思考和理性决策的习惯
- 树立正确的消费观念，崇尚节俭、拒绝奢华
- 培养爱岗敬业、勇于创新的工匠精神

任务一 消费者理性决策

导学案例

高价倒卖冰墩墩，10人被抓“现行”

自北京冬奥会开幕以来，以冰墩墩为代表的冬奥纪念品迅速走红，线上线下出现“一墩难求”的现象。而一些不法人员却在指定销售网点等地高价倒卖，非法牟利，扰乱正常购买秩序。

“冰墩墩要吗？”“多少钱？”“280，原价216，我们不挣钱。”“保真吗？”“绝对保真。”“我还是去店里面看看吧。”“他们里面没货，你要多少，跟我到这边来看看货，还有其他纪念品，价格都可以谈。”……这是一位市民准备前往北京市东城区某冬奥纪念品指定销售网点购买物品时，与倒卖冬奥纪念品人员的对话，市民向属地执法部门进行了举报。

接到举报后，东城区城管、公安部门根据市民群众提供的线索，迅速开展联合摸排行动，通过视频监控、便衣巡查固定倒卖人员违法行为证据，制定行动方案，于2022年4月15日下午开展“收网”行动。

行动中，东城区城管、公安人员分组行动，从各个方向向冬奥纪念品指定销售网点倒卖人员集聚区域进行“收网”，现场查获10人，各类冬奥纪念品171件。据执法人员介绍，倒卖者手中的冰墩墩等冬奥纪念品是在春节前后雇用人员排队在销售网点购买的，本想借助广大市民群众关心冬奥、支持冬奥的热情，转手后高价倒卖进行牟利。随着市民群众消费理性的提高，以及正规网点供货量的上升，倒卖者担心囤积的货出不了手，便到指定销售网点附近有针对性地向过往行人进行兜售。

还有市民群众现场向执法人员反映，其在倒卖者手中所购买的“冰墩墩”存在假冒伪劣的嫌疑。经过在“北京2022年冬奥会和冬残奥会特许商品防伪查询”微信平台进行查询发现，原本标价为192元的冰墩墩毛绒玩具扫码后发现其实是销售价格为88元的手办纪念品，套用了其他产品的防伪标。经过专业人员进一步鉴定，该市民所购买的“冰墩墩”属于假冒产品。

在此，东城区执法部门提示广大市民朋友，一定要理性消费，不要囤货，切勿从“黄牛”手中购买冬奥纪念品，难以辨别真伪，不要相信所谓“保真”，以免遭受经济损失。

（资料来源：蒋若静．高价倒卖冰墩墩 10人被抓“现行”．北青网，2022-04-17.）

学习任务：

1. 什么是理性消费？
2. 有哪些因素会影响消费决策？
3. 如何进行合理的消费规划？

知识精讲

在经济学中，消费者（Consumer）又称居民户（Household），是指具有独立经济来源，能够独立做出消费决策的个人或者若干个人组成的家庭。消费者（居民户）一方面向厂商提供生产要素，并获得相应的收入；另一方面，又将收入分别用于投资和消费。消费者通过对商品、劳务等的购买和使用获得一定的满足。众所周知，消费者的收入一般是有限的，而需要通过消费来获得满足的需求却是无限的。因此，消费者作为理性经济人，需要进行理性决策，即如何在一定的约束条件下（主要指有限的收入水平），通过不同的商品购买组合，实现自身需求最大程度的满足，即实现效用最大化。

一、基数效用论

（一）效用的衡量

效用（Utility）是指商品满足人的需求的能力，即消费者在消费商品时所感受到的满足程度。消费者从某种商品或商品组合的消费中获得的满足程度越高，则效用越大；反之，则越小。当消费者从商品的消费中感受不到任何满足，则效用为零。当消费者花钱消费反而遭受生理或心理的不适或痛苦时，则产生负效用（Disutility）。在理解效用概念时，需要注意以下几点：（1）效用具有主观性；（2）效用依存于物品自身的使用价值，如食物可以充饥、衣服可以御寒、图书可以满足人类对知识的追求、演唱会能满足粉丝追星的需要等；（3）效用不含伦理学判断，如走私物品的买家能够通过低价购买水货获得自身欲望的满足，尽管违背了国家法律，但却不能否认走私物品给其带来的效用。

1. 总效用

总效用（Total Utility）是指消费者在一定的时间内通过消费一定数量的商品所获得的总满足程度，即效用的总和，用 TU 表示。经济学通常假设在某一特定范围内总效用是商品消费数量的增函数，即总效用随着商品消费数量（Q）的增加而增加。总效用函数为：

$$TU = f(Q)$$

2. 边际效用

边际效用（Marginal Utility）是指在一定的时间内每增加一个单位商品的消费

所产生的效用的增加量，用 MU 表示。边际效用函数为：

$$MU = \frac{\Delta TU(Q)}{\Delta Q}$$

当商品的增加量趋于无限小时，即 $\Delta Q \to 0$ 时，边际效用公式演变为：

$$MU = \lim_{\Delta Q \to 0} \frac{\Delta TU(Q)}{\Delta Q} = \frac{\mathrm{d}TU(Q)}{\mathrm{d}Q}$$

3. 总效用与边际效用的关系

表 2-1、图 2-1、图 2-2 反映了小王喝啤酒的杯数以及啤酒对小王产生的总效用和边际效用。第一杯啤酒带给小王的总效用为 15 个效用单位，边际效用也是 15（因为总效用从 0 增加到 15）；第二杯啤酒喝完后总效用增加为 27，边际效用即总效用的增加量为 12；以此类推，第五、六杯啤酒喝完后总效用没有变化，均为 45，即第六杯啤酒的边际效用变为 0，由此可见，小王对于啤酒的消费满足感在第六杯时达到了饱和点。而第七杯喝完后总效用下降至 42，边际效用变为 −3，很有可能小王已经因为喝这杯啤酒而忍受生理上的明显不适了，此时啤酒给他带来的是负效用。

表 2-1 啤酒的效用表

消费数量（Q）	0	1	2	3	4	5	6	7
总效用（TU）	0	15	27	36	42	45	45	42
边际效用（MU）	0	15	12	9	6	3	0	−3

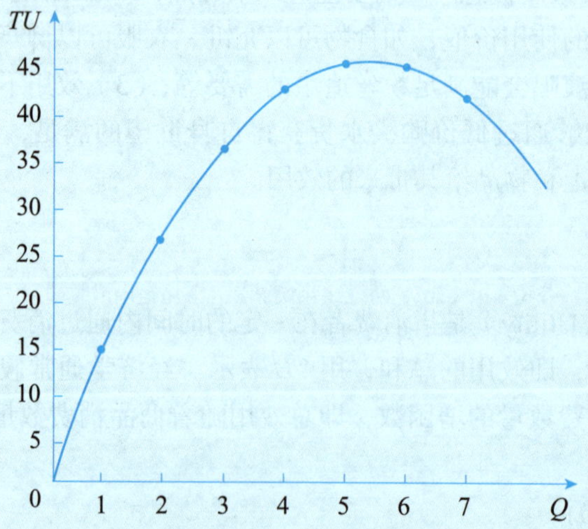

图 2-1 总效用

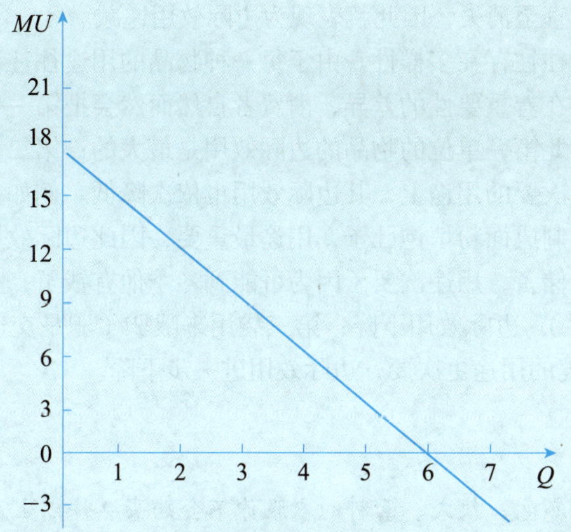

图 2−2　边际效用

图 2−1 中，横轴代表啤酒的消费量，纵轴代表总效用，图中曲线为总效用曲线。由图 2−1 可以看出，总效用曲线从原点出发，呈现先向右上方倾斜，至最高点后向右下方倾斜的曲线，可见啤酒的消费给小王带来的总效用先增后减。

图 2−2 中，横轴仍然表示消费量，纵轴表示边际效用，图中曲线为边际效用曲线。边际效用曲线是一条向右下方倾斜，并可能与横轴相交后成为负值的曲线。该曲线表示，随着消费者对某种商品消费数量的增加，每增加单位数量商品的消费给其带来的需求满足程度（边际效用）是递减的，直至继续增加消费不再给消费者带来满足感的时候（边际效用为零），此时，若继续增加消费，则边际效用下降为负值（产生了负效用）。

对比两图可以发现，总效用和边际效用之间存在密切的关联：当边际效用 *MU* 为正值时，总效用 *TU* 是增加的，当边际效用 *MU* 变为零时，总效用 *TU* 达到最大，当边际效用 *MU* 降为负值时，则总效用 *TU* 减少。

4. 边际效用递减规律

边际效用递减规律（The Law of Diminishing Marginal Utility）是指在一段时间内，假定消费者不改变其他商品的消费数量，但就消费某种商品而言，随着消费者对该种商品消费的数量不断增加，消费者从每一单位连续增加的消费中所得到的效用的增量（即边际效用）是递减的。经济学家通常从以下两个方面解释边际效用规律产生的原因。

（1）生理或心理的原因。消费者的消费行为实际上就是通过消费商品来刺激人的生理或心理，从而获得生理或心理层面满足的过程。比如饿了时吃到肉包能获得生理上的满足，休闲时观看一场电影则能获得精神层面的满足等。在一段时间内，随着某商品消费量的不断增加，消费者不断接受刺激，其对刺激的反应（获得的满足感）会越来越弱直至消失，因此就表现为边际效用递减。

（2）物品用途往往存在多样性。由于每一种物品的用途往往都不是单一的，而各种用途之间又存在着重要性的差异，消费者自然而然会把第一单位的该物品用于最重要的用途，因此第一单位的物品的边际效用是最大的；第二、三、四……单位的物品用于越来越次要的用途上，其边际效用也依次降低。例如：某贫穷牧民消费小麦，第一袋用来制成面粉填饱肚子，用途最重要，因此边际效用最大；第二袋用来作为冬季的粮食储备，用途次要（因为可能到冬季他有钱了，小麦给他的满足程度便不如当下重要），边际效用下降；第三袋用来喂驴（驴是交通工具，实在没有也无妨），此时小麦的用途更次要，边际效用进一步下降。

课堂讨论

1. 为什么同样颜色、款式、面料的衣服你不会购买 2 件以上？

2. 同学们的手机和电脑品牌各不相同，为什么你会选择购买自己现在用的手机和电脑？

3. 请举出生活中由于边际效用递减规律发挥作用的消费者决策案例。

（二）消费者理性决策

消费者理性决策，具体是指在既定的收入及商品价格条件下，消费者如何将有限的货币收入分配在各种商品的购买和消费中，从而获得最大的效用。

1. 消费一种商品时的均衡条件

消费者消费一种商品时，由于边际效用递减规律，当边际效用为 0 时，总效用最大，即实现消费者均衡。

2. 消费多种商品时的均衡条件

基数效用论认为，要实现消费者均衡，必须满足的条件是：消费者的收入是既定的，其所要购买的各种商品的价格已知且保持不变，消费者应使其购买任何一种商品的边际效用与该商品价格之比都相等。换言之，消费者花费在任何一种商品上的最后一元钱所带来的边际效用都要相等，且等于不变的货币的边际效用 MU_m。为了便于理解，假设消费者用既定收入 M 购买 X、Y 两种商品，X、Y 商品的价格分别为 P_X、P_Y，消费数量分别为 Q_X、Q_Y，则消费者均衡条件可用下列公式表示：

限制条件：$P_XQ_X + P_YQ_Y = M$

均衡条件：$\dfrac{MU_X}{P_X} = \dfrac{MU_Y}{P_Y} = MU_m$

其中限制条件为该消费行为受到收入的限制，即消费支出必然要等于既定收入。若支出大于收入，则这种数量的消费组合肯定不可能实现；若支出小于收入，则消费者钱没花完，肯定尚未达到效用最大化。均衡条件表示在购买该数量组合商品时，消费者花在 X、Y 两种商品上的最后一元钱的边际效用均与货币的边际效用 MU_m 相等，满足上述条件的商品购买数量组合被称为最佳商品消费组合。

若消费者要用一定的收入 M 购买若干种（两种以上）商品，以获得效用最大化，若干种商品的价格分别为 P_1、P_2、P_3……P_n，消费数量分别为 Q_1、Q_2、Q_3……Q_n，边际效用分别为 MU_1、MU_2、MU_3……MU_n，则消费者均衡的条件可以表示为：

限制条件：$P_1Q_1 + P_2Q_2 + P_3Q_3 + \cdots + P_nQ_n = M$

均衡条件：$\frac{MU_1}{P_1} = \frac{MU_2}{P_2} = \frac{MU_3}{P_3} = \cdots = \frac{MU_n}{P_n} = MU_m$

案例讨论

5G 商用

第三方机构发布的《2020 年中国 5G 手机网民体验及态度调查报告》显示，5G 手机通信套餐的资费定价过于高昂，49.2% 的受访 5G 手机用户认为目前套餐价格过于昂贵是最大问题，44.8% 的受访非 5G 手机用户认为 5G 通信套餐价格昂贵是其不购买 5G 手机的原因。相比个人消费端，5G 在行业端呈现另一番景象。相关数据显示，2021 年 1 月至 8 月，广东省新建 5G 基站 61 625 座。广东省 5G 套餐用户数达到 2 074 万户，累计建成 5G 基站 98 613 座。其中，广州 5G 产业园获批成为广东省首批 5G 产业园之一。

业内专家看来，5G 网络的重要价值是走出通信业，应用在千行百业，而其中的难点在于，如何使其与行业需求相结合，通过创新的场景化应用和运营模式，为行业数字化提供动力。

思考讨论：

请结合所学知识，分析为什么消费者对于 5G 套餐的使用仍然秉持观望态度。

（三）消费者剩余

消费者剩余（Consumer Surplus）是消费者为消费某种商品而愿意付出的总价值与其购买该商品时实际支出的差额。

如图 2-3 所示，横轴 Q 为商品的数量，纵轴 P 为商品的价格，P_0 表示商品的市场实际价格，Q_0 表示消费者愿意支付的最高价格与商品实际价格相等时的购买数量。消费者购买 Q_0 数量的商品，实际支付总价为 OP_0BQ_0，而其愿意支付的总价为 $OABQ_0$，阴影部分为消费者为消费某种商品而愿意付出的总价值与实际购买商品所付出的总价值的差额，即消费者剩余。

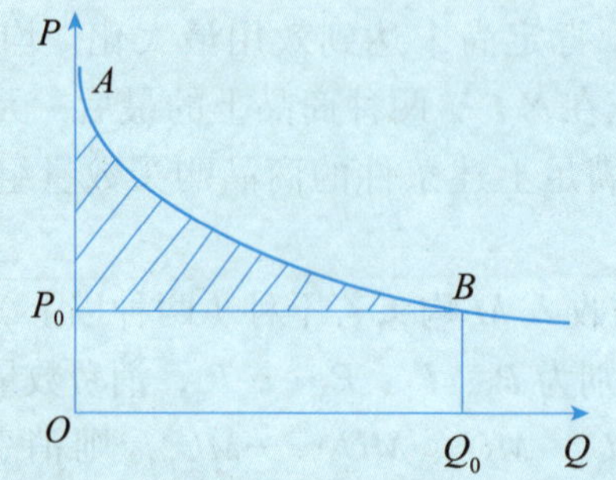

图 2-3 消费者剩余

拓展阅读：小心“假促销”的消费陷阱

需要指出的是，消费者剩余并不是实际收入的增加（消费者获得了实际的利益），而只是一种主观心理感觉。消费者剩余用来反映消费者通过购买商品所感受到的福利改善，其值越大，说明生产与交易这种商品给消费者带来的福利越大。

案例讨论

专辑拍卖会

在一场小型拍卖会上，有一张专辑在拍卖。小秦、小文、老李、阿俊四人都想拥有这张专辑，但每个人愿意为此付出的价格都有限。小秦的支付意愿为 100 元，小文为 80 元，老李愿意出 70 元，阿俊只想出 50 元。

拍卖会开始了，拍卖者首先将最低价格定为 20 元，开始叫价。由于每个人都非常想要这张专辑，并且每个人愿意出的价格远远高于 20 元，于是价格很快上升。当价格达到 50 元时，阿俊不再参与竞拍。当专辑价格再次提升为 70 元时，老李退出了竞拍。最后，当小秦愿意出 81 元时，竞拍结束了，因为小文不愿意出高于 80 元的价格购买这张专辑。

思考讨论：

1. 小秦究竟从这张专辑中得到了什么收益呢？
2. 小秦的消费者剩余是多少？

二、序数效用论

（一）无差异曲线

1. 无差异曲线的含义

无差异曲线 (Indifference Curve) 是用来表示消费者偏好（Consumer Preference）相同（能给消费者带来完全相同的效用水平或满足程度）的两种商品的所有组合的平面曲线。

如图 2-4 所示，假设以 X_1、X_2 分别表示荔枝和葡萄数量，以 X_1 为坐标横轴，X_2 为纵轴，U 为无差异曲线，该曲线上的任意一点的荔枝和葡萄的不同数量组合都代表对消费者来说完全无差异的效用水平，即对于消费者来说，选择任意一个组合都无所谓。

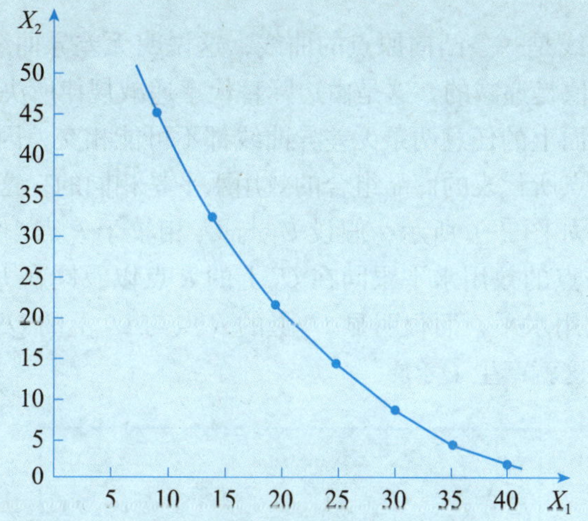

图 2-4 某消费者的无差异曲线

2. 无差异曲线的特征

无差异曲线具备以下几个特征：

（1）在同一平面上可以存在无数条无差异曲线。同一条无差异曲线上的任意一点均代表相同的效用水平，而不同的无差异曲线代表不同的效用水平。离原点 O 越远的无差异曲线代表的效用水平越高，反之则效用水平越低。根据图 2-5 来进行进一步说明：U_1 至 U_4 代表四条效用不同的无差异曲线，可以看出 A、B、C、D 代表的两种物品的数量组合是依次增加的，因而可以判断四点各自所在的无差异曲线的效用排序应该是 $U_4 > U_3 > U_2 > U_1$。

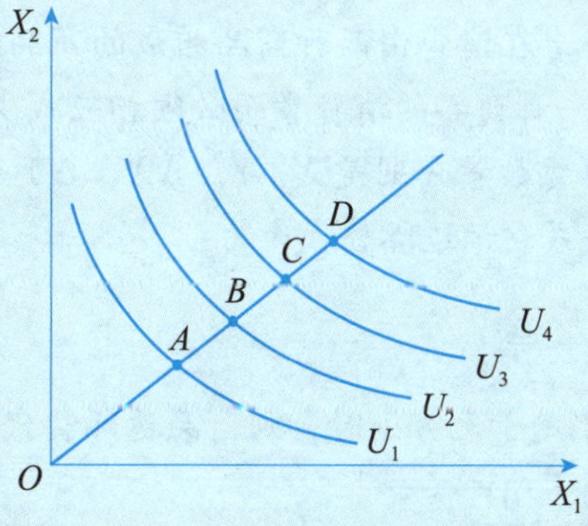

图 2-5 无差异曲线组

（2）无差异曲线是一条向右下方倾斜的曲线，其斜率为负值。这是因为消费者在收入及价格水平的限制下，要增加商品 1 的购买数量，就必然要减少商品 2 的购买数量，这样才能确保获得不变的效用水平，两种商品的消费量不可能同增或同减。

（3）无差异曲线是一条凸向原点的曲线，这说明无差异曲线不仅斜率为负值，而且其斜率的绝对值是递减的，这是由边际替代率递减规律所决定的。

（4）在同一平面上的任意两条无差异曲线都不可能相交，因为如果两条曲线有交点，则意味着交点所代表的商品组合的效用水平是相同的，这与前面所述的第一条特征明显违背。如图 2-6 所示，假设 U_1 与 U_2 相较于 P 点，则 P 点代表一个效用水平，理论上 P 点的效用水平跟同在 U_1 上的 R 点以及同在 U_2 上的 Q 点代表的都应该是相同的效用水平，而很明显 U_1 上的 R 点与 U_2 上的 Q 点所代表的效用水平却是不一致的，这就产生了矛盾。

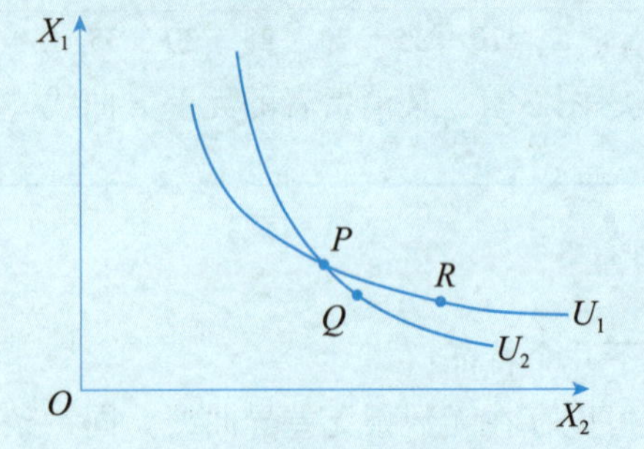

图 2-6　违背消费者偏好假设的无差异曲线

知识链接

边际替代率

边际替代率是指消费者在消费由两种商品组成的商品组时，在保持相同的效用水平的条件下，为了增加一种商品的消费量而必须相应减少的另一种商品的消费量。假设 X、Y 两种商品的消费数量分别是 X、Y，ΔX、ΔY 分别表示两种商品消费数量的增加和减少，则用公式表示边际替代率为：

$$MRS_{XY}=\frac{\Delta Y}{\Delta X}$$

当 X 商品数量的变化趋于无穷小时，则商品边际替代率的公式可以表达为：

$$MRS_{XY}=\lim_{\Delta X\to 0}\frac{\Delta Y}{\Delta X}=\frac{\mathrm{d}Y}{\mathrm{d}X}$$

如果为了增加 3 个单位的 X 商品，需要减少 6 个单位的 Y 商品，则边际替代率为 2。但是需要注意的是，由于增加 X 商品的数量意味着减少 Y 商品的数量，故 ΔX 与 ΔY 应该是一正一负，因此边际替代率是负值，无差异曲线向右下方倾斜就表明了这一点，但是为了方便起见，一般对边际替代率取其绝对值。因此，无差异曲线上某一点的边际替代率就是无差异曲线在该点的斜率的绝对值。

由于消费者在保持效用水平不变的情况下，增加一种商品所带来的效用的增加量必然等于减少另一种商品消费量所导致的效用的减少量，即：

$$MU_X \cdot \Delta X = -MU_Y \cdot \Delta Y$$

该公式也可以变化：

$$MRS_{XY} = -\frac{\Delta Y}{\Delta X} = \frac{MU_X}{MU_Y}$$

（二）消费预算线

消费预算线（Budget Line），又称为消费可能线、等支出线或价格线，是指在消费者的收入和商品的价格给定的情况下，消费者的全部收入所能购买到的两种商品的各种数量组合的集合。假设消费者的收入为 M，两种商品的数量分别为 X 和 Y，两种商品的价格分别为 P_X、P_Y，则有下列公式：

$$M=P_XX + P_YY$$

或者：

$$Y = \frac{M}{P_Y} - \frac{P_X}{P_Y}X$$

假设 M 为 60 元，$P_X = 10$，$P_Y = 20$，则有 $X = 0$，$Y = 3$；$Y = 0$，$X = 6$。如图 2-7 所示，连接 A、B 两点的直线就是消费预算线，在这条线上的任一点所代表的数量组合均满足正好用完 60 元，且均是可以买到两种商品的最大数量组合。在该线内部的任一点，如 C 点，也是可以实现的购买组合，然而并不是最大的数量组合，因为既定收入没有全部用完。相反，在该线之外的任一点，如 D 点，代表的是不能实现的购买组合，因为所需花费的钱超出了既定收入。

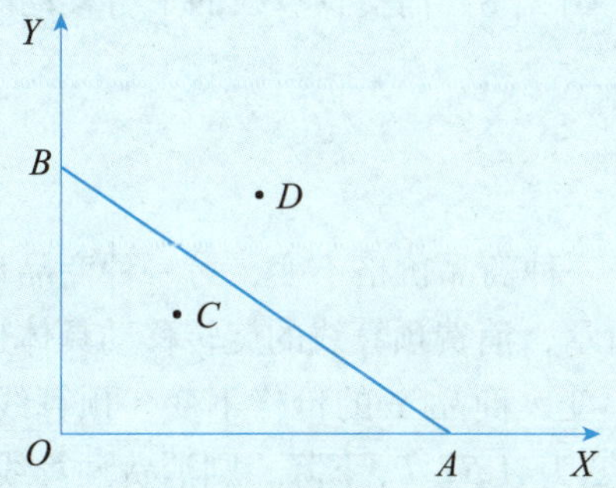

图 2-7　消费预算线

学中做

某消费者现有 120 元，用于购买 A 和 B 商品，A 商品的价格为 40 元，B 商品的价格为 20 元，试求：

1. 该消费者所购买的 A 和 B 商品有多少种数量组合？各种数量组合的 A 和 B 商品各有多少数量？

2. 画图展示该消费者的消费预算线。

消费预算线以消费者的收入和商品的价格既定为条件，如果消费者的收入和商品的价格发生变化，消费者的消费预算线也会相应发生变化，其具体变化情形如下：

1. 消费预算线平移

如图 2-8 所示，消费预算线的平行移动具体可以分为两种情况：

（1）如果两种商品价格不变，收入发生变化，则预算线发生平行移动。若收入 M 增加，则消费预算线 AB 向右平行移动至 A_1B_1；收入 M 减少，则消费预算线 AB 向左平行移动至 A_2B_2。

（2）如果收入不变，P_X、P_Y 同比例、同方向变化时，预算线也会平移。若两种商品价格同比例上升，则消费预算线 AB 向左平行移动至 A_2B_2；P_X、P_Y 同比例下降，则消费预算线 AB 向右平行移动至 A_1B_1。

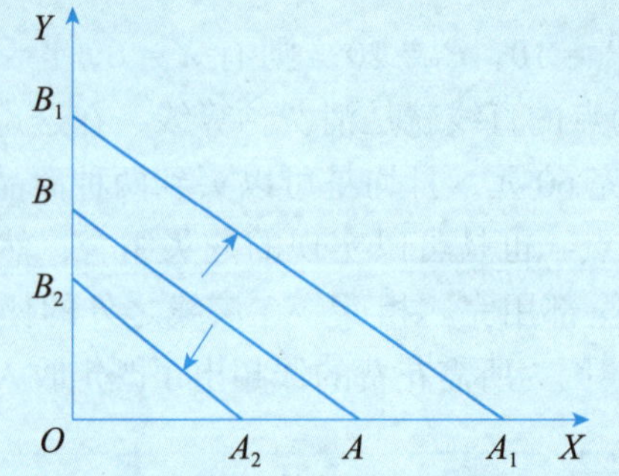

图 2-8　消费预算线的平行移动

2. 消费预算线旋转

视频：
消费预算线

当消费者收入不变，一种商品价格不变，另一种商品价格发生变化时，消费预算线会旋转。如图 2-9 所示，消费预算线的旋转移动具体也可以分为两种情况：

（1）当消费者收入不变，商品 Y 的价格不变，预算线会围绕点 B 旋转，P_X 上升，则消费预算线由 AB 变为 A_2B；P_X 下降，则消费预算线 由 AB 变为 A_1B。

（2）当消费者收入不变，商品 X 的价格不变，预算线会围绕点 A 旋转，P_Y 上升，则消费预算线由 AB 变为 AB_2；P_Y 下降，则消费预算线由 AB 变为 AB_1。

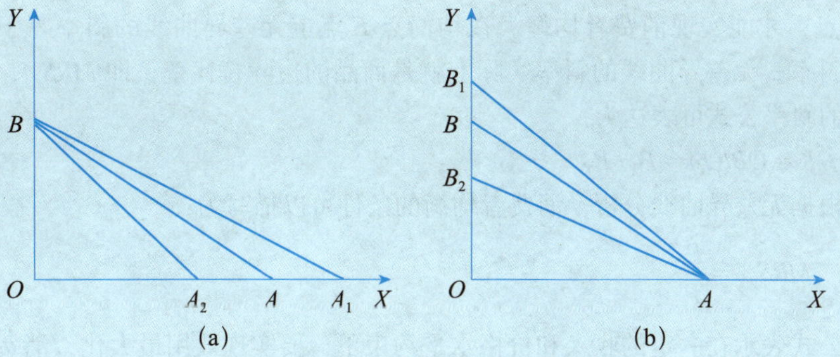

图 2-9　消费预算线的旋转移动

（三）消费者均衡

序数效用理论研究消费者均衡（Consumcr Equilibrium），即效用最大化，是在已知消费者偏好和消费预算线的前提下，将无差异曲线和消费预算线结合起来分析消费者对实现效用最大化的最优商品组合的购买选择行为。

将无差异曲线和消费预算线结合在一张图上，则消费预算线必然与无数条无差异曲线中的一条相切于某一点，在这一切点上，即实现了消费者均衡。

如图 2-10 所示，消费者用既定的收入可以购买 *AB* 线上任意组合的商品，但只有购买 *M* 数量的 X 商品和 *N* 数量的 Y 商品，即 *AB* 线与 U_2 线相切于 *E* 点时，才能获得效用最大化。由图可知，三条互不相交的无差异曲线所表示的效用水平排序为 $U_1 < U_2 < U_3$。其中，U_1 线与 *AB* 线相交于 *C*、*D* 两点，在这两点上所购买的数量也是既定收入和价格水平下的最大购买组合，但是其所实现的效用 U_1 小于 *E* 点的购买组合所能达到的效用 U_2。再看 U_3 线上的任意一点，例如 *F* 点，虽然其效用水平大于 U_2，但是由于其与 *AB* 线既不相交又不相切，说明是既定收入和价格水平下不可能实现的购买组合。此外，U_2 线上除了 *E* 点之外的任意一点虽然效用与

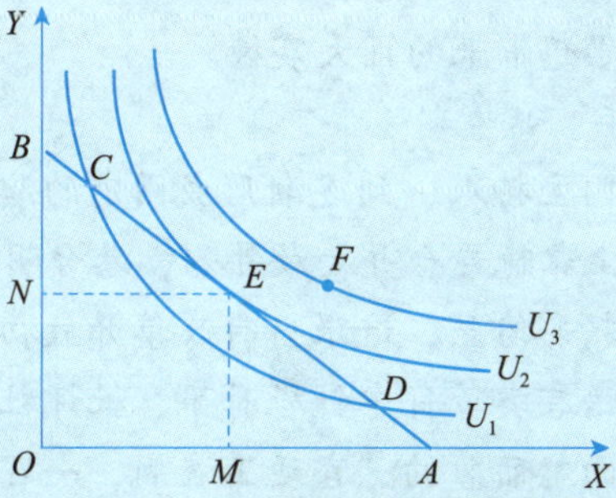

图 2-10　消费者均衡

E 点相等，然而也是既定收入和价格水平下不可能实现的购买组合。由此可见，只有在 E 点，才能实现消费者均衡。在均衡点 E 点上无差异曲线的斜率等于消费预算线的斜率。无差异曲线的斜率实际上就是商品的边际替代率，即 MRS_{XY}，而消费预算线的斜率公式可表达为：

$$K = OB/OA = P_X / P_Y$$

故根据无差异曲线分析，消费者均衡的条件可以描写为：

$$MRS_{XY} = \frac{P_X}{P_Y}$$

该公式表示在一定的收入和价格水平约束下，要实现效用最大化，消费者应选择最优的商品组合，是两种商品的边际替代率等于两种商品的价格之比。

由于 $MRS_{XY} = \frac{\Delta Y}{\Delta X} = \frac{MU_X}{MU_Y}$，因此可以将序数效用论的消费者均衡条件改写为：

$$MRS_{XY} = \frac{MU_X}{MU_Y} = \frac{P_X}{P_Y}$$

或者：

$$\frac{MU_X}{P_X} = \frac{MU_Y}{P_Y} = MU_M$$

序数效用论所描述的消费者均衡条件与基数效用论对于消费者均衡条件的结论是一致的。

价值提升

春晚的发展

大年三十晚上，合家团聚，一家人一起热热闹闹吃年夜饭、看春晚，已经成为中国人的一种习惯，也是我们所说的“年味”。到 2022 年，春节联欢晚会（以下简称“春晚”）已经举办了 40 届，每年都有对于春晚的讨论。第一届春晚是 1983 年，是中央电视台为北京文艺界艺术家春节拜年的联欢会，以茶话会形式召开。当时电视还不普及，能看到这场晚会的人估计不会太多。改革开放初期，也是思想解放和文艺蓬勃发展的时期，一些歌、舞、相声、戏曲首次集中出现在电视屏幕上，可以想象这对当时社会和人们思想带来的巨大震撼。

一、1983 年至 1991 年：诞生到逐步完善

春晚从第一届没有专门主持人，到逐渐形成固定的演出模式，这期间八仙过海各显神通，各位艺术家登上春晚舞台并大放异彩，港台明星也带来了问候。

这一阶段的春晚节目精彩纷呈，这跟当时改革开放初期的思想解放带来的艺术蓬勃发展息息相关，各类语言类节目中针砭时事、批评社会不正之风异常火爆和直接，比如《打工奇遇》里面赵丽蓉的“宫廷玉液酒，一百八一杯”，受到广大人民的欢迎和喝彩。

二、1992年至2001年：完善到成熟

这10年是春晚精彩纷呈的10年，也是中国社会变化最大的10年。1992年邓小平南方谈话后中国改革开放进一步发展，中国登上世界大舞台，经历了经济的快速发展。国有经济改革，民营经济快速发展，香港和澳门相继回归，2001年加入世界贸易组织（WTO），也经历了下岗、医疗和住房体制改革。

这一阶段的春晚节目呈现了多元化，反映了当时波澜壮阔的社会变革，比如“小品之王”赵本山在这10年的春晚舞台的精彩演绎，反映农村发生的巨变、批评各种社会不良风气、吐槽社会热点，让人大呼过瘾。

三、2002年至2015年：平民化和国际化

这十几年是中国经济发展最快的时期，加入WTO以后中国经济跃居世界第二位，互联网飞速发展，老百姓接触世界的方式更多，更多人走出国门，同时世界各地的文化也出现在春晚，春晚节目更加国际化和多元化，比如欧美音乐、非洲歌舞、魔术杂技马术等，来自基层和平民选秀的选手也纷纷登场。

同时春晚尝试了更多的方式和技术手段，比如多地联办春晚，引进了VR技术、互联网拜年和机器人舞蹈。虽然有老艺术家撑场子，也有新人崭露头角，但最受欢迎的语言类节目跟20世纪八九十年代时的节目相比却显得波澜不惊甚至有所滑坡。

四、2016年至今：与时俱进

随着“90后”和“00后”登上社会舞台，社会对于审美和娱乐的认知和态度都在发生转变。一方面是热搜和网络流量更加引领大家的热点，另一方面大家对于中国文化更加自信。春晚也在与时俱进，越来越多的高人气明星登上春晚舞台。同时更多的新技术手段得到应用，可以看出春晚导演组在用心抓取年轻人的眼球。

思考：

1. 为什么春晚的收视率在下降？

2. 如何才能让春晚成为全民共享的“精神文化大餐”？

任务二　生产者生产行为

导学案例

数字经济如何赋能中小微企业

数字产业化是“十四五”时期打造数字经济发展新优势的重要着力点之一。随着新一代信息通信技术进入应用爆发阶段，5G、人工智能等数字技术新业态层出不穷，产业体系更加完备。中国现有4 000多万家企业，其中95%以上是中小企业，量大面广且在经济构成中占有重要地位。中小企业数字化转型，对全产业链数字化、全社会高度协同有着至关重要的作用。

杭州竹聆网络科技有限公司是一家集供应链管理服务、采销贸易、信息咨询服务为一体的综合互联网和实体贸易的平台型企业。该公司搭建了“熊猫金林”平台，专注于对竹木行业的供应链进行数字化转型，以区块链、物联网、数据云存储、智能算法管理等技术，提供多层次面向竹木大宗交易、物流仓储和订单管理为一体的综合解决方案，对上下游订单信息进行验证和溯源，用智能设备对货物的出入库监管进行技术监控，从而使得仓内货物转化为可信资产，进一步将可信资产进行标准化的融通变现，建立可信数字仓单，助力竹产业协作的网络化运作，加速推进竹制品贸易数字化转型升级。

在国家政策鼓励下，越来越多传统企业进行数字化转型，科技服务业也迅速兴起，助其一臂之力。如何更好地发展科技服务业，用科技服务业的手段更好地促进中小微企业的发展，这是行业普遍思考的问题。

数字经济作为经济学概念，是人类通过大数据（数字化的知识与信息）的识别—选择—过滤—存储—使用，引导、实现资源的快速优化配置与再生，实现经济高质量发展的经济生态。数字经济也是智能经济。

由于数字经济具有高渗透性，使得一二三产业的边界越来越模糊，产业之间高度融合。用融合的方式支持中小企业发展，成为科技服务业未来发展的重要方向，也已成为行业共识。

边际成本递减、边际效益递增，这是数字经济一个很重要的特点，这一特点将转换成为降低广大中小微企业创新成本、实现节约型创业的优势。数字经济对于信息产业发展起到了极大促进作用，涵盖了信息技术产业化、传统产业信息化、基础设施信息化、生活方式信息化，成为提高中小微企业创新创业效率、降低成本的重要保障。

发展数字经济，数字产业化是手段，目的是要实现产业数字化。对中小微企业而言，数字技术要实现价值，主要在于“用”，在不间断的使用过程中寻找解决问题的突破口。

（资料来源：孙永剑．数字经济如何赋能中小微企业．中华工商时报，2021-04-07．）

学习任务：

1. 企业的生产成本包括哪些？
2. 企业在生产经营决策中如何降低成本，提高效率？
3. 数字化经济时代，企业如何通过创新实现转型升级？

知识精讲

一、生产者的本质

（一）生产者的组织形式

生产是在特定的技术条件下，通过将人的劳动作用于劳动对象和劳动资料，生产人们所需要的各种物品或服务的过程。生产者（Producer），又指厂商或者企业，是能够做出统一的生产决策的单个经济单位。企业是产品生产过程中的主要组织形式，主要包括个人企业、合伙企业和公司制企业。

（1）个人企业也称为个人业主制企业，其产权特点是由一个自然人投资，财产为投资人个人所有，投资人以其个人财产对企业债务承担无限责任的经营实体。

（2）合伙企业是指由两人或两人以上按照协议投资，共同经营、共负盈亏的企业。合伙企业财产由全体合伙人共有，共同经营，合伙人对企业债务承担连带无限清偿责任。

（3）公司制企业是指按照法律规定，由法定人数以上的投资者（或股东）出资建立、自主经营、自负盈亏、具有法人资格的经济组织。我国目前的公司制企业有有限责任公司和股份有限公司两种形式。当企业采用公司制的组织形式时，所有权主体和经营权主体发生分离，所有者只参与和做出有关所有者权益或资本权益变动的理财决策，而日常的生产经营活动和理财活动由经营者负责。

（二）生产者的目标

企业是一种营利性经济组织。作为生产者的主要组织形式，企业是商品经济发展到一定阶段的产物。企业是一种与市场并存且能以更低的交易成本替代市场的资源配置方式。生产者的目标是实现利润最大化，考虑在技术条件约束下如何通过选择最优的生产计划来实现其目标。

二、生产要素和生产函数

（一）生产要素

生产要素（Factors of Production）是指进行社会生产经营活动时所需要的各种社会资源，经济学中，它一般被划分为土地、劳动、资本和企业家才能四种类型。当然，生产要素也会随着时代的发展在不断发展变化。

土地，又称自然资源，包括土地、森林、矿藏和河流等一切自然资源。狭义的土地则是指土地本身；劳动，指人类拥有的体力和脑力劳动的总和；资本，亦称资本货物（或资本品），指人类所生产出来的且用于生产其他产品所需的一切工具、机器设备、厂房等的总称；企业家才能，指企业家组织生产、经营管理、努力创新和承担风险的能力总和，有时将之简称为“企业家”或“管理才能”。

生产可以理解为这四种要素合作的过程，产品则可理解为这四种要素共同努力的结果。通过对生产要素的运用，生产者可以提供各种实物产品，如房屋、食品、机器、日用品等，也可以提供各种无形产品（即劳务），如理发、医疗、金融服务、旅游服务等。

课堂讨论

在社区开一家便利店，需要的生产要素具体包括什么？

（二）生产函数

生产过程中生产要素的投入量与产品的产出量之间存在一定的依存关系，这可以用生产函数来表示。生产函数，是指在一定的技术水平下，生产中所投入使用的各种生产要素的数量与它所能生产出来的产品最大产量之间的数量关系。一个生产函数表达多种生产要素一定数量的组合在给定技术条件下可能产出的最大产量。

关于生产函数，需要注意两点：（1）任何生产函数都以一定时期内的生产技术水平不变作为前提条件，一旦由于生产技术进步，以至于一定数量的投入会产出更多产量，或者既定产量所需投入较前减少，则原有的生产函数就会发生变化，从而形成新的生产函数。（2）生产函数的投入和产出都是指物质数量，而不是用货币表现的价值。

如果一个生产过程所生产的产品有 n 种，用 Q_1、Q_2、Q_3、……、Q_n 表示既定数量的生产要素组合在给定的技术条件下所能生产出来的 n 种产品的最大产量，所使用的生产要素中资本、劳动、土地、企业家才能的投入量分别用 K、L、N、E 来表示，则生产函数一般可记为：

$$F(Q_1, Q_2, Q_3, \cdots, Q_n)=f(K, L, N, E)$$

在经济学分析中，为了论述简便，通常假定产出品只有一种，其产量用 Q 来表示，并且一般把土地投入量作为固定值，加上企业家才能难以估算，因而生产函数可简记为：

$$Q=f(K, L)$$

这一函数式表明，在一定的技术水平时，生产 Q 的产量，需要一定数量的劳动与资本投入数量的组合，同样，在劳动与资本的投入数量组合已知时，也可以据此推算出最大的产量。

三、短期内生产决策

短期是指生产者来不及调整全部生产要素的数量，即至少有一种生产要素的数量是固定不变的时间周期，它也可理解为一段不足以改变生产者的生产能力但足以改变规模固定的生产者对资源使用水平的时间。短期内生产决策就是研究其他生产要素不变的情况下，一种生产要素的增加对产量的影响，以及这种可变的生产要素投入多少最为合适。

（一）总产量、平均产量、边际产量

1. 总产量

总产量（Total Product，TP），是指在一定技术条件下，投入一定数量生产要素所获得的产出量的总和。若在资本不变的条件下，总产量是指一定的劳动投入量可以生产出来的全部产量。其公式为：

$$TP=f(L, K)$$

2. 平均产量

平均产量（Average Product，AP），是指平均每单位劳动投入的产出量。其公式为：

$$AP=\frac{TP}{L}$$

其中，TP 代表劳动的总产量，AP 表示劳动的平均产出量，L 表示劳动投入量。

3. 边际产量

边际产量（Marginal Product，MP），是指每增加一单位劳动投入量所增加的产量。其公式为：

$$MP=\frac{\mathrm{d}Q}{\mathrm{d}L}$$

其中，MP 代表劳动的边际产量，$\mathrm{d}Q$ 代表总产量的增量，$\mathrm{d}L$ 代表劳动投入量的增量。

假设考察某糕点厂，这个糕点厂的规模是固定的，老板只能通过改变工人数量来改变生产的糕点量。在短期中，这种分析是现实的，但在长期中并不现实。表 2-2 表示该糕点厂生产的糕点量如何取决于工人的数量。

表 2-2　总产量、平均产量和边际产量

L	0	1	2	3	4	5	6	7	8	9	10
TP	0	50	150	300	400	480	540	580	610	610	580
AP	—	50	75	100	100	96	90	83	76	68	58
MP	—	50	100	150	100	80	60	40	30	0	−30

根据表 2-2，绘制产量曲线图如图 2-11 所示。

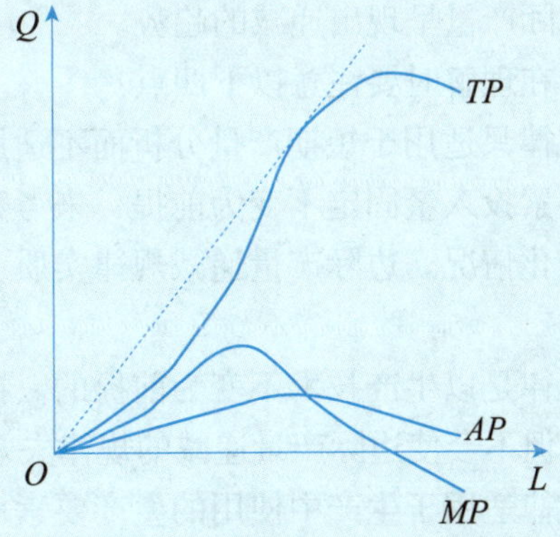

图 2-11　总产量、平均产量和边际产量之间的关系

根据分析可以得出，总产量、平均产量和边际产量之间的关系呈现如下特点：

（1）在资本量不变的情况下，随着劳动量的增加，最初总产量、平均产量和边际产量都是递增的，但在各自增加到一定程度之后，它们就分别递减了。所以，总产量曲线、平均产量曲线和边际产量曲线都是呈现先上升再下降的趋势。

（2）总产量曲线 TP 上任意一点的切线的斜率是相应的 MP 值。当 $MP > 0$ 时，总产量增加；当 $MP = 0$ 时，总产量达到最大；当 $MP < 0$ 时，总产量就会减少。

（3）边际产量曲线和平均产量曲线相交于平均产量曲线的最高点。当 $MP > AP$，平均产量递增；当 $MP < AP$，平均产量递减；当 $MP = AP$，平均产量最高，边际产量曲线与平均产量曲线相交。

（二）边际产量递减

在短期中，当不变投入不能改变，只有可变投入能改变时，产量的变动服从边际产量递减规律。

边际产量递减规律（The Law of Diminishing Marginal Product）是短期生产的一条基本规律，它又称边际收益递减规律，其基本内容是：在技术水平不变的条件下，连续不断地把等量的某一种可变生产要素（简称“可变要素”）投入到另一种或几种数量不变的生产要素（简称“不变要素”）上，当这种可变要素的投入量小于某一特定值时，增加该可变要素投入所带来的边际产量是递增的；而当这种可变要素的投入量超过某一特定值时，增加一单位该可变要素的投入量所带来的边际产量则是递减的。

边际产量之所以会出现递减，是因为对于任何产品的短期生产来说，可变要素投入量和不变要素投入量之间都存在着一个最佳的数量组合比例。在不变要素的投入量既定的条件下，当可变要素投入数量较少时，不变要素的投入量相对过剩，增加可变要素的投入量将使得生产要素的投入比例逐步接近最佳组合比例，这有助于充分利用不变要素的投入，因而使可变要素的边际产量呈现出递增的趋势；一旦可变要素的投入量达到生产要素最佳组合比例时，可变要素的边际产量即达到最大值；但当可变要素投入量继续增加并超过两者的最佳组合比例后，可变要素的投入量则出现过剩，从而其边际产量呈现出递减的趋势。

边际产量递减规律，在理解时要注意以下四点：

（1）边际产量递减规律只适用于短期产量分析而不适用于长期，即它是以除一种生产要素以外的其他要素投入量固定不变为前提，来考察一种可变要素投入量发生变化时其边际产量的变化情况。边际产量递减规律实质上源于不变要素与可变要素组合比例的变化。

（2）边际产量递减规律是以生产技术不变为前提的。技术进步一般会使边际产量递减的现象延后出现，但不会使边际产量递减的规律失效。

（3）边际产量递减规律适用于生产中使用的生产要素可以分为可变要素与不变要素时的情况。边际产量递减规律研究的是把不断增加的一种可变要素增加到其他不变要素上时对产量所发生的影响。这种情况是普遍存在的，例如：在农业生产中当土地等生产要素不变时增加施肥量，在工业生产中当厂房、设备等生产要素不变时增加劳动力都属于这种情况。

（4）在任何一种产品的短期生产中，当其他生产要素不变时，随着一种可变要素投入量增加所引起的边际产量往往呈现由递增到递减的阶段性变化规律，即边际产量递减是在可变要素的使用量超过一定数量以后才出现的。

（三）短期内理性决策区间

视频：短期内理性决策区间

在研究短期内生产决策时，涉及了边际收益递减规律。生产要素既然存在着边际收益递减规律，那么生产者应当如何选择生产要素投入量来进行生产，以达到利润的最大化呢？

为了确定一种生产要素的合理投入量，根据之前的短期生产函数中的总产量、平均产量和边际产量之间的关系，可以将产量的变化划分为三个区域，如图 2-12 所示。

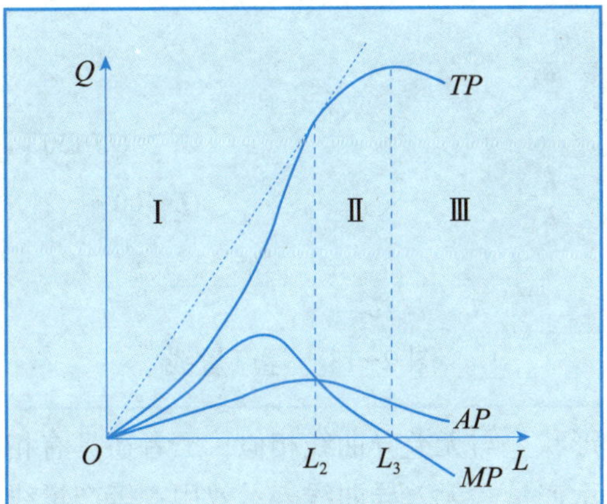

图 2-12　一种要素投入的合理区间

第Ⅰ阶段：劳动投入从 0 变到 L_2，$MP > AP$ 阶段增加投入，可以提高 AP，所以在该阶段，生产未达到最高效率，不应停止在这一阶段。

第Ⅱ阶段：劳动投入从 L_2 变到 L_3，$AP > MP \geqslant 0$ 阶段。最高效率应当也必然是在这一阶段中出现。

第Ⅲ阶段：劳动投入大于 L_3，$AP > MP$，且 $MP < 0$。由于减少投入，MP 可以上升，从而 TP 增加，因此肯定是生产缺乏效率的。

综上所述，在第Ⅰ阶段，增加劳动投入能够增加平均产量，即增加劳动投入能够带来产量更大比例增加，所以生产者的生产不会停留在第Ⅰ阶段。在第Ⅲ阶段，增加劳动反而减少产量，显然生产者不会在第Ⅲ阶段生产。通常，生产者的劳动投入停留在第Ⅱ阶段。所以第Ⅱ阶段是单一生产要素的合理投入区间。但在这一区域中，生产者到底投入多少可变要素，可生产多少产品，需要结合成本函数才能确定。

四、长期内生产决策

长期内生产决策是考察厂商可以调整其所有生产要素投入的情况下，要素投入和产出之间的关系。

（一）等产量线

等产量线（Isoquant Curve），也叫等生产线，表示在技术水平不变的条件下，生产同一产量的所有生产要素的各种不同组合描述出来的轨迹。它用以表达生产任一给定产量所需两种要素之各种可能的组合，如图 2–13 所示。

在图 2–13 中，横轴代表劳动 L 的投入量，纵轴代表资本 K 的投入量，Q_1、Q_2、Q_3 是三条等产量线，其中 Q_1 线上的 A、B、C 表示劳动与资本的三种组合方式。在同一条等产量线上的任何一点，劳动 L 和资本 K 不同数量的组合给生产者带来的产量是相同的。

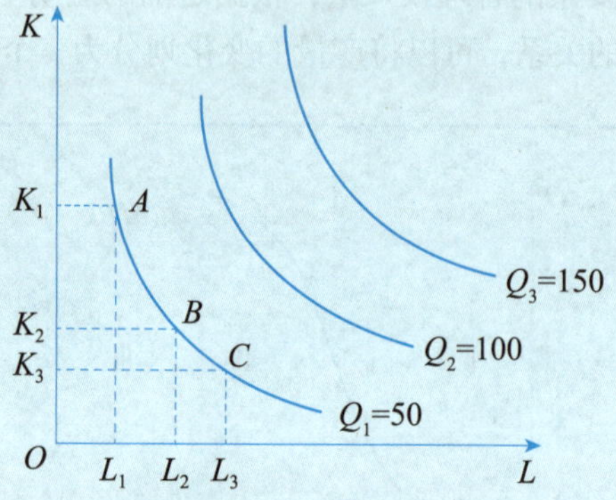

图 2–13　等产量线

等产量线在曲线形状上与无差异曲线相似，二者还具有相似的特征，但两者也有区别：等产量线表示产量，无差异曲线表示效用；等产量线是客观的，无差异曲线是主观的。

等产量线的特征如下：

（1）等产量线是从左上向右下倾斜的，其斜率为负值；

（2）生产要素空间中，可以有无数条等产量线，同一条等产量线代表相同的产量，它们互不相交，离原点越远产量越高，越近产量越低；

（3）等产量线是凸向原点的，这是由边际技术替代率递减规律决定的。

视频：
等成本线

（二）等成本线

等成本线（Isocost Curve），也叫企业预算线，是在既定的成本和生产要素价格条件下生产者可以购买到的两种生产要素的各种不同数量组合的轨迹。等成本线表明了生产者进行生产的限制，即它所购买生产要素所花的钱不能大于或小于所拥有的货币成本。

假设既定的成本为 C，已知的劳动 L 的价格即工资率为 w，已知的资本 K 的价格即利息率为 r，据此我们可以得到公式：

$$C = wL + rK$$

$$K = -wL/r + C/r$$

根据以上公式可以得到等成本线，如图 2-14 所示。

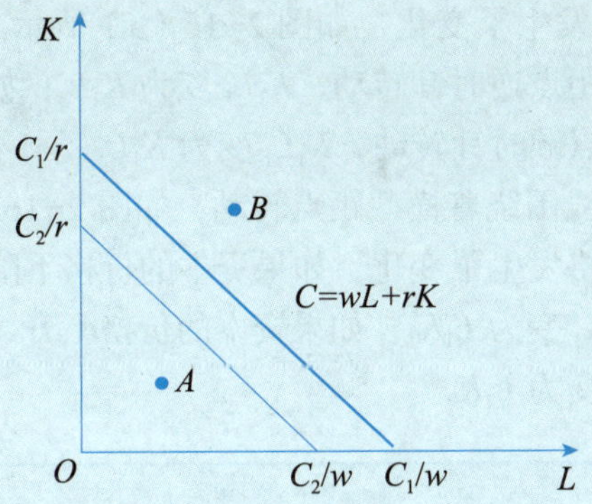

图 2-14 等成本线

在理解等成本线时，要注意：

（1）因为成本的公式是线性方程，所以等成本线必是一条直线。图中横轴上的点 C_1/w、C_2/w 表示既定的全部成本都购买劳动时的数量，纵轴上的点 C_1/r、C_2/r 表示既定的全部成本都购买资本时的数量，分别经过两点的直线就是两条等成本线。等成本线表示既定的全部成本所能购买到劳动和资本的各种组合。

（2）等成本线的斜率为 $-w/r$，即两种生产要素的价格之比为负值。等成本线以内区域中的任何一点（如 A 点），表示既定的全部成本都用来购买该点的劳动和资本的组合以后还有剩余。等成本线以外的区域中的任何一点（如 B 点），表示用既定的全部成本购买该点的劳动和资本的组合都不够。唯有等成本线上的任何一点，才表示用既定的全部成本刚好能购买到的劳动和资本的组合。

如果生产要素价格发生变动，会使等成本线发生变化，进行移动。具体情况分为以下两种：

（1）等成本线的平移（见图 2-15）。在生产要素价格不变的前提下，生产者增加投入的成本，引起等成本线向右平移，意味着资本和劳动投入增加；反之则向左平移，意味着资本和劳动投入减少。

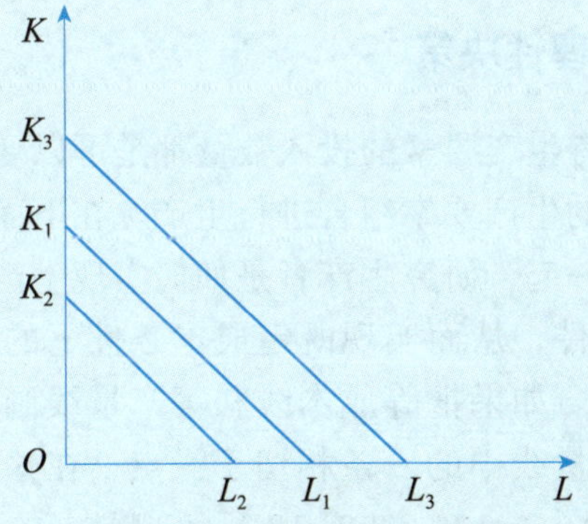

图 2-15 等成本线的平移

（2）等成本线的旋转（见图 2–16）。当成本保持不变，只有一种生产要素价格变化时，等成本线会发生旋转。如果等成本线围绕着纵截距点转动，表明其他条件不变，仅仅劳动的价格发生了变化，如图 2–16（a）所示。如果劳动的价格下降，则等成本线围绕着纵截距点逆时针转动，K_1L_1 变为 K_1L_3；如果劳动的价格上升，则等成本线围绕着纵截距点顺时针转动，K_1L_1 变为 K_1L_2。

相反，如果等成本线围绕着横截距点转动，如图 2–16（b）所示，表明其他条件不变，仅仅资本的价格发生了变化，如果资本的价格下降，则等成本线围绕着横截距点顺时针转动，L_1K_1 变为 L_1K_3；如果资本的价格上升，则等成本线围绕着横截距点逆时针转动，L_1K_1 变为 L_1K_2。

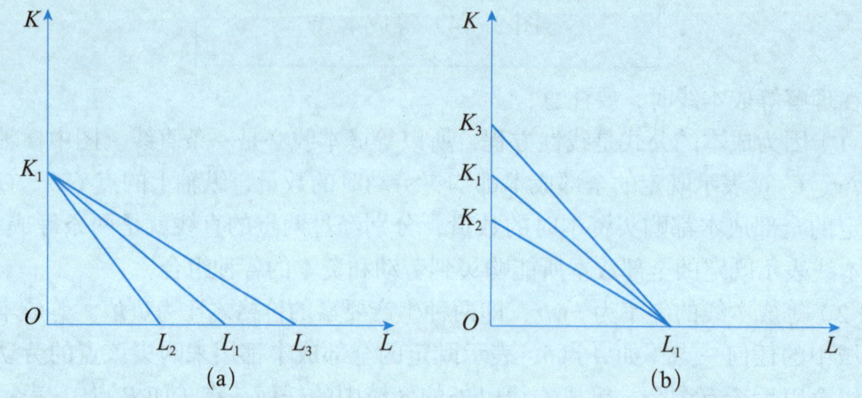

图 2–16　等成本线的旋转

（三）边际技术替代率

视频：边际技术替代率

边际技术替代率（Rate of Marginal Technical Substitution）是指在产量保持不变的前提条件下，增加一种生产要素的数量与可以减少的另一种生产要素的数量之比。通常，由于生产过程中投入的生产要素是不完全替代的，随着一种生产要素数量的增加，该生产要素对另外一种生产要素的边际技术替代率是递减的。

（四）长期内生产理性决策

视频：长期内生产理性决策

在长期生产中，所有生产要素的投入数量都是可以变动的，任何一个理性的生产者都会选择最合适的生产要素组合进行生产。在下面的讨论中我们将把等产量线和等成本线结合在一起，研究生产者是如何实现生产的均衡条件，即选择生产要素最合适组合的条件，从而实现既定成本条件下的最大产量或者实现既定产量条件下的最小成本。如果把等成本线和等产量线画在一个图上，那么等成本线必定与无数条等产量线中的一条相切于一点，在这个切点上，就实现了生产要素的最优组合。如图 2–17、图 2–18 所示，图中的 E 点是生产要素的最优组合。

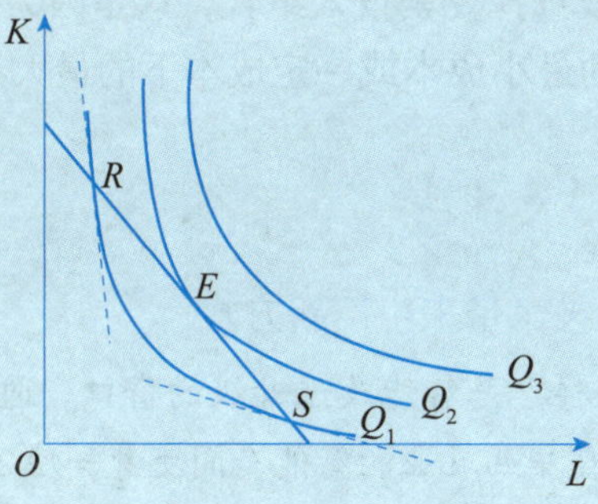

图 2-17　不同产量

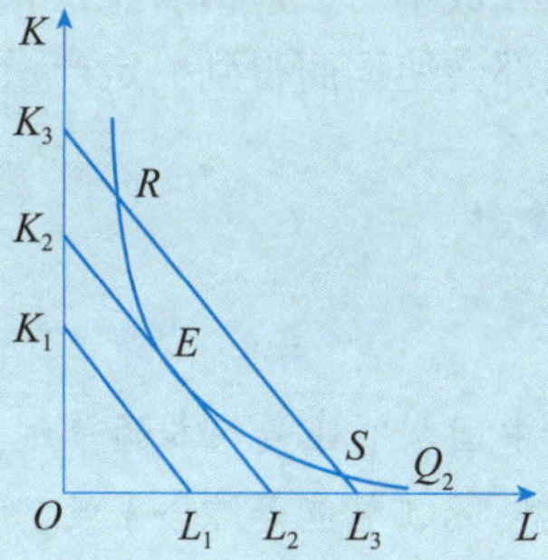

图 2-18　不同成本

图 2-17 中，有一条等成本线，表示生产者的成本是既定的。当产量可以变化时，等产量线有无数条，这里用三条等产量线 Q_1、Q_2、Q_3 代表，其中一条与等成本线相切于 E 点，同时相交于 R、S 点。但其中 E 点的产量是最大的，因为 E 点位于产量较大的等产量线 Q_2 上。

图 2-18 中，有一条等产量线，表示生产者的目标是既定的产量。当成本可以改变时，等成本线有无数条，这里用三条等成本线 L_1、L_2、L_3 代表。其中必有一条与等产量线相切于 E 点，同时相交于 R、S 点。但其中 E 点的成本是最小的，因为 E 点位于成本较小的成本线 K_2L_2 上。

从上述分析中可以看出，实现既定成本条件下产量最大化的条件是：

等成本线的斜率（w/r）= 等产量线的斜率（MP_L/MP_K）

即：

$$\frac{MP_L}{w}=\frac{MP_K}{r}$$

也就是说，只有生产者每单位成本购买任意一种生产要素所得到的边际产量都相等，生产者才能用既定的成本生产最大的产量。

（五）生产扩展线

生产扩展线（Production expansion line）是指等成本线与等产量线的切点所形成的曲线（如图 2-19 所示），表明在生产要素价格和技术水平不变的条件下，当厂

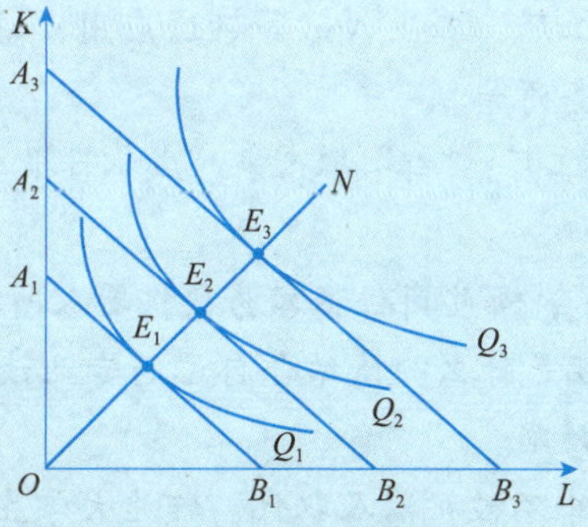

图 2-19　生产扩展线

商调整产量或成本时，应沿着生产扩展线选择要素投入组合，这是因为生产扩展线上的每一点都会使厂商得到一定产量下的最小成本或一定成本下的最大产量。

价值提升

车间“智”变，新技术带来生产新方式

车间是中国制造业最基本的单元，同样也是智能改造升级的窗口。通过远程运行维护、大数据、人工智能等综合手段，新希望华西乳业的智能车间变身一座24小时运转，却不需要多人值守的“无声工厂”。在全面实行数字化转型战略之后，2017—2019三年时间内，工厂的人工效率（单人的产量）提升约19.2%，设备运行效率提升约13.5%。

岗位“智”变，新工作汇聚新时代的信息流

人因岗位而变，岗位同样因人而变。当人工智能取代了一部分枯燥且没有创造性的岗位时，也催生出许多新的岗位。首席信息官、技术总监、自动化事业部总经理、透明工厂讲解员……传统制造企业里出现的新头衔，让我们看到在数字经济掀起的这股新动能中，从事新工作的人们共同汇聚出属于新时代的信息流。

积微物联相关负责人表示，面对数字经济发展的新挑战和新机遇，积微物联将大力弘扬“专精兼备”的“工匠精神”，继续全域推进“人才强企”战略，全面形成人才竞争比较优势，全力打造人才管理新发展格局，为成为值得信赖的大宗商品服务引领者提供全方位的人才支撑。

产业“智”变，提升人工智能服务实体经济能力水平

积微物联与阿里联手打造的工业大脑2019年为企业节省了上千万元的成本；实行数字化转型战略之后，新希望乳业的人工效率在过去的两年内逐年增长；通威太阳能通过智能化的手段做到了独占全球15%的市场，成本仅为竞争对手的70%……在企业自发自觉积极开展智能化改造的同时，政府也伸出援手。2020年3月，成都市政府联合成都市优秀的网络产品服务商，开展“云行天府”优秀网络产品助力复工复产系列推荐活动，围绕远程协同办公、线上供需对接、设备远程诊断等应用场景，甄选了一批优秀的网络产品推荐企业使用，全面助力企业复工复产。

2019年，成都印发的《成都市加快人工智能产业发展推进方案（2019—2022年）》也明确提出，成都将提升人工智能服务实体经济能力水平，加快人工智能在工业互联网、数字化车间、智能工厂、工业App等领域应用，培育一批工业智联网示范工厂和智能制造解决方案服务商等。

（资料来源：程怡欣．无人工厂：“智”取未来．成都日报·锦观新闻，2020-04-20.）

思考：

1.“机器人时代”来了，哪些岗位不容易被机器人所取代？

2.“工匠精神”的内涵是什么？请结合自己的专业谈谈如何在专业岗位上发扬“工匠精神”，提高生产效率。

3.要想在未来在工作中不被机器人取代，作为大学生，你会考虑从哪几方面提高自己以应对日益严峻的就业形势？

任务三 成本与收益理论

导学案例

海尔的成本控制

在满足消费者的速度需求方面，海尔进行了适时生产（JIT）系统建设，海尔的 JIT 包括采购 JIT、原料配送 JIT 及产品配送 JIT。为实现采购 JIT，海尔建立了众多以海尔为中心的产业园，并吸引大批有实力的供应商入驻，优化供应商。同时，海尔的生产和物料信息与供应商共享，各供应商根据海尔的生产和物料信息确定自己的生产计划，保证在海尔需要时能及时送达所需原材料。原料配送 JIT 的关键在于计算机集成制造系统（CIMS）以及无线扫描、红外传输等现代物流技术的运用。海尔利用这些技术实现物料自动及时地配送到各工序，根据看板管理实现 4 小时送料到工位。为实现产品配送 JIT，海尔进行了物流网的建设，同国家邮政总局、中远集团等专业物流公司进行合作。

在满足消费者的个性化需求方面，海尔提出了向大规模定制生产方向转变的目标，即为消费者提供满足其个性化需求的低价物品。为了解决大规模生产的成本优势与个性化需求的成本劣势之间的矛盾，海尔引入柔性化制造系统，海尔自接到订单到产品出厂，中间的每一道工序都处于计算机系统的集成管理和严格监控之下，使生产线可以实现不同型号的混流生产。同时海尔 ERP 系统每天准确自动地生成向生产线配送物料的 BOM，通过无线扫描、红外传输等现代物流技术的支持，实现定时、定量、定点的 JIT“三定”配送。通过柔性化的制造，保证了海尔产品的质量和成本优势，同时制造时间的缩短也保证了交货期优势的实现。

学习任务：

1. 企业经营过程中涉及哪些成本？
2. 企业如何通过成本控制实现利润最大化？

知识精讲

一、生产者成本

成本是经济学最基本的概念之一，通常是以货币支出来衡量的从事某项经济活动所必须支付的代价。经济学家对于成本的看法和企业会计人员对于成本的看法是不同的。

（一）机会成本和沉没成本

机会成本（Opportunity Cost）是指当某一种生产要素被用于某一个特定的用途的时候，必须放弃的在其他用途上可能获得的最大收益。机会成本的存在需要两个前提条件：生产要素是稀缺的，生产要素的用途是多样的。

例如：农民如果选择养猪就不能选择养鸡或鸭，养猪的机会成本就是放弃养鸡或养鸭等的收益。假设养猪可以获得 9 万元，养鸡可以获得 7 万元，养鸭可以获得 8 万元，那么养猪的机会成本是 8 万元，养鸡的机会成本为 9 万元，养鸭的机会成本也为 9 万元。

沉没成本（Sunk Cost）是指以往发生的，但与当前决策无关的费用。从决策的角度看，以往发生的费用只是造成当前状态的某个因素，当前决策所要考虑的是未来可能发生的费用及所带来的收益，而不考虑以往发生的费用。

学中做

赵先生是某医院的一个牙医，年薪 20 万元，另外还享受公费医疗、住房公积金、养老保险等集体福利一年 11 万元。现在他正在考虑辞职去开一家私人诊所，一年预计收入达到 40 万元。为了开办这家诊所，他必须将一栋每年可以收取 12 万元租金的房子变成办公室，并且需要 60 万元购买医疗器材等，该资金若存入银行，年利率为 4%。

思考讨论： 你认为赵先生该离开医院开办自己的诊所吗？

（二）显性成本和隐性成本

显性成本（Explicit Cost）是指厂商在生产要素市场上购买或租用所需的生产要素的实际支出。显性成本包括支付给雇员的工资，购买原材料、燃料和其他生产资源的支出，还包括支付的土地租金、资本利息等。从机会成本的角度看，这笔支出必须等于这些生产要素的所有者将相同的生产要素使用在其他用途时所能得到的最高收入，否则，厂商不可能购买或租用到这些生产要素。

隐性成本（Implicit Cost）是指厂商本身所拥有的且被用于该企业生产过程的那些生产要素的价格。例如：使用的自有资金、自有土地、自我管理等。因此，隐性成本也必须从机会成本的角度，按照厂商自有要素在其他用途中可能获得的最高收入来计算，否则，厂商会把自有的生产要素转移出本企业，以获得更高的报酬。

显性成本和隐性成本构成了企业真实的生产成本。

（三）私人成本和社会成本

私人成本是指私人生产者在生产过程中按生产要素市场价格直接支出的费用。它反映了生产者可以得到的资源的最好替换用途。私人成本通常按照企业所使用的资源的市场价格来计算，相当于企业会计成本。

社会成本是指整个社会为某个企业或某一生产要素投入所付出的成本。社会成本等于私人成本与外部成本之和。外部成本是指企业在生产过程中造成的一些本应该由企业支付、企业却没有支付的成本。

（四）短期成本和长期成本

短期成本（Short-run Cost）是厂商在短期内不改变其生产规模，即设备、厂房等固定资产投入量，只改变原材料、燃料、劳动等的投入量来调整生产时发生的费用。短期成本可分为固定成本和可变成本，也可分为短期总成本、短期平均成本和短期边际成本。

长期成本（Long-run Cost）是厂商在长期内根据所要达到的产量调整全部生产要素的投入量所发生的费用。长期成本没有可变成本与固定成本之分，但可分为长期总成本、长期平均成本和长期边际成本。

二、短期成本分析

（一）短期总成本（STC）

短期总成本（Short-run Total Cost，STC）是指厂商在短期内生产一定量产品所付出的成本总额。短期总成本包括固定成本和可变成本，用公式可以表示为：

$$STC = FC + VC$$

式中，STC 表示短期总成本，FC 表示固定成本，VC 表示可变成本。

固定成本（Fixed cost，FC）是指购买不变要素的费用支出，它不随产量的变动而变动，是个常数，即使厂商停产，也照样存在，主要包括厂房和机器设备的租金、固定资产折旧费等。固定成本是按一定比例分摊计入成本的。

可变成本（Variable Cost，VC）是指购买可变要素的费用支出，随着产量的变动而变动，是产量的函数，主要包括工人工资、原材料费用和燃料费用等。

课堂讨论

如果你要开一家奶茶店，请列出固定成本和可变成本分别是哪些。

从图 2-20 可以看到，固定成本曲线 FC 是一条水平线，表明固定成本是个既定的数量，不随产量的增减而改变，即使产量为零，固定成本依然存在。可变成本曲线 VC 是从原点出发，表示产量为零时没有可变成本，该曲线向右上方倾斜，表示可变成本随着产量的增加而逐渐增加。其变动规律是在生产初期产量较小时，由于固定要素的效率未能得到充分发挥，可变成本增长率大于产量增长率；然后，随着产量增加到一定规模，曲线变得较为平坦，可变成本增加缓慢，说明固定要素与可变要素的配合效率得到充分发挥，可变成本增长率小于产量增长率；最后，随着产量的继续增长，出现边际产量递减，可变成本增长率大于产量增长率。

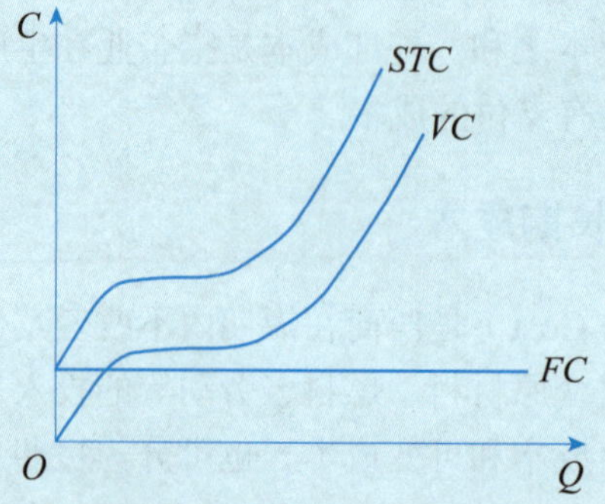

图 2-20　STC、VC 和 FC 的关系

总成本是固定成本与可变成本的总和，随着产量的增加而逐渐增加。短期总成本曲线 *STC* 的形状与可变成本曲线 *VC* 一样，两者间距为 *FC*。如图 2-20 所示，总成本曲线 *STC* 在纵轴上的截距就是固定成本 *FC*。

（二）短期平均成本（SAC）

短期平均成本（Short-run Average Cost，SAC）是指短期内生产每一单位产品平均所需要的成本。短期平均成本是短期总成本除以产量，用公式可以表示为：

$$SAC = STC/Q$$

同时，短期平均成本包括平均固定成本和平均可变成本，即：

$$SAC = AFC + AVC$$

平均固定成本（Average Fixed Cost，AFC）是平均每单位产品所消耗的固定成本，用固定成本除以产量，即：

$$AFC = FC/Q$$

平均可变成本（Average Variable Cost，AVC）是平均每单位产品所消耗的可变成本，是可变成本除以产量，即：

$$AVC = VC/Q$$

平均固定成本、平均可变成本及短期平均成本的变动规律如图 2-21 所示。

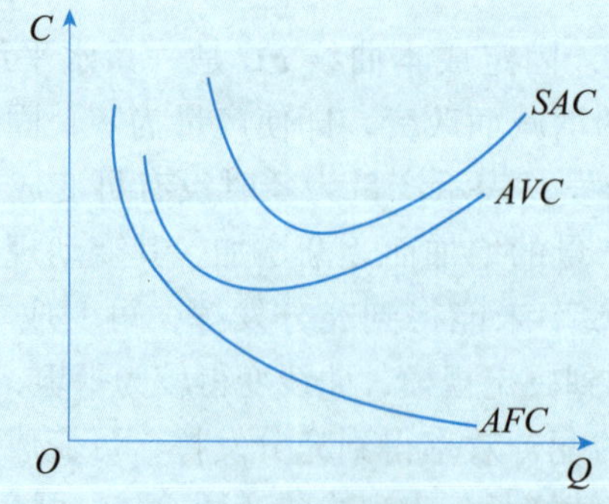

图 2-21　SAC、AFC 和 AVC 的关系

1. 平均固定成本（AFC）

平均固定成本随产量的增加而递减。因为固定成本（FC）在短期内保持不变，所以随着产品产量的增加，平均固定成本的变化呈递减趋势，其变动规律是起初减少的幅度很大，之后减少的幅度越来越小。

2. 平均可变成本（AVC）

受边际产量递减规律的作用，平均可变成本随产量增加呈 U 形变化。在连续追加可变要素后，边际产量首先会大幅度递增，从而平均产量增加，平均可变成本减少；当产量达到较高水平时，由于机器设备的生产效率已得到充分发挥，再增加可变生产要素，边际产量递减，从而平均产量降低，平均可变成本增加。

3. 短期平均成本（SAC）

短期平均成本随产量增加呈 U 形变化。短期平均成本（SAC）的变动规律是由平均固定成本（AFC）与平均可变成本（AVC）的变动特点决定的。

当产量从零开始增加时，平均固定成本与平均可变成本都趋于下降，所以短期平均成本也趋于下降；当产量继续增加时，虽然平均固定成本仍在下降，但由于可变生产要素的成本使用量越来越大，平均可变成本在短期平均成本中占比越来越大，到达最低点后将趋于上升，最终抵消下降的平均固定成本而使短期平均成本上升。

（三）短期边际成本（SMC）

短期边际成本（Short-run Marginal Cost，SMC）是指企业每增加一单位产量所增加的总成本量，用公式可以表示为：

$$SMC=\frac{\Delta STC}{\Delta Q} \text{ 或 } SMC=\frac{\mathrm{d}STC}{\mathrm{d}Q}=STC'=VC'$$

短期边际成本与短期平均成本、平均可变成本存在如图 2-22 所示的关系。

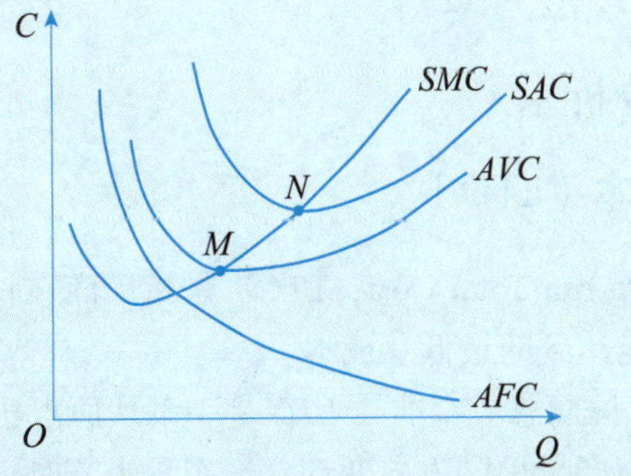

图 2-22 *SMC* 和 *SAC*、*AVC* 的关系

1. 短期边际成本曲线

短期边际成本曲线随产量增加呈 U 形变化。受边际产量递减规律的作用，边际成本开始时随着产量的增加而减少，当产量增加到一定水平时，则随着产量的增加而增加。

2. 短期边际成本曲线与短期平均成本曲线的关系

二者相交于短期平均成本曲线 *SAC* 的最低点 *N*。当 $SMC < SAC$ 时，*SAC* 呈下降趋势；当 $SMC > SAC$ 时，*SAC* 呈上升趋势。在经济学分析中，*SMC* 与 *SAC* 的交点 *N* 称为收支相抵点。在收支相抵点上，厂商的生产成本与收益相等；且产品价格等于平均成本，平均成本等于边际成本，即 $P = SAC = SMC$。

3. 短期边际成本曲线与平均可变成本曲线的关系

二者相交于平均可变成本曲线 *AVC* 的最低点 *M*。当 $SMC < AVC$ 时，*AVC* 呈下降趋势；当 $SMC > AVC$ 时，*AVC* 呈上升趋势。

SMC 曲线和 *AVC* 曲线的交点 *M* 称为停止营业点。在停止营业点上，厂商的平均可变成本与收益相等。

学中做

假定某厂商的短期成本函数为 $TC = Q^3 - 10Q^2 + 12Q + 12$，请问：

1. 该厂商的固定成本和可变成本分别是多少？

2. 请分别写出下列函数：SAC、AVC、AFC、SMC。

分析：

1. 固定成本即产量 *Q* 为 0 时的成本，当 $Q = 0$，$FC = 12$，可变成本 $VC = TC - C = Q^3 - 10Q^2 + 12Q$；

2. $SAC = TC/Q = Q^2 - 10Q + 12 + 12/Q$

$AVC = VC/Q = Q^2 - 10Q + 12$

$AFC = 12/Q$

$SMC = TC = 2Q^2 - 20Q + 12$

三、长期成本分析

（一）长期总成本（LTC）

长期总成本（Long-run Total Cost，LTC）是指厂商在长期中在每一产量水平上通过改变生产规模所能达到的最低总成本。

如图 2-23 所示，长期总成本曲线 *LTC* 是一条从原点出发，向右上方倾斜的曲线，表示长期总成本与产量呈同方向变动。当产量为零时，长期总成本为零；当产量在 $O \sim Q'$ 时，成本的增长率大于产量的增长率，长期总成本曲线比较陡峭；当

产量在 Q' ~ Q'' 时，成本的增长率小于产量的增长率，长期总成本曲线比较平坦；当产量在 Q'' 之后，成本的增长率大于产量的增长率，长期总成本曲线非常陡峭。

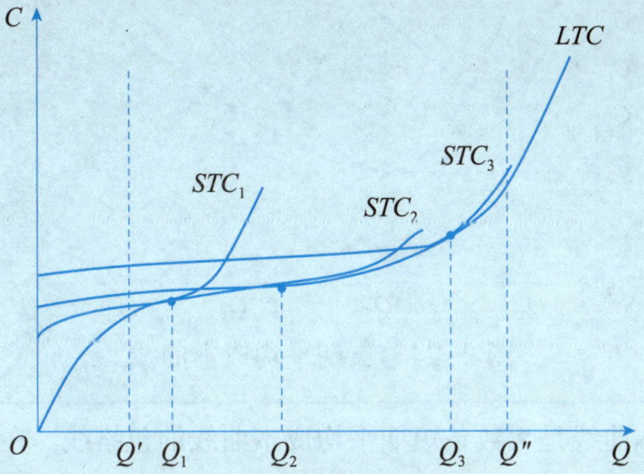

图 2-23 长期总成本曲线

长期总成本曲线 LTC 是各个短期总成本曲线的包络线，即长期总成本曲线从短期总成本曲线的下方包络众多短期总成本曲线。长期总成本曲线从原点开始，表示长期总成本是完全随产量而变化的。每条短期总成本曲线都不是从原点开始，表示一旦从短期的角度看待成本，总会存在一些固定成本，这部分成本不随产量而变化。短期总成本曲线在纵坐标上的截距越大，代表企业的规模越大，因为比较大的经营规模总是以较高的固定成本为保证的。

以短期总成本曲线 STC_1、STC_2、STC_3 分别代表三种不同的生产规模，且 $STC_1 < STC_2 < STC_3$。在长期，厂商可以在任何一个产量水平上找到相应的最优生产规模，把总成本降到最低。

（二）长期平均成本（LAC）

长期平均成本（Long-run Average Cost，LAC）是指厂商在长期中在每一个产量水平上通过改变生产规模所能达到的最低单位产品成本。其公式为：

$$LAC = LTC/Q$$

如图 2-24 所示，Q 表示产量，C 表示成本，长期平均成本曲线 LAC 呈先下降至最低点而后上升的 U 形变化规律。这种形状和短期平均成本曲线相似，但成因并不相同。短期平均成本曲线呈 U 形是因为边际报酬递减规律的作用，而长期平均成本曲线呈 U 形则是由于长期生产中的规模经济和规模不经济。在企业生产扩张的开始阶段；厂商扩大生产规模而使经济效益得到提高，即规模经济。规模经济对应于长期平均成本曲线的下降阶段，表示随着产量的增加单位成本不断下降。当生产扩张到一定的规模后，厂商继续扩大生产规模，就会使经济效益下降，即规模不经济。规模不经济对应于长期平均成本曲线的上升阶段，表示成本随着产量的增加单位成本不断上升。

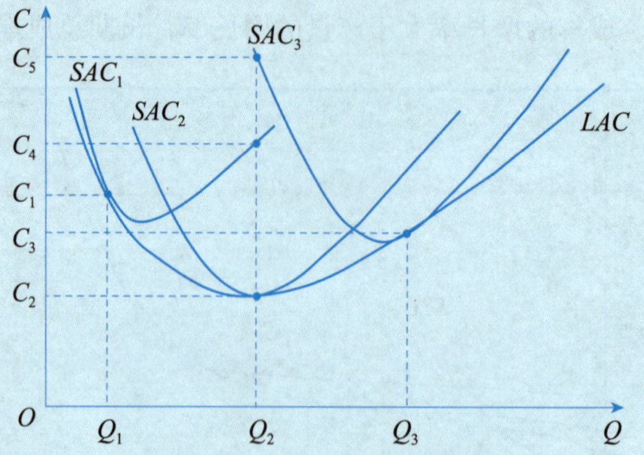

图 2–24　长期平均成本曲线

长期平均成本曲线是无数条短期平均成本曲线的包络线。在图 2–24 中，短期平均成本曲线 SAC_1、SAC_2、SAC_3 分别代表三种不同的生产规模。厂商根据产量大小来决定生产规模，以使平均成本达到最低。当产量为 Q_2 时，选择 SAC_2 这一生产规模，此时平均成本 OC_2 最低。因为若选择 SAC_1 这一生产规模，平均成本为 OC_4，OC_4 大于 OC_2；若选择 SAC_3 这一规模，平均成本为 OC_5，OC_5 大于 OC_2。同理，当产量为 Q_1 时，选择 SAC_1 这一生产规模，此时平均成本 OC_1 最低；当产量为 Q_3 时，选择 SAC_3 这一生产规模，此时平均成本 OC_3 最低。

（三）长期边际成本（LMC）

长期边际成本（Long-run Marginal Cost，LMC）是指厂商在长期内每增加一单位产量所增加的总成本。其公式为：

$$LMC=\frac{\Delta LTC}{\Delta Q} \text{ 或 } LMC=\frac{\mathrm{d}LTC}{\mathrm{d}Q}=LTC'$$

如图 2–25 所示，以 Q 代表产量，C 代表成本，长期边际成本曲线 LMC 呈 U 形变化规律。LMC 与长期平均成本曲线 LAC 相交于 LAC 的最低点。当 $LMC<LAC$ 时，LAC 呈下降趋势；当 $LMC>LAC$ 时，LAC 呈上升趋势；当 $LMC=LAC$ 时，

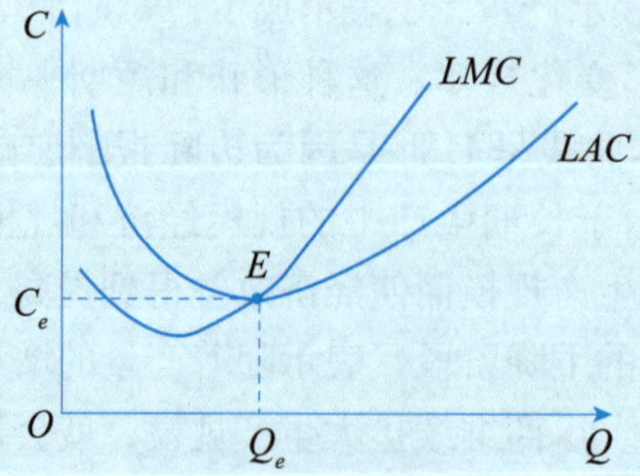

图 2–25　长期边际成本曲线

长期平均成本曲线 LAC 处于最低点。

四、生产者利润

（一）生产者收益

厂商的行为或决策是依据成本与收益的比较进行的，所谓厂商的收益，是指厂商销售其产品获得的货币收入，厂商的收益分为总收益、平均收益和边际收益。

总收益（Total Revenue，TR）是指厂商按一定的价格出售一定数量的产品获得的全部收入，即：

$$TR=P\cdot Q$$

平均收益（Average Revenue，AR）是指厂商在平均每一单位产品销售上获得的收入，即：

$$AR=\frac{TR}{Q}$$

边际收益（Marginal Revenue，MR）是指厂商每增加一单位产品销售所获得的总收益的增加量，即：

$$MR=\frac{\Delta TR}{\Delta Q}\text{ 或 }MR=\frac{\mathrm{d}TR}{\mathrm{d}Q}=TR'$$

（二）经济利润、会计利润和正常利润

经济利润是指厂商的销售收入与机会成本之间的差额，其计算公式为：

$$\pi=TR-TC$$

其中，π 为利润，TR 为总收益，TC 为总成本，三者都是产量（或销售量）Q 的函数。

会计利润是指厂商的销售收入与会计成本之间的差额。

正常利润通常是指厂商对自己所提供的企业家才能的报酬支付。从机会成本的角度说，正常利润被归入经济成本（隐性成本）之中，是厂商投入自有生产要素应得的报酬，也是厂商继续留在原行业从事生产经营的最低报酬，如果得不到正常利润，厂商将退出原行业。

（三）利润最大化

利润等于总收益减去总成本，若用 π 表示厂商的利润，即：

$$\pi=TR-TC$$

厂商进行生产时要追求利益的最大化。那么，怎样才能获得最大的利润呢？这需要对函数 $\pi=TR-TC$ 两边求微分，要求得 π 的最大值，就必须使利润函数的一阶导数为零，即：

$$\pi_{\max}=TR(Q_{o})-TC(Q_{o}),\quad \frac{\mathrm{d}\pi}{\mathrm{d}Q}=0$$

可得：$\frac{\mathrm{d}\pi}{\mathrm{d}Q}=\frac{\mathrm{d}(TR-TC)}{\mathrm{d}Q}=\frac{\mathrm{d}TR}{\mathrm{d}Q}-\frac{\mathrm{d}TC}{\mathrm{d}Q}=0$

要使上式成立，又因为：

$$\frac{\mathrm{d}TR}{\mathrm{d}Q}=MR，\frac{\mathrm{d}TC}{\mathrm{d}Q}=MC$$

所以要满足 $MR = MC$。可见，若 $MR > MC$，每增加一单位产品所增加的收益大于这一单位的成本，厂商有利可图，必然扩大产量；若 $MR < MC$，每增加一单位产品所增加的收益小于这一单位的成本，厂商会亏损，必然减少产量；只有在 $MR = MC$ 时，厂商既不扩大，也不缩小产量，而是维持产量，表明该赚的利润都赚到，即实现生产者利润最大化。

学中做

已知某企业的需求函数为 $Q = 9\,000-50P$，总成本函数为 $TC = 12\,000 + 0.25Q^2$，请计算：

1. 利润最大化时的产量和价格是什么？
2. 最大利润是多少？

分析：利润是总收益和总成本之差。

1. 根据需求函数可得 $P = 180-0.02Q$，
边际收益 $MR = TR' = P = 180-0.02Q$，边际成本 $MC = TC' = 0.5Q$，
利润最大化的原则是 $MR=MC$，则 $180-0.02Q=0.5Q$，得利润最大化时的产量 $Q=375$，
价格 $P = 180-0.02Q = 180-0.02 \times 375 = 172.5$。
2. 最大利润 $= P \times Q = 375 \times 172.5 = 64\,687.5$。

课堂讨论

小李在市区的繁华路段租了一家店铺卖小饰品，一年的租金是 12 万元，每个月需支付 1 万元的租金。他认为闹市区生意肯定会火爆，就和房东签了 2 年的合约。一开始生意很好，每个月都有 2 000 元的盈利，然而经营 3 个月后，周边的同类小饰品店开了好几家，小李的销售收入减去进货成本、员工工资、管理费用等，只剩下一个月 8 000 元。在这种情况下，小李在考虑是关门还是继续经营下去。

请你结合所学知识，为小李做出合理的决策。

知识链接

规模经济、范围经济和学习效应

一、规模经济

规模经济，也称为规模报酬，是指由于生产规模变动而引起的产量变动，即资本和劳动两种要素按同比例、同方向变动时所引起的产量变动。规模经济的标志就

是随着生产规模的扩大，长期平均成本呈下降趋势。

生产的规模收益所研究的问题是当生产要素的投入量都按照某一比例增加的时候，其产量按照什么比例增加，这里存在着产量的增加可能会大于、等于或小于生产规模的增加这三种可能。规模收益可以用公式来表示，假设两种投入要素的投入量都增加 λ 倍，会使产量增加 h 倍，即：

$$hQ = f(\lambda K, \lambda L)$$

其中，$h=\lambda$，规模收益不变；$h<\lambda$，规模收益递减；$h>\lambda$，规模收益递增。

由于厂商生产规模的扩大既可能促使经济效率提高从而给厂商带来经济上的好处，亦可能造成经济效率的下降从而给厂商带来经济上的不利，据此可将厂商生产规模扩大而带来的经济效应区分为规模经济与规模不经济。规模经济是指在厂商生产扩张的开始阶段，由于生产规模扩大而使经济效益得到提高。规模不经济是指当规模的扩大超过一定限度时，会使产量的增加小于生产规模的扩大，甚至使产量绝对减少。因此，在长期生产中厂商调整各种生产要素时，要实现适度规模。所谓适度规模是指使两种生产要素投入量的增加（即生产规模的扩大）正好使收益递增到最大，且当收益递增达到最大时就不再增加生产要素，并使这一生产规模维持下去。

可以用图 2–26 中 A、B、C 三条曲线来分别表示规模经济递增、规模经济不变和规模经济递减。

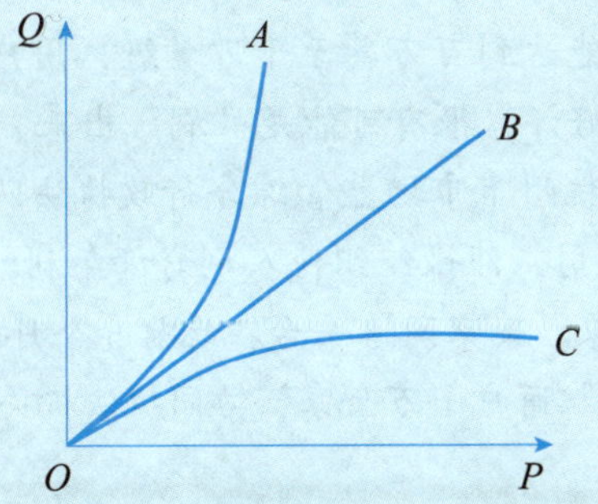

图 2–26　规模经济的三种情况

二、范围经济

范围经济是指由厂商的范围而非规模带来的经济，也即当同时生产两种产品的费用低于分别生产每种产品所需成本的总和时，所存在的状况。只要把两种或更多的产品合并在一起生产比分开来生产的成本要低，就会存在范围经济。

范围经济与规模经济是两个不同的概念，二者之间并无直接的关系：（1）一个生产多种产品的企业，其生产过程可能不存在规模经济，但是却可能获得范围经济；（2）一个企业用较大规模只生产某一种产品可能会产生规模经济，但是却不可能获得范围经济；（3）范围经济强调生产不同种类产品（包括品种与规格）获得的经济性，规模经济强调的是产量规模带来的经济性。

三、学习效应

学习效应是指企业的工人、技术人员、经理等人员在长期生产过程中，可以积累产品生产、技术设计以及管理工作经验，从而通过增加产量导致长期平均成本下降。产品在市场上的销售价格不变，单位产品成本下降，单位产品利润提高，可以刺激企业扩大产品生产规模，增加市场供给。由于学习效应而导致的单位产品劳动投入量下降必然导致产品长期平均成本的下降，使企业能够用较低的劳务成本生产较多的产品。

学习效应通常用学习曲线来表示。学习曲线所描述的是企业累积性产品产量与每一单位产量所需要投入要素数量之间的关系。学习曲线对于一个进入新行业的厂商进行新产品经营决策是非常重要的。当一个企业从事某种新产品生产时，生产最初阶段产品成本是很高的，可能会出现规模不经济的现象，这往往会使得不少企业在进入这一新行业时望而却步。但是对于存在学习效应的行业，当企业生产规模扩大到足够大时，进入该行业的企业可以通过提高生产技术水平、降低劳务成本和提高经营管理水平等措施获得比较好的经济效益。

价值提升

让“流量”回归真实和理性

在一些社交平台、短视频平台上，人们常发现某些网红产品、网红商家获得的浏览量和点赞数，轻易就能达到百万甚至千万量级，用户评价内容只有好评没有其他。殊不知，这些点赞和好评，很有可能是“刷”出来、“捧”起来的。

2021 年 7 月，浙江省杭州市市场监管综合行政执法队调查发现，浙江杭州某品牌管理有限公司等 10 家公司，涉嫌组织他人刷好评牟利，有百余家网红餐厅存在花钱请“刷手”刷好评的现象。某家网络平台在此前 5 个月处罚“刷好评”用户账号 5 万个，处罚“刷单”“刷评”商户 1 万余家，协同执法机关查处 29 个非法刷单网络黑灰产业团伙。

网络点评和排名的初衷，是通过互联网用户消费后的真实反馈形成大数据的统计与展示，反映人气、实力和市场口碑等信息，以帮助消费者更便捷地做出判断和选择。然而在非法刷单团伙操纵下，“粉丝”可以有，“互动”可以买，“好评度”能够提升，“播放量”可以增长。从早先的人工刷量到现在的机器刷量，网络黑灰产业团伙已经发展到足以影响商家生存、左右网络舆论的地步，严重损害了互联网用户权益以及平台利益，破坏了互联网生态和经济社会秩序，必须加以彻底整治和清理。

目前，依法治理网络黑灰产业已有明确的法律法规依据。《网络信息内容生态治理规定》指出：“网络信息内容服务使用者和网络信息内容生产者、网络信息内容服务平台不得通过人工方式或者技术手段实施流量造假、流量劫持以及虚假注册账号、非法交易账号、操纵用户账号等行为，破坏网络生态秩序。”自 2021 年 2 月 22 日起施行的《互联网用户公众账号信息服务管理规定》，就“操纵利用多个平台账号，批量发布雷同低质信息内容，生成虚假流量数据，制造虚假舆论热点”等行为做出禁止性规定。依法依规强化执法监管，才能维护网络清朗空间，保障公众合法权益，呵护平台经济健康发展。

（资料来源：李咏瑾. 让“流量”回归真实和理性. 人民网，2021-07-19. ）

启示：

对商家而言，快钱易赚却不可持续，“刷单”刷不出真实的口碑和美誉，还可能陷入虚假宣传和不正当竞争的泥淖。一个品牌想要口碑长红，必须通过自身实力来铸就美誉。根治“刷单”乱象，各大平台应切实担负起自身的责任。

作为连接商家和消费者的信息渠道，平台有义务创造公平交易的营销环境。通过技术手段坚决打击虚假流量、虚假评价、刷单欺诈，平台才能真正建立长青之业，实现社会效益和经济效益的双赢。

项目综合训练

应知考核

一、选择题

1. 消费预算线反映了（　　）。

A. 消费者的收入约束　　B. 消费者的偏好

C. 消费者的需求　　D. 消费者效用最大化状态

2. 给消费者带来相同满足程度的商品组合集中在（　　）上。

A. 生产可能性曲线　　B. 无差异曲线

C. 预算约束曲线　　D. 需求曲线

3. 根据无差异曲线分析，消费者均衡是（　　）。

A. 无差异曲线与预算约束线的相切之点

B. 无差异曲线与预算约束的相交之点

C. 离原点最远的无差异曲线上的任何一点

D. 离原点最近的预算约束线上的任何一点

4. 总效用曲线达到最高点时（　　）。

A. 边际效用达到最大　　B. 边际效用为正

C. 边际效用为负　　D. 边际效用为零

5. 已知商品 X 的价格为 2 元，商品 Y 的价格为 1 元。如果消费者在获得最大满足时，商品 Y 的边际效用是 30 元，那么，商品 X 的边际效用是（　　）元。

A. 20　　B. 30　　C. 45　　D. 60

6. 经济学分析中所说的短期是指（　　）。

A. 一年之内

B. 二年之内

C. 全部生产要素都可随产量调整的时期

D. 至少有一种生产要素不能调整的时期

7. 已知等成本线和等产量线既不相交也不相切，此时要达到等产量线所表示的产出水平，应该（　　）。

A. 增加投入　　B. 保持原有的投入不变

C. 减少投入　　D. A 或 B

8. 等成本线围绕着它与纵轴 *Y* 的交点逆时针移动表明（　　）。

A. 生产要素 Y 的价格上升了　　B. 生产要素 X 的价格上升了

C. 生产要素 X 的价格下降了　　D. 生产要素 Y 的价格下降了

9. 下列说法中正确的是（　　）。

A. 生产要素的边际技术替代率是规模报酬递减规律造成的

B. 边际收益递减规律是规模报酬递减规律造成的

C. 规模报酬递减是边际收益递减规律造成的

D. 生产要素的边际技术替代率递减是边际收益递减规律造成的

10. 如果仅劳动是可变要素，以边际产量等于平均产量作为划分生产三阶段的标志，则（　　）不是第Ⅱ阶段的特点。

A. 边际报酬递减　　B. 平均产量不断下降

C. 总产量不断提高　　D. 投入比例从比较合理到比较不合理

11. 某厂商每年从企业的总收入中取出一部分作为自己所提供的生产要素的报酬，这部分资金被视为（　　）。

A. 显性成本　　B. 隐性成本　　C. 经济利润　　D. 工资

12. 一个企业在以下哪种情况下应该关门？（　　）

A. *AVC* 曲线的最低点大于价格时　　B. *AVC* 曲线的最低点等于价格时

C. 发生亏损时　　D. $MC > MR$

13. 在短期内，随着产量的增加，*AFC* 值会越变越小，于是，*AC* 曲线和 *AVC* 曲线之间的垂直距离会越来越小，直至两曲线（　　）。

A. 相交　　B. 绝不会相交　　C. 平行　　D. 不确定

14. 短期内在每一产量上的 *MC* 值应该（　　）。

A. 是该产量上的 *VC* 曲线的斜率，但不是该产量上的 *TC* 曲线的斜率

B. 是该产量上的 *VC* 曲线的斜率，但不是该产量上的 *VC* 曲线的斜率

C. 既是该产量上的 *VC* 曲线的斜率，又是该产量上的 *TC* 曲线的斜率

D. 是该产量上的 *FC* 曲线的斜率，但不是该产量上的 *VC* 曲线的斜率

15. 在从原点出发的射线与 *TC* 曲线相切的产量上，必有（　　）。

A. *AC* 值最小　　B. $AC = MC$

C. *MC* 曲线处于上升阶段　　D. 上述各项都对

二、判断题

1. 序数效用论认为，商品效用的大小取决于它的使用价值。（　　）

2. 消费者消费的一种物品越多，其满足程度越大。（　　）

3. 如果消费者的收入增加而商品的价格不变，则消费预算线向右上方平行移动。（　　）

4. 边际效用递减规律是指消费者消费某种商品时，随着消费量的增加，其最后一单位消费品的效用递减。（　　）

5. 如果消费者从每一种商品中得到的总效用与它们的价格之比分别相等，他将获得最大效用。（　　）

6. 只要边际产量小于平均产量，边际成本就把平均成本拉下。（　　）

7. 边际技术替代率等于两种要素的边际产量之比。（　　）

8. 等成本线的斜率即为两种生产要素的价格之比。（　　）

9. 两种生产要素的最优组合点就是等产量线与等成本线的交点。（　　）

10. 短期边际成本曲线和短期平均成本曲线一定相交于短期平均成本曲线的最低点。（　　）

三、问答题

1. 简述基数效用论和序数效用论的区别。

2. 画图并简要说明短期平均成本、平均可变成本、短期边际成本之间的关系。

3. 小张很会“砍价”，经常在逛商场的时候买到价格较低的商品，省下来不少钱，请问她是不是获得了更多的消费者剩余？为什么？

应会考核

◎ 计算题

1. 已知一件衬衫的价格为80元，一份快餐的价格为20元，在某消费者关于这两种商品的效用最大化的均衡点上，一份快餐对一件衬衫的边际替代率是多少？

2. 假定小王决定购买葡萄酒（W）、啤酒（B）和苏打水（S）三种饮料，它们的价格分别为每瓶4元、2元、1元。这些饮料给他带来的边际效用如表2-3所示。若小王有17元可以用来购买这些饮料，他应该如何购买才能实现总效用最大？

表2-3　葡萄酒、啤酒和苏打水的边际效用

数量	1	2	3	4	5	6
MU_W	60	40	32	24	20	16
MU_B	50	40	30	20	16	12
MU_S	10	9	8	7	6	5

3. 已知某企业的生产函数为 $Q=KL-0.5L^2-0.32K^2$，其中 Q 代表产量，K 代表资本，L 代表劳动，且 $K=10$，试求：

（1）劳动的平均产量函数和边际产量函数。

（2）当总产量、平均产量和边际产量达到极大值时，该企业雇佣的劳动量是多少？

4. 某企业的短期成本变动情况如表 2–4 所示，请根据所学内容完成表中空缺部分的填写。

表 2–4 短期成本变动情况

产量	固定成本	可变成本	短期总成本	短期边际成本	平均固定成本	平均可变成本	短期平均成本
0	3	0					
1	3	0.3					
2	3	0.8					
3	3	1.5					
4	3	2.4					
5	3	3.5					
6	3	4.8					
7	3	6.3					
8	3	8.0					
9	3	9.9					
10	3	12					

5. 已知某企业总成本函数为 $TC=0.2Q^2-12Q+200$，总收益函数为 $TR=20Q$，试问：生产多少件产品时利润最大？利润为多少？

二维码：阳光城高溢价拿地背后 寻找规模、利润、负债间平衡

◎ 分析题

分析 1：房地产企业在规模扩张的同时，应该如何做好规模、利润、负债间的平衡？请谈谈你的观点。

分析 2：运用边际效用理论来指导企业的生产决策（从了解消费者心理、企业预算约束、市场定位、广告投放等方面分析）。

项目三　经济市场分析

- 项目三 经济市场分析
  - 任务一 生产要素市场
    - 一、生产要素的需求和供给
    - 二、生产要素的收入
  - 任务二 消费市场
    - 一、完全竞争市场
    - 二、完全垄断市场
    - 三、垄断竞争市场
    - 四、寡头垄断市场

知识要求 / 教学重点

- 掌握工资、地租、利息和利润理论
- 了解四种市场结构的含义和特征
- 掌握不同市场结构类型中的产量和价格的确定
- 掌握不同厂商的市场均衡条件以及厂商的目标选择

能力目标 / 教学难点

- 能运用相关理论分析生产要素市场均衡
- 能为不同厂商制定实现利润最大化的策略

素养目标 / 课程思政

- 提高市场敏锐性、逻辑思维能力和分析能力
- 弘扬工匠精神，强化爱岗敬业意识
- 加深对诚信、法治、公平社会主义核心价值观的理解

任务一 生产要素市场

导学案例

推动数字经济健康发展

数字经济关系国家发展大局。党的十九届六中全会审议通过的《中共中央关于党的百年奋斗重大成就和历史经验的决议》提出“壮大实体经济，发展数字经济”。

一、什么是数字经济

根据《“十四五”数字经济发展规划》，数字经济是继农业经济、工业经济之后的主要经济形态，是以数据资源为关键要素，以现代信息网络为主要载体，以信息通信技术融合应用、全要素数字化转型为重要推动力，促进公平与效率更加统一的新经济形态。数字经济总体上是一个含义相对宽泛的概念，从不同的视角出发，内涵、边界有所不同。

从发展路径来看，数字经济包括数字产业化和产业数字化两方面。通过数字产业化，关键技术和核心产业能够不断把消费、生产、服务过程中所创造的数据变成生产要素，从而提供新服务、新应用；通过产业数字化，推动传统企业、重点产业数字化转型，实现农业数字化和制造业智能化升级，以及生产性、生活性服务业网络化普及，从而持续利用数字技术改造并赋能三次产业。

从构成要素来看，数字经济包括数据和数字技术两个关键要素。数据具备低边际成本、无损耗、易复制等特点，是数字经济深化发展的引擎；数字技术具备迭代快、扩散快、渗透性强等特点，两者通过加快创新的供给和扩散，优化生产函数中的要素配置，提高生产过程中的技术效率，降低交易成本，从而提高产业竞争优势。

从新结构经济学的五大产业类别来看，数字产业属于换道超车型产业。新结构经济学根据一个产业和世界前沿的差距、是否符合比较优势以及新技术新产品研发周期的长短等，将实体经济体的产业分为五种类型：追赶型、领先型、转进型、换道超车型和战略型。其中换道超车型产业的特征是：产品、技术研发周期特别短，通常6～18个月就有新一代技术投入应用，研发的关键投入是人力资本。数字产业符合这些条件，是典型的换道超车型产业。

二、数字经济的意义和前景

数字经济是中国经济在第四次工业革命中实现换道超车的宝贵机遇，对实现高质量发展和中华民族伟大复兴具有非常重要的战略意义。加快产业数字化转型，可帮助我国数字经济的GDP占比赶超世界先进水平，以制造业为内核的实体经济也会实现提质增效发展。

此外，在以大数据、人工智能、互联网应用为代表的新技术、新产业方面，中国不仅与发达国家站在同一起跑线上，而且在数据资源、人力资本和市场体量方面具备一定的比较优势。一是数据优势。大数据是新的生产要素，被称为“21世纪的石油”。中国有超过10亿网民，产生了海量数据资源。二是人才优势。中国是人力资源大国，创新型人才绝对数量高，在研发上有人才优势。三是市场优势。中国有最齐全的产业配套，不仅是数据大国、人口大国，而且是市场大国、应用场景大国。这些优势结合起来为我国数字经济发展提供了广阔前景。

三、怎样发展好数字经济

一是充分发挥比较优势，用好国内国外两个市场。数字经济的技术更新换代快，企业要取得核心技术需要大量研发投入，中国拥有超大规模市场，失去中国市场意味着可能失去继续投入大量研发资金以保持技术领先的能力，所以具有这些核心技术的企业一般都非常重视中国市场。同时，要对国际市场的产品和技术保持跟踪，了解世界发展，认识自身短板并努力赶超。

二是积极推动数实融合，拓宽发展空间。数字经济与实体经济融合发展能够加快传统产业升级，产生更大价值。我国有较好的通信、互联网基础；大城市人口多且较为集中；有发达的交通基础设施；人工成本相对较低，我国数字经济占GDP比重还有提升空间，我们要充分发挥比较优势，加快不同类型产业的数字化转型，提高经济发展的质量和效益。

三是数字经济作为新兴产业，其应用场景还有待继续探索创新。政府可以从支持中小企业、加强数据安全、避免垄断等方面进行政策支持或保障。与此同时，数字技术与实体经济融合在服务业上发展较快，但在制造业上还有差距，需要针对不同产业特性采取相应措施。此外，数字经济建立在数据要素基础上，涉及海量个人信息，要注意合理使用及保护个人信息，避免企业利用数据形成垄断以阻碍创新。要根据数字经济本身的特性、不同的产业特性以及数字经济不同的发展阶段、数字技术与实体经济融合的特性不断调整政策，更好推进数字产业化和产业数字化，实现高质量发展和全面建成社会主义现代化强国的目标。

（资料来源：蒋昌俊．推动数字经济健康发展．人民网，2021-11-8.）

学习任务：

1. 什么是生产要素？
2. 为什么要将数据纳入生产要素范畴？

知识精讲

生产要素（Factors of Production），也称生产性资源，简称要素，是指为社会总产品的创造做出了贡献的资源。经济学家把生产要素划分为土地、劳动、资本和企业家才能四类，它们的价格则分别称为地租、工资、利息和利润。

一、生产要素的需求和供给

（一）生产要素的需求

生产要素需求就是指厂商在一定的时期，在一定的价格水平下，愿意而且能够购买的生产要素的数量。它是购买欲望和支付能力的统一，两者缺一不可。

生产要素的需求是一种派生的需求，又称引致需求（Derived Demand），是指由于对产品的需求而产生的对生产要素的需求。生产要素的需求来自厂商，厂商之所以需要生产要素就是为了用这些生产要素生产各种可供消费的物品来满足消费者的需要。如果消费者不需要各种物品，厂商就不需要生产要素了。因此，对生产要素的需求是由对消费品的需求派生出来的。例如消费者需要消费面包，厂商要生产面包，就必须购进劳动力、机器设备等生产要素。厂商对劳动力、资本等生产要素的需求是由消费者对消费品的需求派生出来的。

生产要素的需求是相互依赖的需求。任何产品的生产都需要多种生产要素互相补充，共同合作。例如：公司想建一座大楼，仅有砖而没有工人是不行的，同样，两手空空的工人也不能生产价值。因此，我们不能说某一种投入独自创造了产出，而应该说产出是不同要素相互作用的结果。

（二）生产要素的供给

生产要素供给是指生产要素（如劳动、土地、资本）的所有者为从企业那里取得收入而将自己拥有的生产要素出售给企业。劳动的所有者向企业出售劳动的使用权以获取工资，土地的所有者向企业出售土地的使用权以获取地租，资本的所有者向企业出售资本的使用权以获取利息。

生产要素的供给是指最初的生产要素，诸如劳动、土地、资本和企业家才能的供给，不包括中间要素的供给，如原材料、汽车制造中所需要的钢材等生产过程中的中间产品，因为它们本身就是一般的产品。因此，这里所讨论的生产要素的所有者完全相对于要素供给者为消费者而言：比如厂商生产产品所需要的各种固定资本，如厂房、机器等，不论它是从银行借贷购置的，还是通过证券市场发行股票或债券筹集而来的，其最终的供给者是家庭或消费者。

一般而言，在较高的生产要素价格下，生产要素供给较多，如果生产要素价格下降，生产要素供给也就减少。

二、生产要素的收入

地租、工资、利息和利润，从生产者角度看，是生产要素的价格或生产成本，而从要素所有者角度看，则分别是各要素所有者的收入，如表 3-1 所示。

表 3-1 生产要素及其收入形式

生产要素	阶级或阶层	收入形式
劳动	劳动者	工资
资本（实物或资本）	资本家	利息
土地	土地所有者	地租
企业家才能	企业家	利润

（一）工资理论

工资（Wage）是劳动的价格，是劳动者在单位时间内提供劳务所得的报酬。根据工资的形式，可以分为货币工资和实际工资。货币工资是以货币形式表示的货币数量；实际工资是指按照货币工资能够购买的物品和劳务的数量，也是货币工资的实际购买力。从计算方式上，可以分为按劳动时间计算的计时工资和按劳动成果计算的计件工资。

1. 劳动需求

厂商对劳动的需求，是指在各种可能的工资下，厂商愿意雇佣的劳动数量。对于每一个具有理性的企业而言，总是根据利润最大化的原则来选择使用劳动的数量。而且，整个市场的劳动需求曲线是把所有需要劳动的企业的需求曲线沿横向相加而得到的。当工资率提高时，所有的企业使用劳动的数量将减少，从而劳动的市场需求量减少；反之，当工资率降低时，单个企业对劳动需求量的增加将导致劳动的市场需求量增加。

2. 劳动供给

劳动供给是指在各种可能的工资下，劳动者愿意提供的劳动数量。在生产要素市场上，劳动者需要决定是否工作、工作多少，以及做哪种工作等。同时，劳动者的选择又受到工作的可能性、市场工资率和劳动者本身劳动技能等因素的限制。

3. 均衡工资的决定

在下面的分析中仅考虑劳动供给量与工资两者之间的关系。工资与劳动供给量之间的对应关系由图 3-1 中的劳动供给曲线 S_L 所示。当工资低于一定水平 W_0 时，工资越高，劳动供给量越大；当工资超过一定水平 W_0 后，工资越高，劳动供给量越小。劳动需求曲线 D_L 与劳动供给曲线 S_L 相交于 E 点，该点对应的工资 W_0 是劳动市场均衡工资，即能够使劳动市场供求相等的工资。

现实生活中的市场工资围绕均衡工资上下波动。当市场工资高于均衡工资时，劳动供给量将大于劳动需求量，劳动者之间的竞争会迫使市场工资下降，直到跌至 W_0 的水平。当市场工资低于均衡工资时，劳动供给量将小于劳动需求量，企业之间的竞争会迫使市场工资上升，直到升至 W_0 的水平。

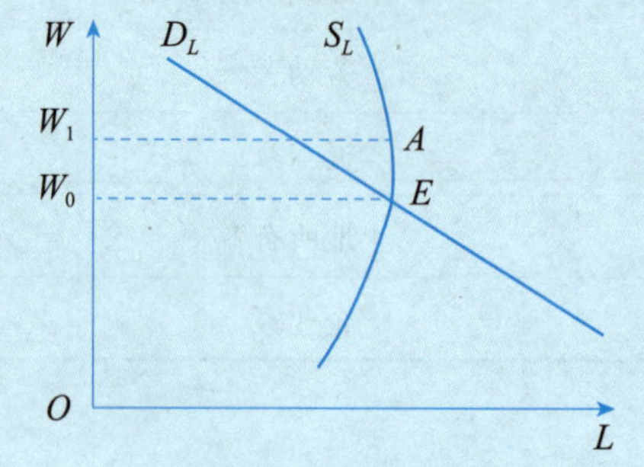

图 3-1　均衡工资的决定

课堂讨论

1. 政府实行最低工资标准的初衷是什么？
2. 实行最低工资标准后会对劳动市场均衡工资产生什么样的影响？

课堂讨论：20 省份上调 2021 年最低工资标准！你涨了多少？

（二）地租理论

土地泛指生产中使用的自然资源，地租（Land Rent）即土地的租赁价格，是指单位时间租用一定量的土地生产要素所支付的价格。地租是由土地的需求和供给共同决定的。

1. 土地需求

土地需求是指在各种可能的地租下人们对土地的需求量。土地的需求取决于土地的边际生产力。根据边际递减规律，随着土地使用量的增加，土地所提供的收益会递减。因此，土地的需求曲线是一条向右下方倾斜的曲线，它表示地租与土地使用量之间的反向变化关系。

2. 土地供给

作为一种自然资源，土地的数量有限、位置不变、不能再生。无论地租如何变动，土地的数量是不会增加或减少的，恒等于土地的自然数量。因此，土地的供给曲线是一条垂直于横轴的直线，其供给弹性为零。

3. 地租的决定

如图 3-2 所示，由于土地的供给完全缺乏弹性，因此地租的高低完全取决于人们对土地的需求，地租有不断上升的趋势。

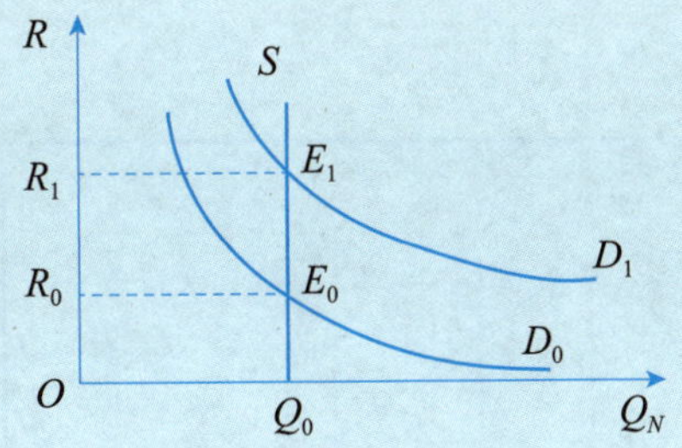

图 3-2　地租的决定

（三）利息理论

资本所有者出让资本使用权所得到的收入称为利息（Interest）。资本的使用价格称为利息率（interest rate），简称利率，是一定时间内利息与资本价值的比率。利率是由资本的需求与供给共同决定的。资本是由经济体系本身生产出来并被用作投入要素以生产未来的其他商品和劳务的物品，既包括实物形态的设备、建筑物和原材料等，也包括货币资本。

1. 资本需求

资本需求是指在各种可能的利率下，企业对资本的需求量。资本的需求方是厂商，其目的是使用这些资本品以生产更多的产品和劳务从而实现自己的利润最大化。厂商购买资本品的行为称为投资。投资决策决定了资本的需求，影响厂商投资决策的因素包括预期利润率、利率、投资风险。自有资金虽然不用支付利息，但却存在机会成本。资本需求曲线向右下方倾斜。

2. 资本供给

资本供给是指在各种可能的利率下，人们愿意提供的资本数量。资本的供给来自消费者的储蓄。消费者当前减少一些消费正是为了以后能够多消费。消费者对于消费和储蓄的决策是一种跨时期决策，非即期决策。消费者决策的目的是要实现今年的效用和明年效用的总和最大化。

3. 均衡利率的决定

利率是资本的价格，纯粹利率是指在理想的市场环境中，单纯由资本供求决定的利率。理想的市场环境包括以下条件：资本自由流动，不存在风险，不考虑借贷期限差异，不考虑管理费用，不考虑市场分割与借贷方式差异等。如图 3-3 所示，资本供给曲线与资本需求曲线的交点所对应的利率则是均衡利率。如果在这个理想的资本市场上利率高于均衡利率，就会出现资本供大于求的现象，市场压力会迫使它下降到均衡利率的水平。如果利率低于均衡利率，则资本供不应求，市场压力会迫使它上升到均衡利率的水平。当然，由于短期内资本供给曲线是垂直的，利率主要取决于需求状况。

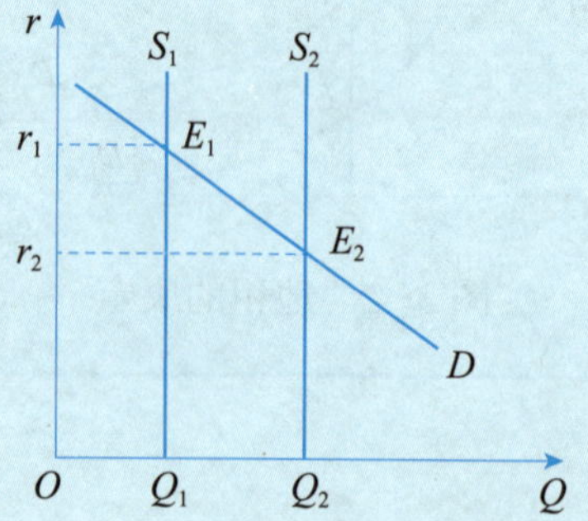

图 3-3　均衡利率的决定

（四）利润理论

利润（Profit）可以看作企业家才能的报酬。企业家是企业的灵魂，他们的素质直接关系到企业的发展甚至生死存亡。不同的经济学家，对企业家才能的界定有所不同。有人认为，创新和承担风险是企业家的两大特质。也有人认为，成功的企业家要有果断的判断力、坚持性和全面的知识，有监督管理的才能，务实和能动的特质。企业家才能具体表现在十个方面，即决策能力、组织能力、协调能力、创新能力、激励能力、用人能力、规划能力、判断能力、应变能力和社交能力。

1. 会计利润

会计利润（Accounting Profit）通常指的是企业总收益与总成本的差额，即企业出售产品和服务所获得的收入扣除全部费用（包括工资、薪金、租金、利息、材料和其他支出）后所剩的余额。这种通常含义上的利润又称为企业利润。

2. 正常利润

正常利润（Normal Profits）是吸引企业进入一个行业所必须提供给企业的最低利润。正常利润包括隐含收益和风险报酬。如果企业在某行业中所获得的利润小于正常利润，即实际上得不偿失，它就会退出该行业。当该行业中企业数量减少时，产品价格就会上升，因此在一般情况下，企业能够获得正常利润。

3. 经济利润

经济利润（Economic Profit）是指超过正常利润水平的利润，或者说超过使企业继续处于该行业所必需的最低限度利润的利润。经济利润包括创新报酬和垄断收益，也可以解释为总收益超过机会成本的差额。由此可见，当厂商的经济利润恰好为零时，厂商仍然会得到全部的正常利润。

价值提升

劳动力市场出现新变化

智联招聘调研显示，2021 年以来工业生产增长加快，尤其是装备制造业和高科技制造业增势显著。2021 年春节后 5 周大型设备 / 机电设备、重工业、电子技术 / 半导体 / 集成电路行业人才需求分别较 2019 年同期增长 19.2%、25.8%。

随着我国国内劳动力供给从“无限供给”向“有限供给”转变，加之复工复产加速推进等因素，劳动力市场也随之出现一些新情况、新特点。

（1）人口流动趋势在变。由于沿海地区劳动力成本攀升，内陆地区劳动力比较优势显现，劳动力由过去的“孔雀东南飞”也渐变为随产业返乡回流，部分区域内流动人口减少明显。“随着东部地区产业加快向中西部地区梯度转移，中西部县域经济发展增长强劲，产生大量就业机会。这让很多劳动者不必跋山涉水，就能实现就地就业。”国务院发展研究中心社会发展研究部研究员冯文猛说。

（2）求职就业观念也在变。随着社会经济发展，近年来服务业产值比重和就业比重都在不断提升，新生代劳动力就业观念也发生变化。从劳动力需求角度观察，与制造业相比，外卖、快递等服务行业对年轻人吸引力更强。饿了么发布的《2020 年“00 后”蓝骑士洞察报告》显示，2020 年来，新注册“00 后”蓝骑士（即饿了么外卖骑手）数量同比增长近 2 倍，相较“80 后”“90 后”，他们更青睐灵活自由的工作，更认可工作岗位给自己带来的心智上的成长。

（资料来源：韩秉志．劳动力市场出现新变化．中国经济网，2021-04-20.）

思考：

面对劳动力市场的变化，作为大学生，你应该从哪些方面加强自身素养来适应新的变化？

任务二 消费市场

导学案例

操纵价格的垄断行为是市场秩序之大害

2020 年 4 月，市场监管总局公布了一起重大典型的原料药领域滥用市场支配地位案件，3 家葡萄糖酸钙原料药经销企业因实施垄断行为，被处罚款共计 3.255 亿元。这再次警示蠢蠢欲动的不法商家，滥用市场支配地位操纵价格、牟取暴利，必将受到法律严惩。

调查显示，2015 年 8 月至 2017 年 12 月，上述 3 家涉案企业通过包销生产企业原料药、大量购买或者要求生产企业不对外销售等方式，一度控制了我国注射用葡萄糖酸钙原料药销售94%的市场份额，构成了在我国注射用葡萄糖酸钙原料药销售市场上的支配地位。

作为国家基本药物，葡萄糖酸钙注射液是临床必需药品。此案涉及的注射用葡萄糖酸钙原料药是生产葡萄糖酸钙注射液的基本原料。原料药与市场上销售的成药不太一样。名称各异的成药由成百上千家药企生产，但核心成分的原料药生产企业可能只有几家，葡萄糖酸钙原料药也不例外。

行政处罚决定书显示，该垄断行为实施期间，国内只有3家企业具有葡萄糖酸钙原料药批准文号和GMP证书，并实际生产。当原料药生产企业只向涉案3家企业销售原料药，下游制剂生产企业就只能向涉案企业购买原料药，且失去了对价格的谈判空间，只能被动接受。在此情况下，涉案企业竟然将采购价约80元/千克的原料药，按照760元/千克至2 184元/千克的价格销售，牟取暴利。从80元到2 184元，这个涨价幅度实在令人咋舌，也显示出不法商家的胃口之大。

通常来说市场有只“看不见的手”——调节价格的机制，但不法分子的贪婪有时会让“市场之手”失灵。个别商家缺少对法律的敬畏之心，缺少社会责任感，一门心思想着如何挣钱，不惜铤而走险。此时，政府加强市场监管、依法依规维护市场秩序，就显得尤为重要。

值得注意的是，当前经济活动越来越转往线上，在线社交、在线音乐、电商、外卖等行业都存在市场高度集中现象，有些企业还涉嫌利用自己的优势地位实施排除、妨碍竞争的垄断行为，侵害了消费者权益，并引起相关争议。

2020年初，国家市场监督管理总局公布的《〈反垄断法〉修订草案（公开征求意见稿）》，首次增设互联网经营者市场支配地位认定依据的规定。互联网企业动辄数亿用户，他们一旦实施垄断行为，对消费者权益的侵害更为严重，且由于技术、数据、信息不对称、不透明，互联网企业的垄断行为更隐蔽，更难定性。因此，亟须加快完善相关立法和部门规章，警醒互联网平台防范垄断风险。

需要强调的是，在市场经济条件下，供求关系紧张会导致价格波动，这是正常的；企业凭借技术、资源等优势形成市场支配地位，也是允许的。我国法律禁止的是滥用市场支配地位、操纵价格现象。无论线上线下，无论是卖药还是卖菜，反垄断一视同仁，任何时候，任何企业，实施垄断行为都将被严惩。

（资料来源：佘颖．操纵价格的垄断行为是市场秩序之大害．经济日报，2020-04-20.）

学习任务：

1. 垄断形成的原因是什么？
2. 垄断对经济有什么影响？
3. 除了垄断以外，现实经济中还有哪些市场结构？

知识精讲

一、完全竞争市场

完全竞争市场（Perfectly/Fully Competitive Market）又称纯粹竞争市场或自由竞争市场，是指一个行业中有非常多的生产销售企业，它们都以同样的方式向市场提供同类的、标准化的产品（如粮食、棉花等农产品）的市场。卖者和买者对于商品或劳务的价格均不能控制。在这种竞争环境中，由于买卖双方对价格都无影响力，只能是价格的接受者，企业的任何提价或降价行为都会招致对本企业产品需求的骤减或利润的不必要流失。因此，产品价格只能随供求关系而定。

完全竞争市场的特征有：（1）市场上有大量的买者和卖者；（2）产品是同质或同一的；（3）资源具有完全的流动性；（4）市场信息是完全的。

完全竞争市场是一种理论上的理想市场，在现实经济活动中并不存在。一般认为，农产品市场如小麦、水稻、玉米等市场接近于完全竞争市场。

（一）完全竞争市场的需求和收益

1. 完全竞争市场的需求

在任何一个产品市场中，市场需求是针对市场上所有厂商组成的行业而言的，消费者对整个行业所生产的产品的需求称为行业所面临的需求，相应的需求曲线称为行业所面临的需求曲线，即图 3-4（a）中的 D 曲线，也就是市场的需求曲线，它一般是一条从左上方向右下方倾斜的曲线。

消费者对行业中的单个厂商所生产的产品的需求量，称为厂商所面临的需求量，相应的需求曲线称为完全竞争厂商的需求曲线，即图 3-4（b）中的 d 曲线，简称为厂商的需求曲线。在完全竞争条件下，厂商所面临的需求曲线是一条由既定的市场均衡价格 P_0 出发的，与横轴平行的水平线。

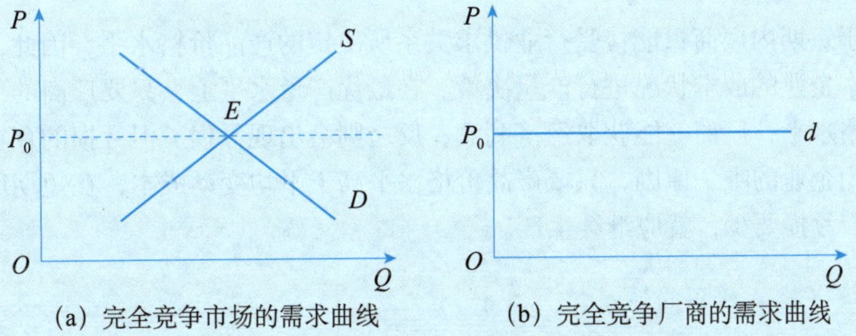

图 3-4　市场需求与厂商需求曲线

2. 完全竞争市场的收益

完全竞争市场的厂商是价格的接受者，因此，其总收益为：

$$TR = P \times Q$$

由于面临水平的需求曲线，厂商的边际收益（MR）和平均收益（AR）均等于市场价格（P），即：

$$MR = P，AR = (PQ)/Q = P$$

从图 3-5 可以看出，由于边际收益大于零且保持为一个常数，厂商的总收益将随着产量的不断增加而直线上升，直至厂商无法继续增加产量为止。厂商的平均收益曲线 AR、边际收益曲线 MR 和需求曲线 d 重合，即产品的销售价格既是厂商可以获得的平均收益，又是厂商的边际收益，这是完全竞争市场区别于其他市场的一个十分重要的特点。

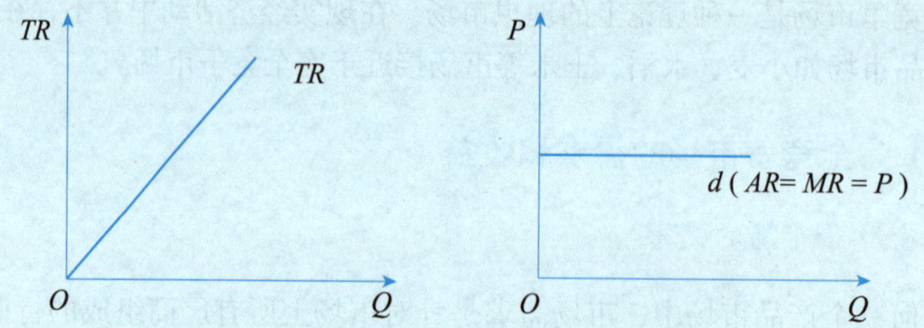

图 3-5　完全竞争市场的收益曲线

（二）完全竞争市场的短期均衡

在短期内，行业中没有厂商的进入或退出，行业内厂商可以改变产量，但是不能改变生产规模。厂商通过调整可变要素投入来调整产量，以达到利润最大化。

在短期，当企业生产规模固定不变时，厂商应如何选择产量水平已实现利润最大？根据利润最大化原则，接下来分析厂商如何利用有关收入和成本的资料来做产量决策。

由于短期内厂商只能接受行业供求关系所决定的产品价格水平，因此，厂商只能根据本企业的成本状况进行产量决策。在最优产量水平上，只要厂商的平均成本低于价格水平，厂商就能获取经济利润，反之则会出现亏损。但亏损的存在并不是厂商关闭企业的唯一原因，只要产品价格水平高于平均变动成本，在短期厂商生产比不生产亏损要少，就应继续生产。

1. 获得超额利润的情况

当一种商品供不应求时，价格会上涨，厂商的均衡状况如图 3-6 所示。在图 3-6 中，市场价格为 P_0，平均收益曲线 AR、边际收益曲线 MR 与厂商需求曲线 d

重合（即 $AR = MR = P_0$），*SMC* 为短期边际成本曲线，*SAC* 为短期平均成本曲线。在 *SMC* 与 *MR* 的交点即均衡点 *E* 上，$AR > SAC$，厂商获得最大利润，最大利润额为图中阴影部分 $EFGP_0$。

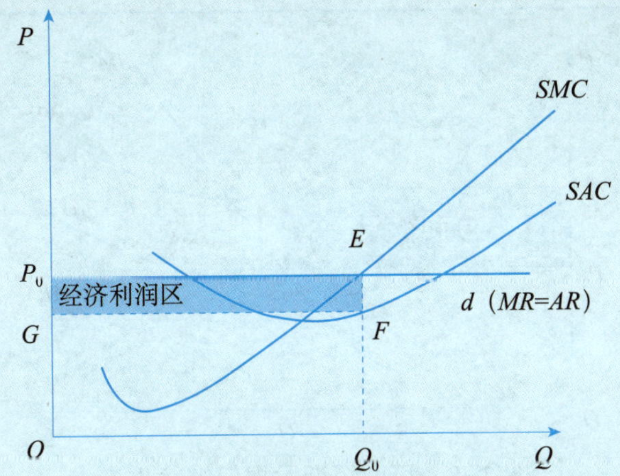

图 3-6　厂商获得超额利润

2. 经济利润为零的情况

当一种商品供求平衡时，厂商的均衡状况如图 3-7 所示。在图 3-7 中，*SMC* 与 *MR* 的交点即均衡点 E_1 正好是 *SAC* 的最低点，此时 $AR = SAC$，厂商收支相抵，经济利润为零，只能获得正常利润。

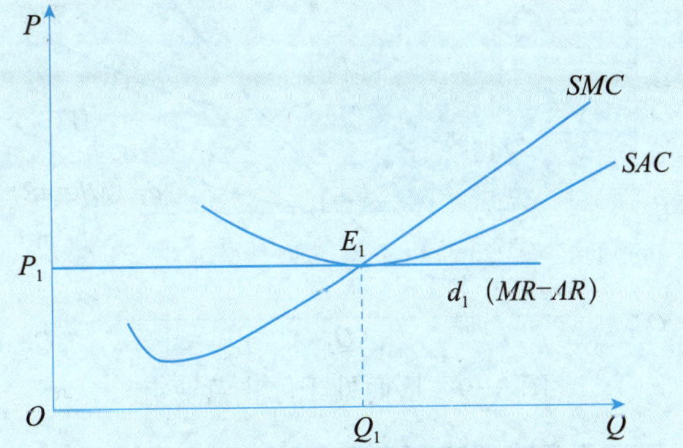

图 3-7　厂商的经济利润为零

3. 短期亏损的情况

当一种商品供过于求时，价格会下跌，厂商的均衡状况如图 3-8 所示。在图

3-8 中，AVC 为平均可变成本曲线，在 SMC 与 MR 的交点即均衡点 E_2 上，$AVC < AR < SAC$，厂商发生亏损，亏损额为图中阴影部分 $F_2E_2P_2G_2$，在此情形下，厂商虽亏损，但会选择继续生产。因为继续生产，亏损的将是部分固定成本；而不生产，亏损的将是全部固定成本，也就是说，继续生产比不生产的损失小。

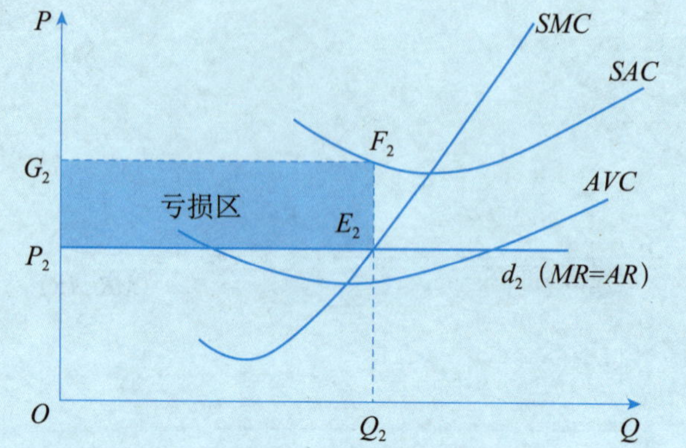

图 3-8　厂商短期亏损但继续生产

如图 3-9 所示，如果市场价格进一步下降，SMC 与 MR 的交点即均衡点 E_3 正好是 AVC 曲线的最低点，此时 $AVC = AR < SAC$，厂商发生亏损，亏损额为图中 $E_3F_3G_3P_3$ 的面积，在此情形下，厂商亏损且处于停止营业点上。如果继续生产，亏损的是全部固定成本；如果停止生产，即无可变成本发生，亏损的还是全部固定成本，所以，生产与不生产的亏损额相同。

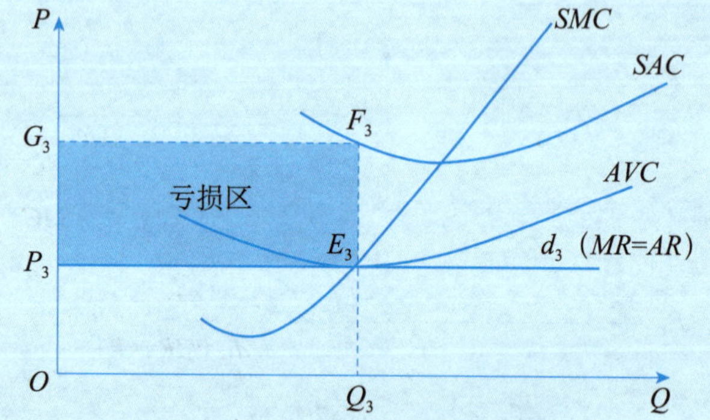

图 3-9　厂商处于停止营业点

如图 3-10 所示，如果市场价格继续下降，并低于 AVC 最低点时，厂商必须停止生产。因为继续生产，不仅固定成本无法收回，而且可变成本也不能全额弥补，那么生产越多亏损就越多，亏损额为图中 $G_4F_4E_4P_4$ 的面积。

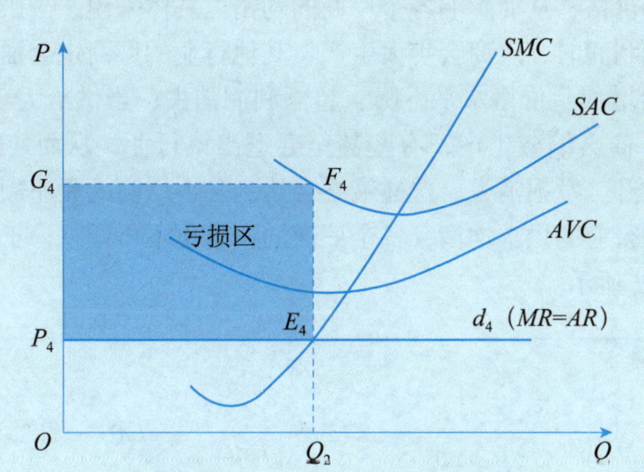

图 3-10　厂商停止营业

综上所述，完全竞争厂商短期均衡的条件是边际收益等于边际成本，即 $MR = SMC$。在短期均衡时，厂商的经济利润可以大于零，也可以等于零，或者小于零。

学中做

完全竞争行业中某厂商的短期成本函数为 $STC = Q^3 - 6Q^2 + 30Q + 40$，假设产品价格为 66 元 / 吨，试求：

1. 厂商利润最大化时的短期均衡产量和利润分别是多少？
2. 当市场价格下降为多少时，厂商必须停产？

解析：

1. 短期内厂商实现利润最大化的原则即 $MR = MC = P$，则：

$MC = 3Q^2 - 12Q + 30 = 66$

求得 $Q = 6$, 或 $Q = -2$，因此利润最大化时的均衡产量为 $Q = 6$。

$TR = P \times Q = 66 \times 6 = 396$

$TC = 6^3 - 6 \times 6^2 + 30 \times 6 + 40 = 220$

利润 $= TR - TC = 396 - 220 = 176$

2. 根据短期均衡分析，停止生产点符合 $AVC = MR = P$ 的原则。

$AVC = Q^2 - 6Q + 30$，求 AVC 与市场价格 P 的切点。

则 AVC 求一阶导数，即 $(AVC)' = 0$，求得 $Q = 3$，

当 $P = AVC$ 时达到停止生产点，则 $P = 3^2 - 6 \times 3 + 30 = 21$。

（三）完全竞争市场的长期均衡

从短期到长期，行业内的厂商数量和各厂商的生产规模都将发生变化，行业的供给曲线也将发生变化。

在长期，厂商可以调整全部生产要素，既可根据市场价格扩大或缩小生产规模，也可根据盈亏与竞争情况自由进入或退出某个行业。这样，整个行业供给的变

拓展阅读：“良心油条哥”：卖良心油条被评全国诚实守信模范

动就会影响市场价格，从而影响各个厂商的均衡。具体来说，当供给小于需求，价格高，存在超额利润时，厂商会扩大生产，其他行业的厂商也会涌入该行业，从而使整个行业供给增加、价格水平下降、超额利润消失；当供给大于需求，价格低，存在亏损时，厂商会缩减生产，有些甚至会退出该行业，从而使整个行业供给减少、价格水平上升、亏损消失。这样最终会达到各个厂商既无超额利润又无亏损的状态，这时整个行业的供求均衡，各个厂商的产量也不再调整，于是就实现了长期均衡，如图 3-11 所示。

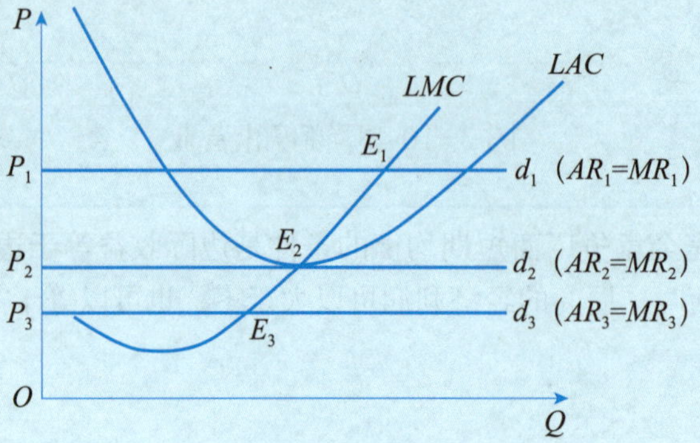

图 3-11　完全竞争市场的长期均衡

在图 3-11 中，*LMC* 是长期边际成本曲线，*LAC* 是长期平均成本曲线，两者相交于均衡点 E_2，d_1 为短期有超额利润的单个厂商的需求曲线。当有超额利润时，其他厂商会进入该行业而使整个行业的供给增加，引起价格下降，需求曲线 d_1 向下移动。当市场价格下降致使单个厂商利润为零时，新厂商会停止进入。d_3 为短期有亏损时单个厂商的需求曲线，当有亏损时，厂商减产或退出，引起整个行业供给减少、价格上升，需求曲线 d_3 向上移动。当市场价格上升致使单个厂商利润为零时，原有厂商停止退出。这种调整结果使需求曲线移至 d_2，最终实现长期均衡。

因此，完全竞争厂商的长期均衡条件是 $MR = LMC = LAC = AR = P$，长期均衡点是厂商进入或退出一个行业的决策点。在长期均衡点上，厂商的经济利润为零，只能得到正常利润，平均成本最低，产品价格低，社会福利大，供求相等，资源配置最优。

做中学

当一个完全竞争厂商的销售量翻一番时，其产品价格和总收益会发生怎样的变化？请画图并做出相应说明。

（四）完全竞争市场的评价

在完全竞争市场上，价格充分发挥着“看不见的手”的作用，自发配置资源以调节整个经济的运行。

完全竞争市场的优越性主要表现在以下两个方面：第一，全面排除了垄断和限制，生产要素自由流动。生产效率低、成本高的厂商会在竞争中被迫退出市场；生产效率高、成本低的厂商则得以生存。在竞争中实现的长期均衡使平均成本处于最低点，因而生产要素的效率得到最有效发挥、资源得到最优配置。第二，完全竞争使产品价格趋向于生产成本，增加了消费者剩余。

完全竞争市场的缺陷主要表现在以下三个方面：第一，单个厂商规模很小，只能获得正常利润，致使研发能力及发展能力受限；第二，产品无差别，不能更好地满足消费者多样化的需求；第三，信息完全公开，不利于保护技术创新。

二、完全垄断市场

完全垄断市场（Fully Monopoly Market）是指在市场上只存在一个厂商完全控制着某种产品供给的市场结构。完全垄断市场的特征：（1）市场上只有唯一一个厂商生产和销售商品；（2）该厂商生产和销售的商品没有任何替代品；（3）任何其他厂商进入该行业都极为困难或者根本不可能。在这样的市场结构中，排除了任何竞争的因素，独家厂商控制了整个产业的生产和销售，所以该垄断厂商可以控制和操纵市场价格。

（一）完全垄断市场的需求和收益

如同完全竞争市场一样，垄断市场的假设条件也极为苛刻。在现实经济社会中，完全垄断市场也几乎是不存在的。由于完全竞争市场的经济效率被认为是最高的，从而完全竞争市场模型通常被用来作为判断其他类型市场的经济效率高低的标准，垄断市场模型则是从经济效率最低的角度来提供这一标准。

完全垄断市场由于只有一家厂商，因此市场需求曲线就等于厂商需求曲线，即一条斜向下倾斜的曲线 D，如图 3-12 所示。

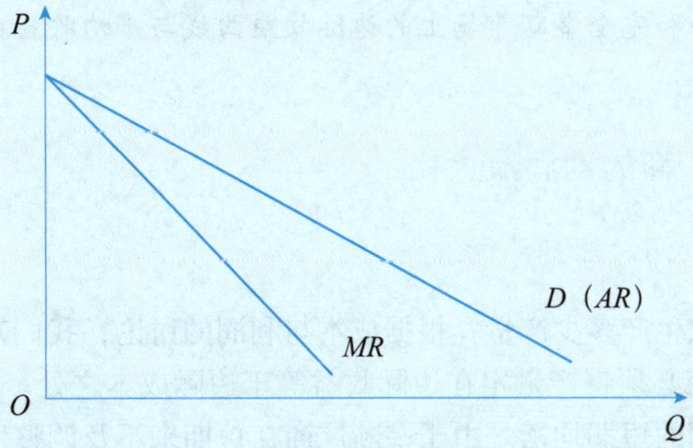

图 3-12 完全垄断市场的需求曲线和收益曲线

垄断厂商的总收益为 TR，平均收益为总收益 TR 除以销售量 Q，即：

$$AR = TR/Q = P(Q) \cdot Q/Q = P(Q)$$

可见，厂商每出售一单位商品所获得的收益是平均收益，且总是等于价格 P，因此平均收益曲线与需求曲线 D 重叠，因此垄断厂商的平均收益曲线是向右下倾斜的。

垄断厂商的平均收益随商品的销售量的增加而减少，其边际收益也是随着商品销售量的增加而递减的。垄断厂商的边际收益曲线 MR 与平均收益曲线 AR 并不像完全竞争市场那样完全重合，而是边际收益曲线总是位于平均收益曲线的下方。这是因为，当价格下降后，不仅新增的产销量要按照下降后的价格出售，连原产销量也得按下降后的价格出售。因此，从新增一单位销售量按新价格出售而增加的收益 AR 中，减去原产销量按新价格出售而减少的收益，才是由于新增一单位销售量而增加的总收益。因此，在完全垄断市场上，边际收益总小于平均收益。

知识链接

垄断厂商边际收益曲线的特征

如果完全垄断市场的需求函数是线性的，垄断厂商面临的需求曲线 D 是直线，那么，D 曲线和 MR 曲线在纵轴上的截距是相等的。MR 曲线在横轴上的截距是 D 曲线在横轴上的截距的一半，即 MR 曲线平分由纵轴到需求曲线 D 之间的任何一条水平线。这是垄断厂商边际收益曲线的一个显著特征。

证明如下：假定线性的反需求函数为：$P = a - bQ$（其中，a、b 为常数，且 $a > 0$，$b > 0$），由此可得总收益函数和边际收益函数分别为：$TR(Q) = PQ = aQ - bQ^2$，$MR(Q) = \mathrm{d}TR/\mathrm{d}Q = a - 2bQ$。垄断厂商的边际收益曲线的下降速度（即斜率值 $-2b$）正好是其需求曲线的下降速度（即斜率值 $-b$）的 2 倍。

课堂讨论

完全竞争市场和完全垄断市场上的边际收益曲线与平均收益曲线的关系有什么不同？

（二）垄断厂商的利润最大化

1. 存在经济利润的短期均衡

垄断厂商应该生产多少产量？根据成本与利润的讨论，我们知道，为了使利润最大化，一个厂商必须将产量定在边际收益等于边际成本之处。图 3-13 描述了垄断厂商有经济利润的短期均衡。由于垄断厂商在短期来不及调整生产规模，其最优产量只能由厂商的边际收益和短期边际成本相等的点来决定。

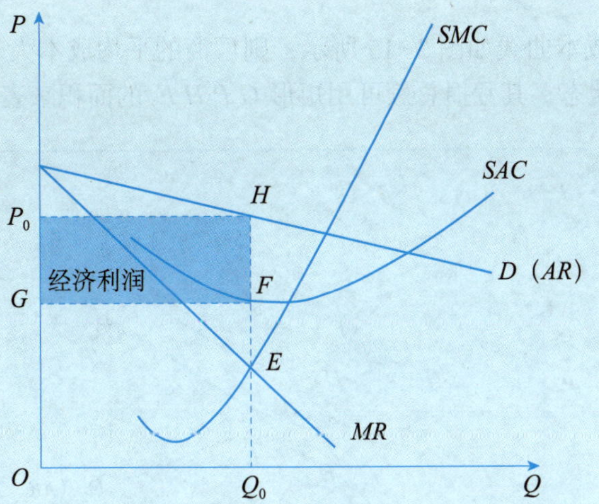

图 3-13　存在经济利润的短期均衡

从图 3-13 中可以看出，厂商根据 $MR = SMC$ 决定产量，即生产数量为 OQ_0 的商品，并以价格 P_0 在市场上销售。由于此时价格水平 P_0 高于厂商的平均成本 G，厂商的经营存在超额利润。其经济利润总额可用矩形 GP_0HF 的面积来表示。

2. 收支相抵的短期均衡

在短期也可能出现这样的情况，垄断厂商按照边际收益和短期边际成本相等的原则所确定的最优产量水平上，厂商的平均收益曲线与平均成本曲线相切，即垄断厂商能实现的销售量水平上价格等于平均成本。此时，该垄断厂商既不会出现亏损，也无法获取经济利润。如图 3-14 所示，在 Q_1 的产出水平上，厂商实现了收支平衡，该产量水平也是厂商所能实现的最优产量水平。

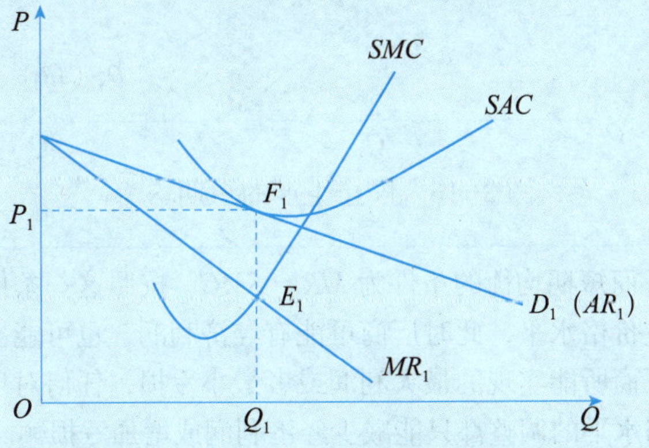

图 3-14　收支相抵的短期均衡

3. 存在亏损的短期均衡

如果厂商的成本曲线如图 3-15 所示，则厂商的平均成本大于其平均收益，厂商处于亏损经营状态。其亏损总额可用矩形 $G_2P_2H_2F_2$ 的面积来表示。

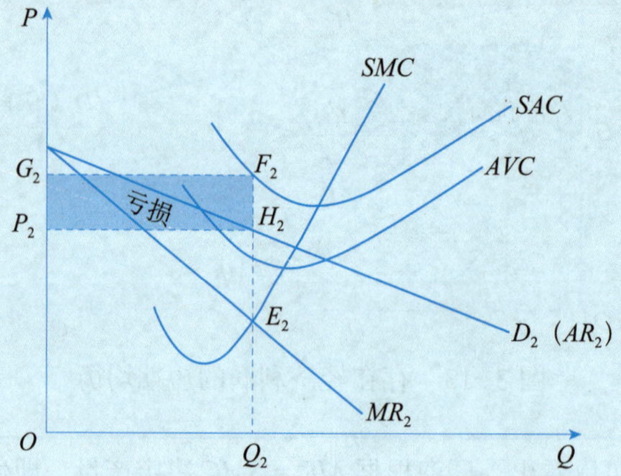

图 3-15　存在亏损但继续生产的短期均衡

如图 3-16 所示，如果平均可变成本曲线 *AVC* 与平均收益曲线 *AR* 相切，可以维持产量 Q_3，此时 H_3 为停止营业点，因为如果价格再低，就无法生产了。

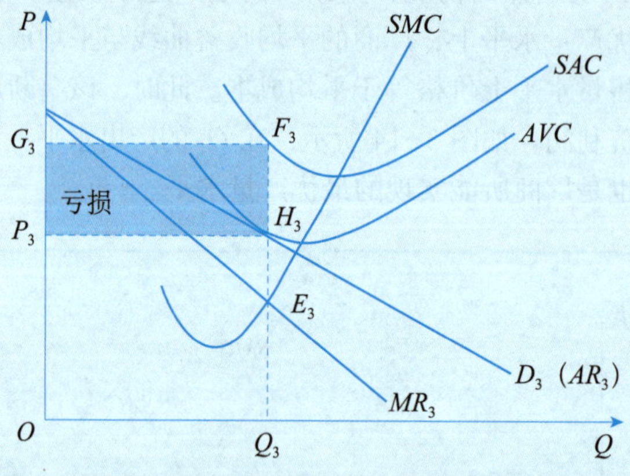

图 3-16　停止生产的短期均衡

总之，垄断厂商短期均衡的条件为 $MR = SMC$，按照这一条件厂商确定最优产量水平并确定相应价格水平，此时厂商可能有经济利润，也可能出现亏损，它们分别是现有条件下厂商所能实现的最大利润或者最小亏损，任何对现有价格下产出以及与之相关的价格水平的调整都只能减少经济利润或增加亏损额。

4. 垄断厂商的长期均衡

垄断厂商在长期内可以根据所要实现的产量调整所有的生产要素的投入量，即生产规模是可变的。不论垄断厂商短期均衡时存在利润与否，追求利润最大化目标的厂商只要处于规模收益递增阶段，都将通过调整规模，力求在已有利润的基础上获取更多的利润或者扭转亏损的局面。这种调整生产规模的过程会一直持续到厂商的边际收益无论与短期边际成本还是长期边际成本都相等的状态，即垄断厂商长期均衡的条件为 $MR = SMC = LMC$。

只有满足上述条件，厂商才既不会调整可变生产要素，也不会调整生产规模，并根据这一条件确定相应的产量和价格水平。

垄断厂商在长期内对生产的调整一般有这样两种情况（见图 3-17）：第一种情况，垄断厂商在短期均衡时存在亏损，在长期内通过对最优生产规模的选择，扭亏为盈；第二种情况，垄断厂商在短期均衡时有经济利润，在长期通过生产规模的调整获取更多的经济利润。

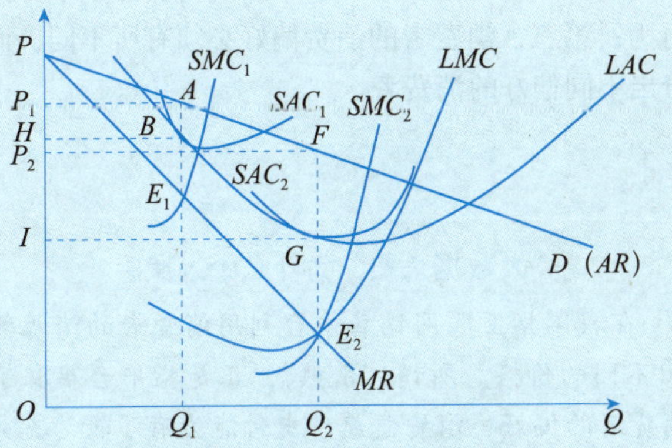

图 3-17 垄断厂商的长期均衡

在图 3-17 中，我们假定垄断厂商的初始生产规模用 SAC_1 和 SMC_1 来加以描述，此时厂商按边际收益与短期边际成本相等的条件确定最优产量 Q_1，并根据所面临的需求曲线确定 P_1 的价格水平，此时垄断厂商产品价格高于相应的平均成本，该厂商能够获取一定的经济利润。但是，此时厂商扩大生产规模处于规模经济区域，扩大生产规模能够获取更多的经济利润，于是该厂商会选择扩大生产规模来增加产出从而增加利润。只要调整生产规模过程中所增加的边际收益超过长期边际成本，厂商的经济利润就会增加。最终，该垄断厂商的产出水平会确定在 Q_2 上，相对应的价格水平为 P_2。此时 $MR = LMC = SMC_2$，实现厂商的长期均衡，进一步调整产出和价格以增加利润的企图都将是徒劳的。

学中做

已知一家垄断企业的成本函数为 $TC = 5Q^2 + 20Q + 1\ 000$，产品的需求函数为 $Q = 140-P$，要求：

1. 计算利润最大化时的产量、价格和利润。

2. 分析厂商是否应从事生产。

（三）垄断厂商的定价策略

在完全垄断市场上，由于厂商垄断了某种商品的全部供给，在缺少替代品的情况下，它对于市场的影响力较大，而消费者的选择余地小。这时，一旦垄断厂商提高其产品的价格，消费者虽然也会减少购买，但是，由于找不到别的替代品，他们就只好继续购买该垄断厂商的产品。这样，由于该垄断厂商的产品需求价格弹性较小，它就可以采用提高价格的策略。

垄断厂商的定价策略分为单一定价和歧视定价。单一定价是指同一种商品收取相同的价格，其定价原则是对缺乏弹性的商品采用高价策略，对富有弹性的商品采用低价策略。歧视定价是指以不同价格出售相同的产品。

价格歧视（Price Discrimination）是垄断厂商追求利润最大化的一种较理性的策略。价格歧视发生作用有三个条件：第一，厂商必须有一定的控制市场供给的条件和隔离市场（市场分割）的力量；第二，产品的转卖必须十分困难，否则就会出现中间商的牟利行为；第三，消费者的消费偏好必须有所不同，而且厂商必须能够在一定程度上区分出不同偏好的消费者。

案例讨论

"大数据杀熟"为什么令人反感

"大数据杀熟"在我国指互联网销售平台利用消费者的消费数据，就相同的产品对不同用户给出不同的价格。所谓"杀熟"，正是指平台获取了消费者的消费数据，进而对特定消费者的偏好、消费意愿、支付能力有了较为充分的了解，对其更加熟悉，从而得以"宰杀"之——向其收取比其他人更高的价格。

由此可知，"大数据杀熟"这一用语，本身就包含着否定和贬低之意。然而，从更为中立的角度来看，"大数据杀熟"在其他国家和地区也被称为"个性化定价"或者"算法定价"，其核心含义也在于价格的千人千面。

从经济学的角度来看，"大数据杀熟"或者"个性化定价"也被视为"一级价格歧视"，也就是企业根据每一个买者对产品的购买意愿（而不是根据产品的成本不同）来制定产品价格。因此，"大数据杀熟"的价格歧视同"价格差异"的含义有所不同：前者更加强调定价中的购买意愿要素，而一般的"价格差异"则可能是因为销售产品的成本不同。

现实生活中的价格歧视比比皆是，远不止于"大数据杀熟"。例如：一些社交活动或者婚介活动对男性和女性实施不同的入场价格（如男性入场票可能更贵），是因为当地单身男性更多，从而导致男性交友的意愿更加强烈；购买当天的航班价格要远远高于购买未来同样航班的价格，也是因为当天急于出发的人需求更加紧急，所以具有更加强烈的购买意愿。

而生活中更为典型的价格歧视例子，则是"砍价"。逛集市的时候买菜、买生活用品、衣服等，在老板出价以后，顾客会同老板讨价还价。"砍价"能力强的顾客，甚至能将价格砍至一半以下；“砍价”能力弱的，可能就砍不下价或者只能让老板做很小幅度的让利。

人民群众总结的“砍价神招”是这样的：老板出价以后，顾客往往要面露不屑，表示这个东西不值这个价；然后老板说“你看值多少钱”，顾客则报出一个低价，老板表示不同意；顾客转身就走，然后被老板喊回来；双方继续协商，最后按照双方商定的价格进行交易。

这种交易方式也是典型的“个性化定价”，可以说，有一千个顾客就有一千个价格。双方的出价、顾客诈走等方式，同时也是老板在双方的互动中去不断探究顾客的购买意愿，也是顾客不断试探老板底价的过程。

（资料来源：张江莉.“大数据杀熟”是一种价格歧视，该如何规制？. 深圳特区报，2021-08-20.）

思考讨论：

1.“大数据杀熟”现象会对市场产生什么危害？

2. 遏制“大数据杀熟”现象，建立健康有序的市场秩序，企业和政府分别能做什么？

根据价格差别的程度，可以将价格歧视分为以下三种类型。

1. 一级价格歧视

一级价格歧视又称为完全价格歧视。在这种情况下，每一单位产品都以消费者所愿意支付的价格出售。最后一单位产品的价格等于边际成本。一般情况下，当垄断厂商知道每一个消费者为购买每一单位产品所愿意支付的最高价格，并据此制定每一单位产品的销售价格时，就表明垄断厂商实行着一级价格歧视。此时，由需求曲线表示的代表商品边际效用的消费者买进一定量商品所愿意支付的价格，就成为垄断者的边际收益曲线，如图 3-18 所示。

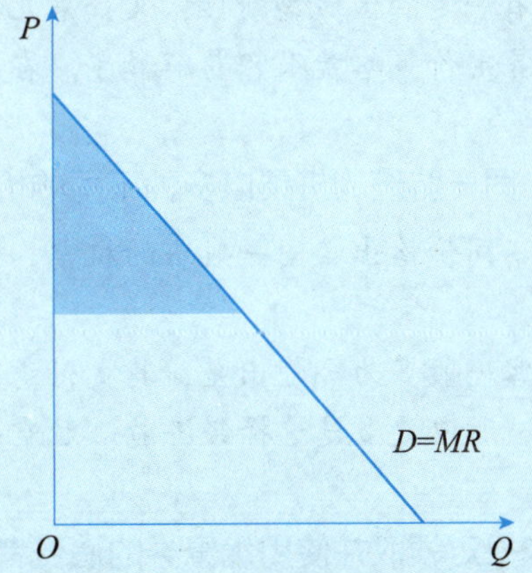

图 3-18　一级价格歧视

2. 二级价格歧视

在某些情况下，各消费者要购买很多单位货物，如水、电力等，而且随着购买数量的增加，其需求是下降的，即随着消费数量的增加，他们的支付意愿是下降的。在这种情况下，厂商根据消费数量的不同对产品实行分段计价，这就属于二级价格歧视，即对消费者需求意愿强的数量部分索取较高的价格，而对消费者需求意愿低的数量部分索取较低的价格。比如很多城市公交公司对普通投币客户按 2 元 / 人次收取费用，但是对于刷卡客户按 1.2 元 / 人次收取费用。特别是在规模经济明显的情况下，控制公司价格的政府机构可能会鼓励分段定价。通过扩大产量和实现较大的规模经济，在允许公司取得更大的利润的同时，也能使消费者的福利增加。

3. 三级价格歧视

三级价格歧视是指垄断厂商把消费者分为两个或两个以上的类别或阶层，分别索取不同的价格。这是最常见的价格歧视方法。在这种价格制度下，不同的消费者可能对于某种商品的相同数量要支付不同的价格，但是同一消费者对所购买的不同数量的商品却可以支付相同的价格。也可以说，同一产品在不同的市场上价格不同，但在同一市场上只有一个价格。三级价格歧视案例在现实生活中非常常见，比如旅游景点门票针对团队客户和散客收取不同的价格，航空公司对商务座和经济座的票价不同，等等。

课堂讨论

案例 1：电影院对儿童和老年人实行优惠票价

一些电影院会对儿童和老年人实行票价优惠策略。在完全竞争市场上很难解释这个现象。在完全竞争市场上，价格等于边际成本，为儿童和老年人提供一个座位的边际成本和为其他人提供一个座位的边际成本是相同的。

但是，如果电影院具有一定的区域垄断性，又如果儿童和老年人对看电影的支付意愿较低，那么这种差异定价策略就很容易解释了。在这种情况下，电影院通过价格歧视增加了利润。

案例 2：同一航班的机票以多种不同的价格出售

多数航空公司都会以不同价格出售同一航班的机票，最常见的就是公务舱与经济舱之间的票价差异。

那些选择公务舱的乘客一般多为公费出差，其支付意愿也较高；而那些自费旅游的乘客支付意愿则较低，所以更多是选择经济舱。航空公司也可因此而成功地实行价格歧视。

案例 3：线上商家只对领取并使用优惠券的消费者收取较低的价格

如今在网上购物时，人们经常会看到一些商家提供的优惠券。消费者只要领取优惠券，就可以享有商家提供的折扣服务，有时可能仅仅是几元钱的优惠。那么，商家为什么提供这些优惠券，为什么不直接降低商品的价格呢？

因为商家知道，并非所有的消费者都愿意花时间去关注是否有优惠活动。另外，领取优惠券的意愿与消费者的支付意愿是相关的。忙碌的高收入者往往没心思去留意那些优惠券，而且一般也不在意小小的折扣；当然，热衷网购的“打折族”肯定对找优惠乐此不疲。因此，通过只对领取并使用优惠券的消费者收取较低的价格，商家就可以成功地实行价格歧视。

思考讨论：

1. 实行价格歧视的关键是什么？

2. 价格歧视给厂商和消费者分别带来什么样的影响？

（四）完全垄断市场的评价

1. 完全垄断市场的优越性

（1）形成规模经济，降低产品成本，特别适合投资大、投资周期长且利润率低，但与经济发展及人民生活密切关联的公用事业，这类公用事业由政府完全垄断会增加社会福利；

（2）垄断厂商因利润丰厚，更具研发新技术、新产品的实力和动力，从而促使技术进步，推动社会发展。

2. 完全垄断市场的缺陷

（1）垄断厂商实行价格歧视，会减少消费者剩余，造成社会福利损失，甚至会加剧官员腐败、社会收入分配不公平及贫富两极分化；

（2）垄断扼杀竞争，垄断厂商凭借优势地位采用减少产量、提高产品价格的方法比提高生产效率的方法更易获利，从而造成社会生产效率降低。

三、垄断竞争市场

垄断竞争市场（Monopolistic Competition Market）是指许多厂商生产相近、但不同质量的商品的市场，是介于完全竞争和完全垄断两个极端市场结构的中间状态。垄断竞争市场的特征如下：

（1）大量厂商生产和销售彼此之间有差别的替代品；

（2）由于一个生产集团中的厂商数量非常多，每个厂商都认为自己的行为的影响很小，不会引起竞争对手的注意和反应，也不受到来自对手的任何报复措施的阻碍；

（3）厂商生产规模比较小，因此进入行业或退出行业比较容易。

（一）垄断竞争市场的均衡

正如完全垄断一样，垄断竞争厂商也面临向下倾斜的需求曲线，因而也有垄断势力，但这并不意味垄断竞争厂商就能赚取高额利润。垄断竞争与完全竞争也是相似的，因而可自由进出，赚取利润的潜力会吸引新厂商的竞争品牌，从而长期利润将压至零。

1. 垄断竞争厂商的短期均衡

从短期看，垄断竞争厂商的行为与完全垄断相似，其短期均衡的条件也是 $MR = SMC$。如图 3-19 所示，垄断竞争厂商的短期边际成本曲线为 SMC，单个厂商需求曲线（主观需求曲线）为 d_1，d_1 对应的边际收益曲线为 MR_1，市场需求曲线（客观需求曲线）为 D。假定厂商开始处于 E_1 点，此时产量为 Q_1，价格为 P_1。厂商为了实现利润最大化，会按照 $MR = SMC$ 的原则来调整其价格和产量，即沿着主观需求曲线 d_1 把产量从 Q_1 调整为 Q_2，对应的价格降为 P_2。由于其他厂商也面临着相同的情况，每个厂商都在假定其他厂商不改变产量和价格的条件下，根据自己的利润最大化原则降低了价格。于是，厂商的实际需求量不能增加到 Q_2，而只能增加到 E_2 点对应的需求量 Q_3，Q_3 在 Q_1 和 Q_2 之间。厂商需求曲线也要修正到通过 E_2 点的 d_2，和 d_2 对应的边际收益曲线为 MR_2。这样，厂商在 P_2 的价格下无法实现最大利润，必须进一步做出调整。按照厂商利润最大化的原则 $MR = SMC$，厂商将会把价格进一步降低至 P_3，厂商预期自己的需求量将会增加至 Q_4。但是由于其他厂商也采取同样的行动，厂商的需求量实际只能沿市场需求曲线 D 减少到 Q_5，厂商在 P_3 价格下仍无法实现最大利润。

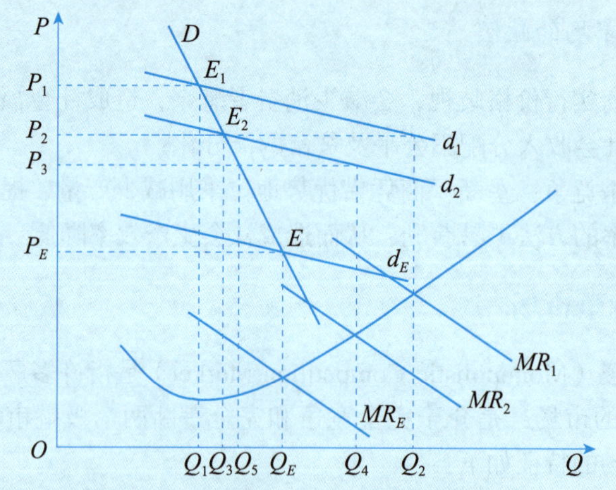

图 3-19　垄断竞争厂商的短期均衡

这样的调整过程会一直进行下去，直至厂商的主观需求曲线移动到 d_E 的位置为止。此时，垄断竞争厂商根据 $MR = SMC$ 的利润最大化原则将产量调整为 Q_E，对应的价格降为 P_E。产量 Q_E 和价格 P_E 对应的 E 点刚好是主观需求曲线 d_E 和市场份额需求曲线 D 的交点，在这一点上，所有厂商都不会继续调整产量和价格，厂商实现了短期均衡。

可见，垄断竞争厂商短期均衡的条件是两条需求曲线的交点和 $MR = SMC$ 交点决定的是同一产量。同完全竞争厂商和完全垄断厂商一样，在处于短期均衡时，垄断竞争厂商可能获得经济利润，可能获得正常利润，也可能存在亏损。

课堂讨论

你是否曾经走进一家餐馆吃午饭，发现里面几乎没人？为什么这种餐馆还要开门呢？请用所学经济学原理加以解释说明。

2. 垄断竞争厂商的长期均衡

在长期内，垄断竞争厂商不仅可以调整生产规模，还可以加入或退出生产集团。即当行业内厂商有经济利润时，将诱使其他厂商加入生产集团，当他们推出竞争性产品时，原厂商将损失市场份额和销量，其需求曲线将向下移动。这样，垄断竞争厂商获得的经济利润开始下降。但只要该垄断竞争市场上的厂商还能获得经济利润，就会不断有新的厂商进入。这一过程会一直持续到行业内没有新的厂商进入，也没有厂商愿意扩大生产规模为止，此时厂商的经济利润为零。

如图 3-20 所示，垄断竞争厂商的短期均衡点在主观需求曲线 d_1 与客观需求曲线 D_1 的交点 E_1 点，假定此时短期平均成本曲线低于主观需求曲线，厂商可获得经济利润。于是，将有新的厂商进入该行业，原有厂商的市场份额下降，客观需求曲线向左下方移动，厂商相应地按照新的客观需求曲线调整短期均衡位置，直到主观需求曲线 d_E 与厂商的长期平均成本曲线 LAC 相切于 E 点，并且 E 点是客观需求曲线 D_E 与主观需求曲线 d_E 的交点。在 E 点对应的产量水平 Q_E 上，$MR_E = SMC = LMC$，行业内所有厂商都只能获得正常利润，经济利润为零，从而实现了长期均衡。

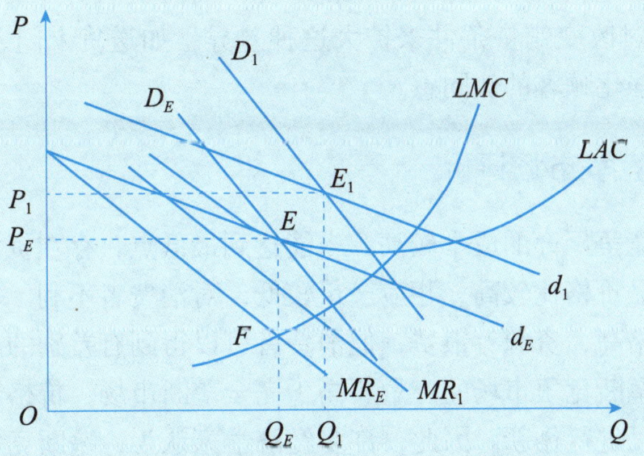

图 3-20 垄断竞争厂商的长期均衡

如果短期均衡时垄断竞争厂商存在亏损，那么部分厂商就会退出行业。随着部分厂商的退出，仍然留在行业里的每个厂商在同一价格水平上的需求量增加，客观需求曲线向右移动，亏损逐渐减小。厂商的退出会一直进行到留在行业中的厂商不再亏损为止。综上所述，垄断竞争厂商长期均衡的条件是 $MR = SMC = LMC$ 且 $AR =$

$SAC=LAC$。

（二）垄断竞争厂商的竞争策略

1. 广告的效果

当企业销售有差别产品并收取高于边际成本的价格时，每个企业都有通过做广告来吸引更多自己产品购买者的激励。各种产品之间的广告量差别很大。销售略有差别的产品如成药、香水、软饮料的企业，通常都把收益的 10% ～ 20% 用于广告。出售工业品的企业，如钻探机与通信卫星的企业，一般用于广告的支出很少。而出售同质产品的企业，例如小麦、花生或原油的企业，根本没有广告支出。广告发布采取多种形式，有传统的报纸和杂志，也有现代的电视广播、网络直播等。其余的用于让顾客知道的方式包括直接邮寄、广告牌等。

课堂讨论

1. 随着人们生活水平的提高，牛奶已经成为人们的饮食必需品了，那么生产牛奶的厂商为何要做广告？

2. 生产什么类型产品的厂商会花钱请明星作为产品代言人？请回答并说明理由。

2. 产品差异化

产品差异化是指改变产品的原有特征，以形成产品差别。这包括以下两个方面：一是产品本身的改变，包括如原料、设计、技术性能、做工、式样、型号、颜色等实质性改变，以及如包装、品牌、商标等非实质性改变；二是销售条件的改变，既然本身完全相同的产品会由于销售条件不同而被消费者视为不同产品，那么厂商完全可以通过改变销售条件来扩大这种差异，如送货上门、定期维修、24 小时服务等，进而强化顾客的认同感。

（三）垄断竞争市场评价

首先，垄断竞争厂商的成本较高，未能达到最低点，存在资源浪费。其次，垄断竞争市场的产品价格比较高，相应产量较低，对消费者不利。尽管垄断竞争市场的平均成本与价格高，资源有浪费，但消费者可以得到有差别的产品，从而满足不同的需求。而且垄断竞争市场的产量要高于完全垄断市场，价格却要低。特别是垄断竞争有利于鼓励进行创新。因此，许多经济学家认为，垄断竞争市场从总体上看还是利大于弊的。

案例讨论

海信呼吁电视行业走出价格战“恶习”

“全球电视市场将迎来新一轮‘内卷’，画质是唯一的出路。”2022 年 1 月 11 日，海信集团控股公司副总裁在中国首颗自研 8K AI 画质芯片发布会上做出这一论断，并表示全球显示产业随着消费升级的提速，已经从“屏”的竞争、销量的竞争，转向芯片的竞争、音画品质的竞争。

“这是‘电视尺寸越来越大’这一市场趋势的必然结果。用户总是需要屏幕更大、画质更好的显示设备。然而屏幕越大，就越会暴露画面的瑕疵与缺陷，画质技术和水平就越重要。”该副总裁表示，75 英寸及以上的超大尺寸电视产品在市场端的快速爆发，将使电视产品对画质的要求越发凸显，尤其是越接近 100 英寸，就越需要以 8K 画质芯片为代表的核心技术的加持。

此外，全球电视产业进入拐点，是不断迈向中高端这一产业趋势必然选择。“众所周知，电视行业最爱‘价格战’。这一恶习，让一些企业习惯性追求电视大且便宜，追求极致性价比，似乎大就是一切，价格低就是一切，然而这给整个行业带来了利润走低、价值走低、创新停滞的恶果。”对于电视行业来说，只有制造向高质量发展、产业向中高端跃进、价格之争走向价值之争，才会获得生机与前途。

（资料来源：陈雨萌．海信于芝涛呼吁电视行业走出价格战“恶习”．网易科技报道，2022-01-11．）

思考讨论：

1. 电视市场属于什么市场类型？现有的电视市场主要竞争表现在什么地方？

2. 电视生产厂家如果要在市场竞争中存活并求发展，应该注重在哪些方面进行改进？

四、寡头垄断市场

寡头垄断市场（Oligopoly Market）是介于完全垄断和垄断竞争之间的一种市场模式，是指某种产品的绝大部分由少数几家大厂商控制的市场。每个大厂商在相应的市场中占有相当大的份额，对市场的影响举足轻重。如美国的钢铁、汽车市场，日本的家用电器等规模庞大的行业。

（一）寡头垄断市场的特征

1. 厂商决策

任何一个厂商进行决策时，必须把竞争者的反应考虑在内，因而厂商既不是价格的制定者，更不是价格的接受者，而是价格的寻求者。

2. 厂商数量

市场上的厂商数量很少，每个厂商的市场份额都比较高，因此在市场上都具有影响力。

3. 产品

如果产品没有差别，彼此依存的程度很高，就称为纯粹寡头，存在于钢铁、尼龙、水泥等产业；如果产品有差别，彼此依存关系较低，就称为差别寡头，存在于汽车、重型机械、石油产品、电气用具、香烟等产业。

4. 进退壁垒

其他厂商进入相当困难，甚至极其困难。因为不仅在规模、资金、信誉、市场、原料、专利等方面，其他厂商难以与原有厂商匹敌，而且由于原有厂商相互依存，休戚相关，其他厂商不仅难以进入，也难以退出。

（二）寡头垄断市场形成的原因

寡头垄断的成因与完全垄断的成因相似，只是在程度上有所差异。

1. 市场自然形成

厂商由于追求规模经济，不断扩大生产规模，而市场又是相对狭小的。举个例子：如果某行业市场总规模是 100，而对于该行业的生产厂商来说，规模经济为 30，那么该市场仅能满足 3 个厂商在规模经济条件下生产。这就形成了寡头垄断市场。如果市场总规模仅能满足 1 家厂商在规模经济条件下生产，则市场可能进一步形成完全垄断市场。

2. 人为（制度）形成

厂商或国家对资源、专利、市场等的控制，也是一些寡头垄断市场形成的原因。

（三）寡头垄断厂商的竞争策略

在寡头垄断市场下，商品价格不是通过市场供求决定的，而是由几家大企业通过协议或默契形成的。这种联盟价格形成后，一般在相当长的时间内不会变动。这是因为：某一个厂商单独降低了价格，会引起竞争企业竞相降价的报复，结果只能是两败俱伤，大家都降低收入；如果提高价格，则意味着降低了市场占有率，也得不偿失。

1. 纳什均衡

拓展阅读：纳什均衡究竟是什么？

在寡头垄断市场上，各个厂商是在给定其竞争对手的行为以后，做出其所能做的最好的策略。但厂商应该假定其竞争对手的行为是什么呢？由于该厂商会在给定其竞争者行为后采取最好的行为，很自然可以假设这些竞争对手也会在给定该厂商的行为以后采取其能采取的最好行为。因而，各厂商考虑到其竞争者，并假设其竞争者也会同样做。尽管非常抽象，但这给了我们一个在寡头市场中确定均衡的基础。这是 1951 年由数学家约翰·纳什首先解释清楚的，所以我们称之为纳什均衡，即在给定竞争者的行为以后，各厂商采取其能采取的最好行为。

案例讨论

国家广播电视总局："十四五"时期将规范演员片酬

"十四五"时期将规范包括演员片酬在内的收入分配秩序，推广使用标准化、制度化、制式统一的片酬等劳务合同。

在规范电视剧市场秩序方面，《"十四五"中国电视剧发展规划》（以下简称《规划》）提出，促进电视剧市场公平竞争，坚决反对恶性竞争、不正当竞争和市场垄断行为，防止资本无序扩张，鼓励资本与产业良性互动。引导电视剧制作机构科学合理安排制作成本结构，加强成本管理和收入核算。

《规划》指出，将持续优化市场环境，健全事前事中事后全链条全流程监管机制，严肃处理有偷逃税、"阴阳合同""天价片酬"等违法违规行为的演员和相关机构，禁止违法失德艺人通过电视剧发声出镜。规范电视剧行业经纪人、经纪公司等市场主体管理。

此外，《规划》提出，发挥电视剧行业组织作用，对从业行为进行行业规范，对违法违规从业人员实施行业惩戒。健全导演、编剧、制片人、演员、经纪人等电视剧领域从业人员常态化培训机制，加强思想政治引领，明确红线底线，推动从业人员自觉践行社会主义核心价值观，坚守高尚职业道德，引领良好社会风尚。

（资料来源：王鹏．国家广电总局："十四五"时期将规范演员片酬．新华每日电讯，2022-02-11.）

思考讨论：

1. 为什么会出现演员"天价片酬"？其背后的经济学原理是什么？
2. 改变演员"天价片酬"，政府和行业能做什么？

2. 古诺模型

古诺模型是法国经济学家奥古斯汀·古诺于1838年构造的一个简单的双寡头模型。该模型假设两个厂商生产同样的产品，并都知道市场需求。各个厂商必须决定生产多少，并且两厂商是同时做出决策。在做出产量决策时，各厂商必须考虑它的竞争者。每个厂商知道其竞争者也正在决定生产多少，其能得到的价格将取决于两厂商的总产量。此外该模型还假定产品的生产成本为零，厂商的收益也就是其利润。该模型的本质是单个厂商将其竞争者的产量水平当作固定的，然后决定自己实现利润最大化的产量。

如果寡头相互勾结，所得到的利润最大化均衡称为共谋均衡，此时寡头的行为类似于完全垄断。无勾结的寡头垄断市场所达到的产出水平高于完全垄断市场而低于完全竞争市场的产出水平，其价格低于完全垄断市场的价格但高于完全竞争市场的价格。因此，如果无勾结，寡头垄断市场的效率高于完全垄断市场，低于完全竞争市场。

知识链接

古诺模型

古诺模型通常被作为寡头理论分析的出发点。古诺模型是一个只有两个寡头厂商的简单模型，该模型也被称为“双头模型”。古诺模型的结论可以很容易地推广到三个或三个以上的寡头垄断厂商的情况中去。

古诺模型的基本假定是：市场上只有A、B两个厂商，并且生产和销售相同的产品，生产成本为零；A、B两个厂商共同面临的市场的需求曲线是线性的，都准确地了解市场的需求曲线；A、B两个厂商都是在已知对方产量的情况下，通过调整产量来实现利润最大化，即每一个厂商都是消极地以自己的产量去适应对方已确定的产量。

古诺模型的价格和产量关系可用图3-21来说明。

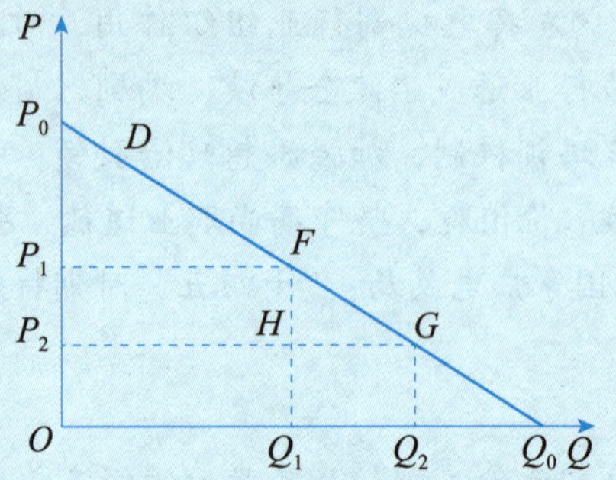

图3-21　古诺模型的价格和产量关系

在图3-21中，D曲线为两个厂商共同面临的线性的市场需求曲线。由于生产成本为零，因此图中无成本曲线。

首先，厂商A先进入市场。由于生产成本为零，因此厂商A的收益即是利润。厂商A面临市场需求曲线，为实现利润最大化，将产量定为市场容量的$\frac{1}{2}$，即产量$OQ_1=\frac{1}{2}OQ_0$；将价格定为P_1，其利润量相当于图中矩形OP_1FQ_1的面积。

然后，厂商B进入该行业。厂商B准确地知道厂商A留给自己的市场容量为$Q_1Q_0=\frac{1}{2}Q_1Q_0$，厂商B为求利润最大也将生产自己所面临的市场容量的$\frac{1}{2}$，即产量为$Q_1Q_2=\frac{1}{2}Q_1Q_0=\frac{1}{4}OQ_0$。此时，市场价格下降为$P_2$，厂商B获得的利润相当于图中矩形$Q_1HGQ_2$的面积。而厂商A的利润因价格的下降而减少为矩形$OP_2HQ_1$的面积。

当厂商A再次进入该行业后，厂商A发现厂商B留给它的市场容量为$\frac{3}{4}OQ_0$。

为了实现利润最大，厂商A将产量定为自己所面临的市场容量的$\frac{1}{2}$，即产量为$\frac{1}{2}\times\frac{3}{4}OQ_0=\frac{3}{8}OQ_0$。厂商A调整产量后，厂商B再次进入市场时，其市场容量扩大为$\frac{5}{8}OQ_0$，厂商B也将生产自己所面临的市场容量的$\frac{1}{2}$的产量，即产量为$\frac{5}{16}OQ_0$……这样，两个寡头垄断厂商将不断地调整各自的产量，为求利润最大，每次调整都是将产量定为对方产量确定后剩下的市场容量的$\frac{1}{2}$。

在这个过程中，厂商A的产量是不断减少的，而厂商B的产量是不断增加的，最后，达到两个厂商的产量相等的均衡状态。在均衡状态中，A、B两个厂商的产量都为市场总容量的$\frac{1}{3}$，即每个厂商的产量为$\frac{1}{3}OQ_0$，行业总产量为$\frac{2}{3}OQ_0$。

$$\text{厂商A的均衡产量}=OQ_0\left(\frac{1}{2}-\frac{1}{8}-\frac{1}{32}-\cdots\right)=\frac{1}{3}OQ_0$$

$$\text{厂商B的均衡产量}=OQ_0\left(\frac{1}{4}+\frac{1}{16}+\frac{1}{64}-\cdots\right)=OQ_0\left(\frac{\frac{1}{2^2}}{1-\frac{1}{2^2}}\right)=\frac{1}{3}OQ_0$$

以上古诺模型的结论可以推广。令寡头垄断厂商的数量为m，则可以得到一般的结论：每个寡头垄断厂商的均衡产量为$\frac{1}{m+1}OQ_0$，行业的均衡总产量为$\frac{m}{m+1}OQ_0$。

3. 斯威齐模型

斯威齐模型，又称折弯的需求曲线模型，是美国经济学家保罗·斯威齐提出的用以说明寡头垄断市场价格刚性的寡头垄断模型。寡头垄断市场上厂商行为的相互依存性和不确定性特征，使得厂商在无法确定其他厂商行为变化的大致方向时不愿意单独改变价格，因此寡头厂商的价格在相当长的时期是不变的，这称为价格刚性。价格刚性表明，当需求或成本发生适度变动，或两者都发生适度变动时，价格却保持不变。

斯威齐模型假定，某寡头厂商预期其他厂商对自己变动价格的反应是跟着降价而不跟着提价。即寡头厂商的预期比较悲观，认为如果自己降价，其他厂商会跟着降价，以维持其市场份额；而自己提价时，其他厂商却不跟着提价，以扩大其市场份额。

图3-22中，假定厂商原来处于A点，即产最为Q_1，价格为P_1，按照斯威齐的假定，厂商提价的时候其他厂商价格不变，因而厂商的需求量将会下降很多，即产品富有弹性，厂商所面临的需求曲线为折弯的需求曲线D上A点以上的部分；当

厂商降价的时候，其他厂商的价格也下降，因而厂商的需求量不会增加很多，从而产品是缺乏弹性的，厂商所面临的需求曲线为折弯的需求曲线 D 上 A 点以下的部分。

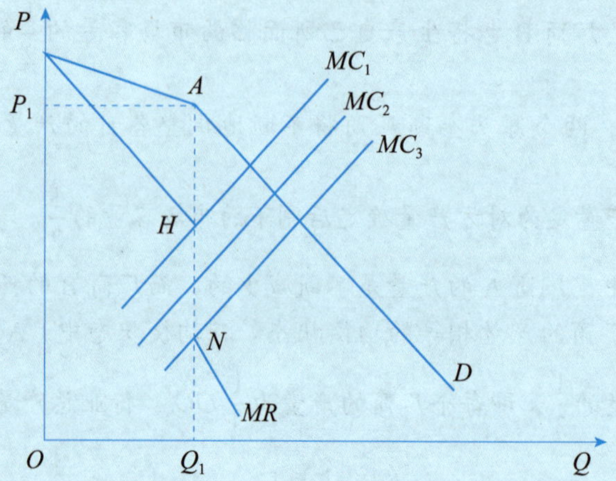

图 3-22　折弯的需求曲线

由折弯的需求曲线 D 可以得到相应的边际收益曲线 MR。图 3-22 中，与需求曲线 D 上 A 点以上部分对应的为边际收益曲线的 H 点以上部分，与需求曲线 D 上 A 点以下部分对应的为边际收益曲线的 N 点以下部分。两者结合在一起，便构成了寡头厂商的间断的边际收益曲线，其间断部分为垂直虚线 HN。

利用间断的边际收益曲线，便可以解释寡头垄断市场上的价格刚性现象。只要边际成本曲线 MC 的位置变动不超出边际收益曲线 MR 的垂直间断范围，寡头厂商的均衡价格和均衡数量就不会发生变化。在图 3-22 中，当边际成本曲线由 MC_2 升高到 MC_1 或者由 MC_2 降低到 MC_3 时，寡头厂商会将价格保持在 P_1 水平，因而价格是具有刚性的。

知识链接

卡特尔

卡特尔是生产同类产品的垄断厂商就产品的市场价格、产量分配和市场份额达成公开协议而联合行事的一种组织。最为典型的卡特尔是石油输出国组织（OPEC）。在寡头垄断行业，寡头往往通过正式的或非正式的协议组成卡特尔，通过控制产量来提高价格，从而获得更大的利润，这是形成卡特尔最强有力的内在动力。

卡特尔的类型主要有价格卡特尔、数量卡特尔、销售条件卡特尔、技术卡特尔等。价格卡特尔是最常见和最基本的卡特尔形式，在不景气时维持高价，在排挤对手时维持低价。数量卡特尔通过对产销量进行控制，减少市场供给，以提高价格。销售条件卡特尔对销售条件如回扣、支付条件、售后服务等在协定中进行统一规定。技术卡特尔的典型形式是专利联营，即成员企业相互提供专利、相互自由使用专利，但不允许非成员企业使用这些专利。

卡特尔虽然形成了操纵市场、分享利润的协议，但是各成员企业为了各自的利益往往违背协议，使协议执行起来非常困难。因此，卡特尔具有天然的不稳定性，难以长期存在。

（四）寡头垄断市场评价

寡头垄断市场是现代社会大规模生产的客观需要，寡头垄断组织具有综合优势。

（1）在资金筹集方面，由于有强大的经济实力，破产风险相对较小，因而它能得到利息较低、数额较大的贷款，使资金成本节约，资金有保证。

（2）在生产方面，由于生产规模巨大，在大多数情况下，都能获得规模效益，使单位产品成本大大降低。企业内部管理方面，可通过实行统一指挥，分工负责的内部管理体制，节约管理成本，提高管理效率，还可以节约交易费用。

（3）在收集市场信息、进行广告宣传和运用销售渠道等方面拥有更多的优势。在技术进步和创新方面，由于有强大的财力支持，可以投入大量研究和开发费用，因而更有可能不断推出新产品。

寡头垄断市场的主要缺点是各寡头往往会相互勾结抬高价格，损害消费者的利益和社会的经济福利。

价值提升

案例 1：手机厂商扎堆“造芯”是无奈之举也是必然选择

随着 5G 商用的逐步深入，头部手机厂商纷纷加大在芯片领域的布局力度。国内手机厂商 VIVO、OPPO、华为等正在加大在芯片方面的投入力度。众所周知，芯片研发是一个高风险、高投入的行业。手机厂商扎堆“造芯”是企业攻坚核心技术的表现，相关部门应予以引导和鼓励。

一、基于现实考量与未来发展的选择

长期以来，芯片制造商提供芯片，手机厂商采购芯片，两者一直保持着较为稳定的合作关系，为什么现在手机厂商会突然热衷于“造芯”呢？

首先是因为苹果公司的教训给了很多手机厂商以警醒。从第 4 代 iPhone 开始，苹果就开始全面使用高通基带芯片，高通成为苹果 iPhone 系列手机重要的零部件供应商。但近年来，由于专利纠纷问题，苹果和高通间的矛盾和裂痕日益明显，苹果甚至因与高通的纠纷错过了 5G 手机“头班车”，要比三星、华为等厂商晚一年发布 5G 手机。强势如苹果，若核心技术受制于人，一样会影响公司战略布局。这样的教训不可谓不深刻，苹果的经历对其他手机厂商，也有着深刻的警示意义。

其次，投身“造芯潮”，也是手机厂商谋求更大发展的需要。每一代移动通信技术的出现，都会引发新一轮手机市场洗牌。伴随移动通信技术的升级，核心芯片技术日益发挥着关键性作用，越来越多的人意识到，芯片决定着手机的最终体验。因此，面对新一轮竞争，自研芯片关乎手机企业的生存和发展，手机巨头若想在5G时代以及未来的6G时代在市场站稳脚跟，甚至谋求更大的发展，就必须掌握芯片的自主研发能力。

最后，“造芯”也是智能时代企业构建产品生态圈的需要。目前，全球智能手机市场趋于饱和，而物联网市场需求却很旺盛。巨大的市场机遇，自然吸引了商家的目光，头部手机厂商围绕由智能手机“指挥”的音箱、手环、门锁等物联网终端设备，将展开激烈的争夺战。如果手机厂商能在这些产品上应用上自研芯片，就有望助其构建出一个以自研芯片为基础的产品生态圈。

二、短期内难有作为但前景可期

众所周知，高端芯片研发是一个技术壁垒和资本壁垒很高的产业。由于基带处理器的研发难度极大，目前5G手机芯片市场呈现出寡头格局，仅有高通、华为等少数企业有实力生产相关芯片，连芯片巨头英特尔都不得不放弃5G基带芯片的研发。

毫无疑问，手机厂商开展5G基带芯片研发将面临非常大的挑战：一方面技术难度大，5G芯片不光要支持5G通信，还需同时支持2G、3G、4G多种模式，需要大量的技术积累；另一方面投入成本高，不仅需要投入巨额研发资金，还要支付各种专利费用，以华为的麒麟980芯片为例，据报道近半年时间该芯片的研发投入就超过20亿元。

那些刚刚涉足芯片研发的手机厂商，算是这个行业的后来者，在相关战略布局上可能会略显滞后。不过，开始总比没有要好，且这些企业本身具备一定的研发和资金实力，因此从总体来看，刚入局的手机厂商短期内虽然“造芯”成功的可能性不大，但“造芯”前景还是比较乐观的。

三、手机厂商应联合攻关高端芯片

近年来，我国在通信技术领域取得了显著进步，手机、微型计算机、网络通信设备等电子产品的产量连续多年保持全球第一，但我国仍有部分通信核心技术领域受制于人。为满足我国产业安全和经济高质量发展的迫切需要，相关部门必须大力支持国内手机厂商在高端芯片领域攻坚克难、有所作为，具体建议如下。

首先，应建立政府强引导机制。芯片研发行业风险高，且产品产出周期长，因此手机厂商在芯片研发过程中，十分需要政府强有力的支持。相关部门要建立强引导机制，积极推动技术引进、专利购买，利用税收优惠、财政奖励、低成本融资等手段，激励头部手机厂商增加在芯片研发方面的投入。

其次，应组织头部手机厂商搞联合研发。从国外的成功经验来看，强强联合更容易实现核心技术的突破和技术生态的形成。因此，为加强我国头部手机厂商在战略、技术、标准、市场等方面的沟通协作，提高科研创新浓度和密度，需要由政府搭建技术平台，组织头部手机厂商搞联合研发，协同攻关高端芯片。

最后，应加快国产自主手机操作系统市场化的步伐。一部手机，最重要的就是芯片和操作系统，二者相辅相成，共同决定了手机的性能。针对目前手机产业的生态格局，我国应以政府为主导，以头部手机厂商为主体，通过电信运营商、手机厂商、互联网企业的全产业链参与，弥补当前的产业生态链不足，推动我国自主手机操作系统的市场化进程。

（资料来源：左鹏飞. 手机厂商扎堆“造芯”是无奈之举也是必然选择. 人民网，2019-11-20.）

案例 2：“100 年，中国‘芯’”

——我国科学家在磁性芯片高精度检测领域取得新突破

“100 年，中国‘芯’”。在庆祝中国共产党建党百年之际，北京航空航天大学科研工作者在 5 个原子层厚的纳米磁性薄膜上写下这几个字。这个厚度相当于一张普通打印纸的十万分之一。

磁性芯片生产过程中，需将纳米磁性薄膜均匀铺在晶圆（制作硅半导体集成电路所用的衬底）上。确保所有晶圆完全“躺平”有多难？北航集成电路学院工艺与装备系教师张学莹表示，其相当于在北京的海淀区地面上均匀铺满 5 层厚的小米粒，且须完全平整，“因此，检测薄膜的平整度尤为关键”。科研人员利用检测仪器，通过微小的磁性针尖在薄膜上写字，若字的颜色对比度一致、字迹清晰，则表明薄膜有良好的均匀性。完成平整度检测后，将纳米薄膜制成器件，封装后形成芯片。该检测仪器，正是由北航集成电路学院科研团队研发的晶圆级磁光克尔测试仪。

磁性芯片可作为高可靠的信息存储模块和高灵敏的磁信号传感模块，应用于飞机、卫星的控制系统，以及手机电子罗盘、汽车自动驾驶等领域。而磁性芯片生产过程中的磁性薄膜检测这一关键技术，属于我国长期被“卡脖子”的技术。对比国外同类设备，这台仪器在测试精度和速度等方面进行了技术革新，实现了自主创新突破。据了解，该仪器现已应用于科研领域。

早在 1993 年，中国科学院科研团队就用 10 个原子摆出“中国”字样，标志着我国可自主实现原子操纵。如今，用于书写“100 年，中国‘芯’”的晶圆级磁光克尔测试仪，为具有百亿元市场规模的磁性芯片产业提供设备支撑。从“中国”，到“100 年，中国‘芯’”，背后的科研突破成为我国高科技自主创新能力不断提升、国家科技力量持续增强的一个缩影。

（资料来源：乌梦达，赵旭. “100 年，‘中国芯’”——我国科学家在磁性芯片高精度检测领域取得新突破. 新华社，2021-06-29.）

启示：

科研力量作为国家强盛的必要技术支柱，核心技术受制于人是大的隐患，只有把核心技术掌握在自己手中，才能真正掌握竞争和发展的主动权。因此，走自主科技创新道路，高度重视科技创新，打破技术垄断，才能从根本上保障国家经济安全、国防安全和其他安全。

项目综合训练

应知考核

一、选择题

1. 消费者的劳动供给曲线的形状是（　　）。
   A. 水平的　　B. 垂直的
   C. 向后弯曲的　　D. 向前弯曲的
2. 用先进的机器设备代替劳动，这一措施会导致（　　）。
   A. 劳动的供给曲线向右移动　　B. 劳动的需求曲线向左移动
   C. 劳动的需求曲线向右移动　　D. 劳动的供给曲线向左移动
3. 若一家企业的边际收益是 23 元，边际成本是 22 元，企业应当（　　）。
   A. 继续生产　　B. 立即停产
   C. 提高价格　　D. 降低价格
4. 土地的供给曲线是一条（　　）。
   A. 向右上方倾斜的线　　B. 向右下方倾斜的线
   C. 与横轴平行的线　　D. 与横轴垂直的线
5. 如果在厂商的短期均衡产量上，AR 小于 SAC，但大于 AVC，则厂商（　　）。
   A. 亏损，立即停产　　B. 亏损，但继续生产
   C. 亏损，生产与否都可　　D. 获利，继续生产
6. 在完全竞争市场上，一个企业的需求曲线是（　　）。
   A. 向右下方倾斜的曲线　　B. 向右上方倾斜的曲线
   C. 一条与价格轴平行的直线　　D. 一条与价格轴垂直的直线
7. 在完全竞争市场上，厂商的短期均衡条件为（　　）。
   A. $P=AR$　　B. $P=MR$
   C. $P=MC$　　D. $P=AC$
8. 在完全竞争市场，厂商短期内继续生产的条件是（　　）。
   A. $AC=AR$　　B. $AVC<AR$ 或 $AVC=AR$
   C. $AVC>AR$ 或 $AVC=AR$　　D. $MC=MR$
9. 在完全垄断市场上，厂商的需求曲线（　　）。
   A. 与厂商的边际收益曲线重合　　B. 与平行于数量轴的价格线重合
   C. 位于边际收益曲线的下方　　D. 向右下方倾斜
10. 根据古诺模型，下列说法不正确的是（　　）。
   A. 垄断者没有认识到他们的相互依赖性
   B. 每个垄断者都假定对方保持产量不变

C. 每个垄断者假定对方价格保持不变

D. 均衡的结果是稳定的

二、判断题

1. 在生产要素市场上，需求来自个人，供给来自厂商。（　　）

2. 边际产品价值是生产要素的边际产品和产品价格的乘积。（　　）

3. 在完全竞争市场上，无论是产品市场还是要素市场，其价格都是一个常数。（　　）

4. 对于完全竞争厂商而言，边际收益与市场价格相同。（　　）

5. 劳动的供给和其他商品的供给一样，价格越高，供给越多，因此，提高工资可以无限增加劳动的供给。（　　）

6. 电力部门对工业用电与民用电实行不同价格属于完全价格歧视。（　　）

7. 由于寡头之间可以进行勾结，所以他们之间并不存在竞争。（　　）

8. 在垄断竞争市场上，平均收益曲线、边际收益曲线和需求曲线是重合在一起的。（　　）

9. 完全垄断市场上，无论在短期还是在长期，企业均可获得超额利润。（　　）

10. 垄断寡头市场形成的基本条件是产品差别的存在。（　　）

三、问答题

1. 某个垄断厂商对A产品采用歧视定价，请指出下列情况各属于何种价格歧视策略。

（1）购买300件以内的每件售价为60元，购买300～500件的每件售价为58元，购买500～800件的每件售价为56元，购买800件以上的每件售价为50元。

（2）A产品在一线城市每件售价为65元，在二线城市每件售价为55元，在三线城市每件售价为50元。

（3）甲顾客购买A产品的价格为60元，乙顾客购买价格为55元，丙顾客购买价格为50元。

2. 什么是非价格竞争？非价格竞争主要有哪些手段？

3. 为什么工作经验多的工人得到的工资相较于同等学历、工作经验少的工人要高？

应会考核

◎ 计算题

1. 假设某完全竞争企业的成本函数为 $TC=0.1Q^3-2Q^2+15Q+10$，其产品的平均价格为55元，试求：

（1）利润最大时的产量和利润。

（2）如果市场供求关系发生变化后，产品价格变为30元，在新的价格水平上该厂商是否会发生亏损？

2. 完全竞争行业中某厂商的长期总成本函数为 $LTC = Q^3 - 12Q^2 + 40Q$，试求：

（1）当市场商品价格为 $P = 100$ 时，厂商实现 $MR = LMC$ 时的产量、平均成本和利润。

（2）该行业长期均衡时的价格和单个厂商的产量。

（3）当市场的需求函数为 $Q = 660 - 15P$ 时，行业长期均衡时的厂商数量。

3. 假定某劳动市场的供求曲线分别为 $S_L = 100W$，$D_L = 60\,000 - 100W$，则：

（1）均衡工资为多少？

（2）假如政府对工人提供的每单位劳动课以 10 元的税，则新的均衡工资为多少？

◎ 分析题

谷歌因违反反垄断规定再遭欧盟重罚

2019 年 3 月，欧盟委员会对美国谷歌公司处以 14.9 亿欧元罚款，理由是谷歌滥用主导地位、排挤互联网广告服务领域的竞争对手。欧盟委员会说，谷歌主要通过其广告服务 AdSense 在合同中要求客户拒绝竞争对手的搜索广告。欧盟委员会负责竞争事务的委员玛格丽特·韦斯塔格表示，谷歌“非法滥用其在在线搜索广告市场的主导地位”。

这是欧盟两年内对谷歌开出的第三张巨额罚单，占谷歌 2018 年营业额的 1.29%。2017 年 6 月，欧盟委员会针对“谷歌购物”反垄断案做出裁决，对谷歌处以 24.2 亿欧元罚款。2018 年 7 月，欧盟委员会判定谷歌采取“非法限制措施”以加强其在搜索引擎方面的主导地位，对其处以 43.4 亿欧元罚款。

分析：欧盟委员会为什么要对谷歌进行处罚？这种处罚对市场竞争有什么意义？

◎ 实训项目

1. 请调查互联网平台寡头垄断的情况，并就产生这种情况的原因、影响及应对策略谈谈自己的认识，形成一份调查报告。

2. 了解你就读专业相关工种在全国不同地区的工资价位，写一篇调查分析报告。

3. 试着利用课余时间找一份兼职工作，分析工资的决定和变动，写一份心得体会。

项目四　民生经济问题

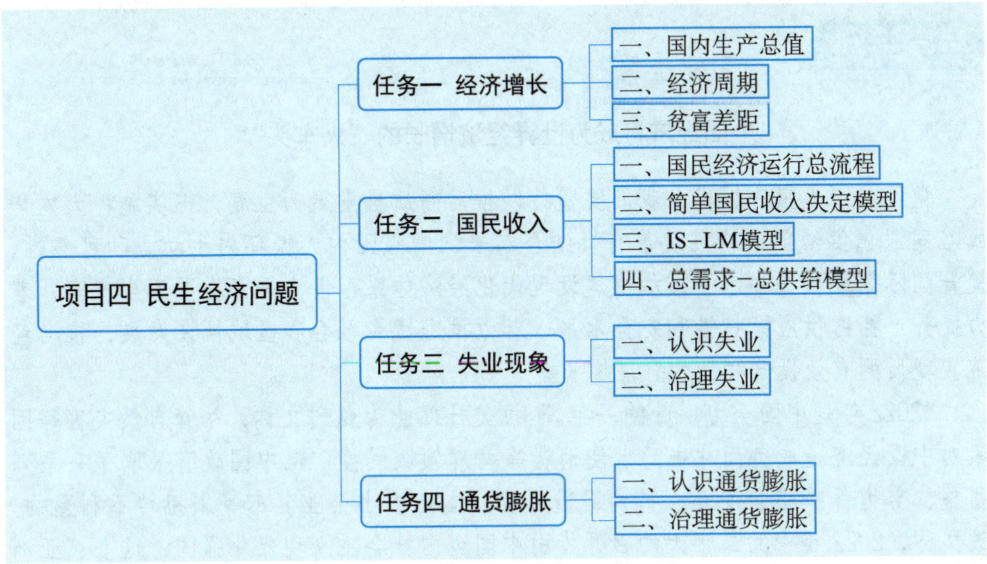

知识要求 / 教学重点

- 掌握经济增长的内涵和衡量指标，以及经济周期的特征和成因
- 掌握简单国民收入决定模型、IS–LM 模型、总需求 – 总供给模型
- 掌握失业的类型和通货膨胀的原因

能力目标 / 教学难点

- 能用支出法计算 GDP，能分析贫富差距的原因
- 能用 IS–LM 模型分析国家经济政策
- 能用总需求 – 总供给模型分析供给侧改革的思路
- 能运用 CPI 和 PPI 等数据分析通货膨胀现象

素养目标 / 课程思政

- 养成查询资料、逻辑分析和理性规划的习惯
- 理性对待失业和通货膨胀现象，做好人生规划
- 具有爱国情怀，建立民族自豪感，坚信社会主义制度自信

任务一　经济增长

导学案例

中国经济将成为世界经济增长的“火车头”

党的二十大报告提出，我们要坚持以推动高质量发展为主题，把实施扩大内需战略同深化供给侧结构性改革有机结合起来，增强国内大循环内生动力和可靠性，提升国际循环质量和水平，加快建设现代化经济体系，着力提高全要素生产率，着力提升产业链供应链韧性和安全水平，着力推进城乡融合和区域协调发展，推动经济实现质的有效提升和量的合理增长。

“2022年是中国全力以赴的一年。”拉美社以此为题刊文称，尽管自然灾害等因素对中国经济造成负面冲击，也使消费等关键领域受挫，但中国政府采取了一系列措施，努力保障粮食安全、扩大引进外资、支持中小企业复苏等来扭转不利影响。该文称，2022年中共二十大的召开指引中国迈向社会主义现代化强国，这个“亚洲巨人”将着力实现高质量发展，以打造坚实的物质基础，从而继续在成功的改革开放模式下推动社会主义事业进步。

统计数据显示，2022年中国第三季度GDP同比增长3.9%；前三季度高技术制造业、装备制造业增加值同比分别增长8.5%、6.3%；1—11月货物贸易进出口总值38.34万亿元，同比增长8.6%……一段时间以来，面对多重风险挑战，中国经济展现出强劲韧性和巨大活力，令国际社会对中国经济前景充满信心。

“中国经济对西方企业来说仍然是一个巨大机遇。”彭博社援引国际金融协会主席长阿克塞尔·韦伯的话说，如今出现的逆全球化趋势，即试图与中国经济“脱钩”，将极大阻碍世界经济增长，尤其是对发展中经济体而言。没有中国，全球经济就无法正常运行。

联合国、世界银行等机构近日纷纷发布经济展望报告，看好中国经济。首先，中国作为世界第二大经济体，经济增长的根基在于内需。随着我们国家经济政策把恢复和扩大内需摆在优先的位置，国内的需求正在持续恢复。其次，从外需来看，中国以高水平的对外开放有效应对全球经济放缓所带来的不确定性。因此，在全球经济增长放缓的背景下，中国经济将成为世界经济增长的“火车头”。

专家表示，中国已经形成了全球超大规模的消费市场，与世界各国的经贸关系日益密切。2023年，中国在制造业、服务业复苏的过程当中，所形成的巨大的市场推动力量，将更多地惠及周边国家，进而带动区域经济增长。

（资料来源：李嘉宝．外媒看好2023年中国经济前景：中国将是全球经济增长“最大动力”．人民日报海外版，2023-01-02.）

学习任务：

1.用什么来衡量经济增长？

2.中国近10年的经济增长率是多少？中国能保持经济高增长的原因是什么？

3.全球经济进入衰退期，各国经济格局的新变化会给我国带来什么样的机遇和挑战？

知识精讲

一、国内生产总值

经济增长（Economic Growth）是指一个国家或地区生产的物质产品和服务的持续增加，它意味着经济规模和生产能力的扩大，可以反映一个国家或地区经济实力的增长。目前，我国主要是用国内生产总值来测量经济增长。

（一）国内生产总值的定义

国内生产总值（Gross Domestic Product，GDP），是指经济社会（即一国或一个地区）在一定时期内（通常指一年）运用地区内的生产要素生产的全部最终产品（产品和劳务）的市场价值。国内生产总值是核算国民收入的核心变量，在理解其定义时，应注意以下几点：

（1）GDP是一个地域的概念。GDP测度的是一国或一个地区范围内生产的最终产品，其有严格的地域划分标准。

（2）GDP是流量的概念，而不是存量的概念。流量是一定时期内发生的变量，存量是一定时点上存在的变量。GDP是计算期内（如2023年）生产的最终产品价值的总和，因而是流量而不是存量。

（3）GDP测度的是一定时期内所生产的产品，而不是所售卖掉的产品。

（4）GDP测度的是最终产品，而不是中间产品。如果把中间产品的价值计入GDP，则会造成重复计算。

（5）GDP是一个市场价值的概念，这是因为所有产品的价值是以市场价格衡量的。

（6）GDP仅指市场活动导致的价值，不包括非市场交易（如家务劳动）和非生产性交易（指纯粹金融市场交易，如购买债券）带来的价值。

知识链接

其他国民收入衡量指标

1.国民生产总值（GNP）是指一国国民在一定时期内运用其所拥有的生产要素生产的全部最终产品（产品和劳务）的市场价值。需要指出的是，国民不只指个人，也包含企业。GNP以国籍为标准，测度本国国民在国内和国外的生产产值。联系GDP，可以得到GNP的表达式：

GNP = GDP + 本国国民在国外生产的部分 − 外国国民在本国生产的部分

2. 国内生产净值（NDP）是指从GDP中扣除所使用的资本设备的折旧后的价值，其公式为：

NDP = GDP − 折旧

3. 国民收入（NI）是指按生产要素收入计算的本国国民的收入。用公式表示如下：

NI = NDP − 企业间接税和转移支付 + 政府对企业的补贴

4. 个人收入（PI）是指一个国家或地区的所有个人在一定时期内（通常为一年）所得全部收入的总和。个人收入表示个人实际得到的收入，可以以此区别于国民收入，因为国民收入不可能全部支付给个人。个人收入的来源主要有三个，分别是企业、职工和政府。用公式表示：

PI = 工资 + 利息 + 租金 − 税收 − 社会保险费 + 政府转移支付

5. 个人可支配收入（DPI）是指税后的个人收入，即个人可以随意用于消费或储蓄的收入。用公式表示如下：

DPI = PI − 个人所得税

做中学

请根据所学知识，按照“国土原则”和“国民原则”，画图说明GDP和GNP的关系。

（二）国内生产总值的构成与核算

1. 支出法

支出法，又称为最终产品法、产品支出法或产品流动法。从社会经济的角度出发，支出法是把社会经济中各部门对最终产品的支出进行加总。其计算公式为：

GDP = C + I + G + （X − M）

式中，C为消费，I为投资，G为政府购买，X为出口额，M为进口额。

（1）消费（Consumption）。消费是指本国居民购买最终产品。消费支出包括三个部分，分别是耐用消费品支出、非耐用消费品支出、服务支出。耐用消费品支出包括汽车、家电等商品支出，非耐用消费品支出包括食品、服装等支出，服务支出包括医疗、教育、保险、理发、交通等方面的支出。

（2）投资（Investment）。投资包括固定资产投资和存货投资两部分。固定资产投资包括厂房投资、居民住房投资和机器设备投资。需要指出的是，购买当年新生产的固定资产算投资，而购买二手固定资产不能算投资。存货投资是指企业存货的增加量。

（3）政府购买（Government Purchase）。政府购买是指政府在商品和劳务上的支出，包括消费性支出和投资性支出两个部分。政府消费性支出是指各级政府购买开展日常行政事务活动所需要的商品和劳务支出，如科学研究、教育、卫生、国防、警察、公益事业及其他领域的支出；政府投资性支出是指各级政府用于各项公共投资的支出，如城市供水、公共交通、环保工程、灌溉设施和防洪排涝工程等。

政府转移支付是指政府在社会福利、保险、贫困救济和补助等方面的支出，包括养老金、失业救济金、退伍军人补助金、农产品价格补贴等。政府转移支付改变了收入分配，具有无偿性，是一种收入再分配的形式，但不计入政府购买。

（4）净出口（Net Export）。净出口是指商品和劳务的出口与进口之间的差额。用 X 表示出口，M 表示进口，则净出口 = X−M。净出口可能是正值，也可能是负值。当净出口＞0 时，贸易盈余；当净出口＜0 时，贸易赤字；当净出口 = 0 时，贸易平衡。净出口代表了外国对本国当期生产的最终产品和服务的净支出。

课堂讨论

以下生活中的经济现象，哪些可以计入 GDP？

（1）销售给本国企业的原材料的市场价值；（2）销售给外国企业的原材料的市场价值；（3）股票买卖的价格；（4）支付给证券经纪人的佣金；（5）银行助学贷款的利息；（6）私人向贫困大学生的捐赠；（7）妻子从事的家务劳动；（8）保姆从事的家务劳动。

2. 收入法

收入法，又称要素收入法或成本流量法，它是从收入的角度出发，把生产要素报酬（工资、地租、利息和利润）进行加总来计算国内生产总值。严格说来，用于最终产品消费的除了生产要素报酬外，还包括一些非要素收入部分，如间接税、折旧、公司未分配利润、政府对企业的补贴等。

（1）工资、利息和租金等生产要素的报酬。工资包括工作报酬、个人所得税和社会保险费等；利息实质上是货币资金的增值，如银行存款利息、企业债券利息等；租金包括出租土地、房屋等获得的租赁收入和转让专利、版权等获得的收入。

（2）利润。利润包括公司利润和非公司利润，均指税前利润。公司利润包括企业所得税、社会保险费、股东红利及公司未分配利润等；非公司利润指医生、律师、农民和小店店主等的收入。

（3）企业间接税和企业转移支付。企业间接税包括货物税、销售税和周转税；企业转移支付包括对非营利组织的捐款和消费者坏账。企业间接税和企业转移支付不是要素收入，但往往都会转嫁给消费者，也就是说两者都是最终产品价格的组成部分，故计入 GDP。

（4）资本折旧。折旧是资本的损耗，企业为维持原有资本存量，必须支出这部分成本，可以看作对最终产品的消费，故也计入 GDP。

综上所述，按收入法核算 GDP 的公式为：

GDP＝工资＋利息＋租金＋利润＋企业间接税和企业转移支付＋资本折旧

（三）名义 GDP、实际 GDP 和人均 GDP

1. 名义 GDP 和实际 GDP

名义 GDP 是用产品和劳务的当年价格计算的全部最终产品的市场价值。它衡量在两个不同时期经济中的产品产量的变化，以相同的价格或不变金额来计算两个时期所产生的所有产品的价值。实际 GDP 是用从前某一年作为基期的价格计算出来的当年全部最终产品的市场价值。

2. GDP 缩减指数

GDP 缩减指数，又称 GDP 平减指数，只反映物品与劳务的价格，用于对一国生产的商品和服务的价格相比基年上升了多少进行测度。计算公式如下：

GDP 缩减指数 =（名义 GDP/ 实际 GDP）× 100

3. 人均 GDP

人均 GDP 是人们了解和把握一个国家或地区的宏观经济运行状况的有效工具，常作为发展经济学中衡量经济发展状况的指标，用来说明一国的经济实力和富裕程度，是最重要的宏观经济指标之一。计算公式如下：

人均 GDP = 当年 GDP 总额 / 当年人口总数

式中，当年人口总数是当年年初与年末人口数的平均数。

做中学

请登录国家统计局网站，查询我国近 5 年的名义 GDP 和人均 GDP，并画图做简单分析。

二、经济周期

（一）经济周期的内涵

经济周期（Business Cycle），也称商业周期、景气循环，是指经济活动沿着经济发展的总体趋势所经历的有规律的扩张和收缩，是国民总产出、总收入和总就业的波动，是国民收入或总体经济活动扩张与紧缩的交替或周期性波动变化。

尽管各国的经济周期所经历的时间、波动的幅度千差万别，但经济周期大致可以分为两个阶段：一是扩张阶段，包括复苏和繁荣，它是总体经济活动的上升时期；二是收缩阶段，包括衰退和萧条，它是总体经济活动的下降时期。现代经济学关于经济周期的定义，建立在经济增长率变化的基础上，指的是增长率上升和下降的交替过程。

图 4-1 是经济周期波动的典型示意图，因此经济总体上保持着或多或少的增长，所以经济增长的长期趋势是正斜率的。

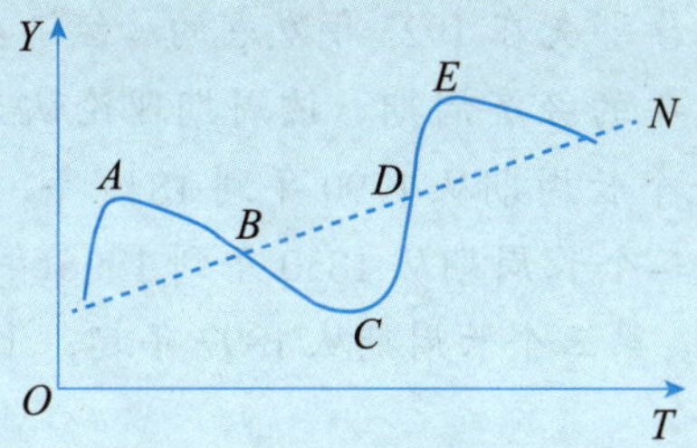

图 4-1　经济周期示意图

衰退阶段（即 A 到 B 阶段）是从繁荣到萧条的过渡时期，这时经济开始从顶峰 A 下降，由于消费需求的减少，投资也逐步减少，致使企业投资进一步减少，相应的社会收入也不断减少，但仍高于正常水平。

萧条阶段（即 B 到 C 阶段）是国民收入与经济活动低于正常水平的一个阶段。其特征是投资减少、产品滞销、价格下跌、企业利润下降、信用紧缩、生产减少、失业增加，公众对未来持悲观态度。萧条阶段的最低点 C 称为谷底，这时就业与产出水平跌至最低，但股票与商品的价格开始回升，存货减少，公众的情绪由悲观转为乐观。谷底是萧条的最严重时期，也是由萧条转向复苏的开始。

复苏阶段（即 C 到 D 阶段）是从萧条到繁荣的过渡时期，这时经济开始从谷底回升，就业增加，价格有所上升，但仍未达到正常水平。

繁荣阶段（即 D 到 E 阶段）是国民收入与经济活动高于正常水平的一个阶段。其特征是生产迅速增加、投资增加、信用扩张、物价水平上升、就业增加，公众对未来持乐观态度。繁荣阶段的最高点 E 称为顶峰，这时就业与产出水平达到最高，但股票与商品的价格开始下跌，存货增加，公众的情绪由乐观转为悲观。顶峰是繁荣的极盛时期，也是经济由繁荣转向衰退的开始。

知识链接

经济周期的类型

1. 短周期（基钦周期）

美国经济学家基钦在 1923 年发表的《经济因素中的周期与倾向》一文中，根据美国、英国 1890—1922 年的利率、物价、生产和就业等统计资料进行分析，认为企业生产过多就会形成存货，从而减少生产，存货周期为 2 ～ 4 年。因此经济学中一般把长度约为 40 个月的短周期称为“基钦周期”。

2. 中周期（朱格拉周期）

法国经济学家朱格拉在 1862 年出版的《论法国、英国和美国的商业危机以及发生周期》一书中指出，市场经济存在着一种为期 9～10 年的经济周期。该周期是以国民收入、失业率和大多数经济部门的生产、利润和价格的波动为标志加以划分的。

3. 长周期（康德拉季耶夫周期）

俄国经济学家康德拉季耶夫在 1925 年发表的《经济生活中的长期波动》一文中提出一种为期 50～60 年的经济周期。该周期理论认为，从 18 世纪末期以后，经历了三个长周期。第一个长周期从 1790 年到 1849 年，上升部分为 25 年，下降部分 35 年，共 60 年。第二个长周期从 1850 年到 1896 年，上升部分为 24 年，下降部分为 23 年，共 47 年。第三个长周期从 1897 年起，上升部分为 24 年，1920 年以后进入下降期。

4. 建筑周期（库兹涅茨周期）

1930 年美国经济学家库兹涅茨提出的一种为期 15～25 年，平均长度为 20 年左右的经济周期。由于该周期主要是以建筑业的兴旺和衰落这一周期性波动现象为标志加以划分的，因此也被称为“建筑周期”。

5. 综合周期（熊彼特周期）

1936 年熊彼特以他的创新理论为基础，对各种周期理论进行了综合分析后提出的。熊彼特认为，每一个长周期包括 6 个中周期，每一个中周期包括 3 个短周期。短周期约为 40 个月，中周期为 9～10 年，长周期为 48～60 年。他以重大的创新为标志，划分了三个长周期。第一个长周期从 18 世纪 80 年代到 1842 年，是“产业革命时期”；第二个长周期从 1843 年到 1897 年，是“蒸汽和钢铁时期”；第三个长周期从 1897 年以后，是“电气、化学和汽车时期”。在每个长周期中仍有中等创新所引起的波动，这就形成若干个中周期。在每个中周期中还有小创新所引起的波动，形成若干个短周期。

（二）经济周期的成因

1. 内生经济周期理论

内生经济周期理论认为，周期源于经济体系内部——收入、成本、投资在市场机制作用下的必然现象。

（1）消费不足理论。消费不足理论的出现较为久远，早期的代表人物有法国的西斯蒙第和英国的马尔萨斯，而近代则以霍布森为代表。该理论把经济的衰退归因于社会对消费品的需求赶不上消费品生产的增长。后来也有学者解释为过度储蓄引起的社会对消费品需求赶不上生产的增长，而储蓄过度的根源在于资本主义社会国民收入的分配不合理。该理论一个很大的缺陷是，它只解释了经济周期危机产生的原因，而未说明其他三个阶段。因而在内生经济周期理论中，它并不占有重要位置。

（2）投资过度理论。投资过度理论把经济的周期性循环归因于投资过度。由于投资过多，与消费品生产相对比，资本品生产发展过快。资本品生产的过度发展促使经济进入繁荣阶段，但资本品过度生产从而导致的过剩又会促进经济进入萧条阶段。这种投资的变动就引起了经济的周期性波动。

（3）纯货币理论。该理论主要是由英国经济学家霍特里在1913—1933年的一系列著作中提出的。纯货币理论认为货币供给量和货币流通速度直接决定了名义国民收入的波动，而且经济波动完全是由于银行体系交替地扩张和紧缩信用所造成的，尤其以短期利率起着重要的作用。

2. 外生经济周期理论

外生经济周期理论认为，周期源于经济体系之外的因素——太阳黑子、战争、革命、选举、金矿或新资源的发现、科学突破或技术创新等。

（1）创新理论。创新是奥地利经济学家熊彼特提出用以解释经济波动与发展的一个概念。所谓创新是指一种新的生产函数，或者说是生产要素的一种“新组合”。生产要素新组合的出现会刺激经济的发展与繁荣。当新组合出现时，老的生产要素组合仍然在市场上存在。新老组合的共存必然给新组合的创新者提供获利条件。而一旦用新组合的技术扩散，被大多数企业获得，停滞阶段也就临近了。

在停滞阶段，因为没有新的技术创新出现，很难刺激大规模投资，从而难以摆脱萧条。这种情况直到新的创新出现才被打破，才会有新的繁荣的出现。总之，该理论把周期性的原因归结为科学技术的创新，而科学技术的创新不可能始终如一、持续不断地出现，从而必然有经济的周期性波动。

（2）太阳黑子论。该理论由英国经济学家杰文斯于1875年提出，他把经济的周期性波动归因于太阳黑子的周期性变化。因为据说太阳黑子的周期性变化会影响气候的周期变化，而这又会影响农业收成，而农业收成的丰歉又会影响整体经济。太阳黑子的出现是有规律的，大约每十年左右出现一次，因而经济周期大约也是每十年一次。

（3）政治性理论。该理论把经济周期性循环的原因归为政府的周期性的决策（主要是为了循环解决通货膨胀和失业问题）。

3. 乘数－加速数理论

该理论是美国经济学家汉森和萨缪尔森在20世纪30年代提出来的，又称为汉森-萨缪尔森模型。一方面，当总需求因为外在的冲击发生而增加时，会通过乘数效应带来总产出的加倍增加；另一方面，总产出的增加又会通过加速数效应要求企业进行新的投资。需要注意的是，总产出的增加不是直接导致投资的增加，而是带来所需资本存量的增加，这个增加体现在投资数量上面，只是相对于上一个时期而言，投资会有所变化。

这样一来，一旦外生因素对总需求带来冲击，就会引发经济周期性波动。当总需求增加，总产出按照乘数效应增加，然后企业按照加速数效应进行投资，以形成匹配的资本。如果投资相对于上一个时期也增加了，那么总产出按照乘数效应增加。这就是经济扩张的过程。但是，经济扩张会自动走向尽头，因为投资增加会越来越少。一旦投资减少，总产出又会按照乘数效应加倍减少，从而引起经济收缩。

三、贫富差距

（一）洛伦兹曲线

洛伦兹曲线（Lorenz Curve）因由美国统计学家洛伦兹提出而得名，是指在一个国家或地区内，以人口百分比对应各个人口百分比的收入百分比的点组成的曲线，用以比较和分析一个国家在不同时代或者不同国家在同一时代的财富不平等的状况。如图 4–2 所示，横轴表示人口（按收入由低到高分组）的累积百分比，纵轴表示收入的累积百分比，弧线（$O\text{-}E_1\text{-}E_2\text{-}E_3\text{-}E_4\text{-}L$）为洛伦兹曲线。

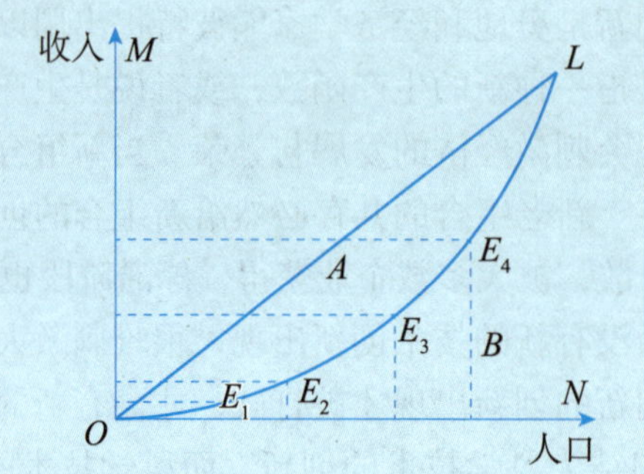

图 4–2　洛伦兹曲线

洛伦兹曲线的弯曲程度有重要意义。一方面，它反映了收入分配的不平等程度。弯曲程度越大，表示收入分配越不平等，反之亦然。特别是，如果所有收入都集中在一人手中，而其余人口均一无所获时，收入分配达到完全不平等，洛伦兹曲线成为折线 *ONL*。另一方面，若任一人口百分比均等于其收入百分比，从而人口累计百分比等于收入累计百分比，则收入分配是完全平等的，洛伦兹曲线成为通过原点的 45° 线 *OL*。

（二）基尼系数

基尼系数（Gini Coefficient）是衡量居民间收入差距的综合指标。该指标由意大利经济学家基尼在 20 世纪初提出。基尼系数是根据洛伦兹曲线，即收入分布曲线计算的。图 4–2 中，将洛伦兹曲线与 45° 线之间的部分 *A* 称为"不平等面积"，当收入分配达到完全不平等时，洛伦兹曲线成为折线 *ONL*，*ONL* 与 45° 线之间的面积（*A* 与 *B* 之和）称为"完全不平等面积"。不平等面积与完全不平等面积之比，称为基尼系数。

基尼系数 $G = A/(A + B)$

基尼系数的取值范围为 [0, 1]，给出了反映居民之间贫富差异程度的数量界线，较全面客观地反映居民之间的贫富差距，能预报、预警居民之间出现贫富两极分化。社会中每个人的收入都一样、收入分配绝对平均时，基尼系数是 0。全社会的收入都集中于1个人、收入分配绝对不平均时，基尼系数是1。现实生活中，两种情况都不可能发生。每个人的收入有多有少，差距大时，基尼系数就高，差距小时，基尼系数就低。

国际上普遍采用基尼系数来衡量收入分配平等程度，其评价标准如表4-1所示。

表4-1　基尼系数国际评价标准

基尼系数	<0.2	0.2～0.3	0.3～0.4	0.4～0.5	≥0.5
收入分配平等程度	绝对平等	比较平等	基本合理	差距较大	差距悬殊

注：0.4为警戒线

价值提升

优化社会保障制度是推进共同富裕的重要举措

2021年8月17日，习近平总书记主持召开中央财经委员会第十次会议时强调指出：共同富裕是社会主义的本质要求，是中国式现代化的重要特征，要坚持以人民为中心的发展思想，在高质量发展中促进共同富裕。把握新发展阶段，贯彻新发展理念，构建新发展格局，优化社会保障制度，是扎实推进共同富裕发展的重要举措。

一、社会保障制度是共同富裕的稳定器

要发挥中国特色社会主义的制度优势，建立科学的公共政策体系，处理好效率与公平的关系，形成人人享有的合理分配格局，缩小收入分配差距，实现覆盖的全民性、内容的全面性、建设主体的共建性、过程的渐进性、目标的共享性的共同富裕。而要达到这一目的，发展完善社会保障制度是重要行动途径和制度保障。作为现代国家文明制度安排的社会保障制度，其价值导向和目标追求，就是通过保障与改善民生、调节收入分配、促进社会公正、实现人民共享经济发展成果，实现共同富裕。

二、优化制度设计，健全制度体系

要推进基本养老保险和医疗保险改革，健全保险转移接续制度，提升统筹层次，建立适合老龄化社会需求的长期护理保险制度和医养融合型养老服务体系，逐步消除制度碎片，提高制度统一性、公平性和便携性。

推进医疗保险体制和支付体制改革，充分发挥公立医院在人民健康和全生命周期卫生健康服务保障中的作用，加快推进健康中国建设。推动城乡居民基本医疗保险一体化建设；增强失业保险制度的适应性与灵活性，扩展失业保险制度预防失业和稳定就业的保障功能；加大生育保险、工伤保险与医疗保险的整合以及科学优化设计。

要健全分层分类的社会救助体系。要统筹社会保障四大基本项目——社会保险、社会救助、社会福利、社会优抚，与慈善事业、商业保险补充保障规划实现功能衔接和互补，建立初次分配、再分配以及第三次分配互动协调机制，兼顾公平与效率，实现社会保障的均衡充分发展。

思考：

1. 我国实行的“五险一金”制度的内涵是什么？
2. 为什么要扎实推动实现共同富裕的目标？
3. 实现共同富裕要靠什么？请谈谈你的看法。

任务二 国民收入

导学案例

走活中国经济“大棋局”

构建以国内大循环为主体、国内国际双循环相互促进的新发展格局，是以习近平同志为核心的党中央基于我国发展阶段、环境、条件变化而做出的重大战略决策，意义和作用极为重大。

构建新发展格局明确了推进我国经济高质量发展的主要思路是建立“增长—结构—循环”的新发展框架。经济发展质量提升的一个重要方面就是提高发展的整体性和协调性，这两方面都要求必须打通阻碍国民经济循环的各种“堵点”，畅通国民经济循环，形成灵敏有效的正负反馈回路，从而显著提高经济运行的质量和水平。

“十四五”落实以构建新发展格局为核心的新战略思路，必须两手抓，一手抓中长期规划的实施，另一手则是抓宏观调控，保持经济高效顺畅运行。搞好新发展阶段宏观调控，必须以新发展战略为指引，在宏观调控目标、思路和手段等方面进一步创新，进一步提高党和政府驾驭宏观经济的能力。

一、准确把握构建新发展格局的内涵

（1）必须始终牢牢把握扩大内需这个战略基点。新发展阶段，我国经济社会的一个最重要的变化就是经济发展方式与动能的转换，不仅表现为经济发展动力必须从要素驱动和投资驱动转向创新驱动，而且就内外部经济关系来讲，必须从依靠国际大循环发展模式发挥比较优势转向主要依靠挖掘超大规模内需的潜力、畅通国民经济循环来提高经济发展质量和效益上。

（2）明确要以畅通国民经济循环为主来构建新发展格局。当前国内国际循环的连接和延展的外部循环部分面临不少干扰和困难，必须着力畅通国民经济循环，以提高发展的整体性、协调性和稳定性，从而提高宏观经济运行质量与效率，这是提高我国经济发展质量的一个关键点。

（3）坚持供给侧结构性改革这个战略方向，促进新发展格局的形成。强调形成以国内大循环为主体的新发展格局就是要通过深化供给侧结构性改革，拆除和清理影响国内大循环畅通的各种堵点，达到“使生产、分配、流通、消费更多依托国内市场，提升供给体系对国内需求的适配性，形成需求牵引供给、供给创造需求的更高水平动态平衡”的目的。

（4）新发展格局绝不是封闭的国内循环而是开放的国内国际双循环。构建新发展要继续全面扩大开放，使国内国际双循环相互促进，目的是在世界百年未有之大变局下重塑我国国际合作和竞争新优势。

二、重点梳理影响国民经济高效循环的“重要堵点”，在“畅通”上下足功夫

当前影响国民经济循环的重要堵点主要有：房地产长期泡沫化发展，既是“收入—财富分配—消费”循环不畅的重要堵点，也是导致金融与实体经济循环不畅的重要原因；利率双轨制是导致金融“空转”、影子银行快速发展的主要原因，是导致金融与实体经济循环不畅的主要“堵点”；在金融与实体经济循环中，还存在一个重要的“堵点”，即“金融结构性梗阻”；“僵尸企业”的长期存在，是阻碍“生产—消费”循环的重要“堵点”；服务业准入限制过多，是导致“生产—消费”循环不畅的另一个重要“堵点”；税制结构不合理导致国民经济多个子循环“梗阻”；从国内循环与国际大循环关系看，我国重要产业多采取融入全球产业链的模式，参与全球经济大循环，且处于全球产业链的中低端，导致不少核心技术受限于人、产业升级受到严重阻碍等问题，即构成了产业链梗阻。

解决这些堵点，关键是深化供给侧结构性改革。围绕坚持和完善中国特色社会主义制度、推进国家治理体系和治理能力现代化，推进更深层次改革，实行更高水平开放，为构建新发展格局提供强大动力。同时，要确定新的宏观调控指标，增加反映“循环”畅通性与效率的统计指标，改革与完善我国宏观调控框架，保证短期经济高效运行。特别是要利用各种互联网平台和大数据，丰富宏观经济数据库、创新宏观经济分析方法，特别是增加反映经济循环数据的统计和监控，提高政府对宏观经济形势的监测和分析能力。

（资料来源：王小广．走活中国经济“大棋局”．学习时报，2020-12-02.）

学习任务：

1.如何理解“构建以国内大循环为主体、国内国际双循环相互促进的新发展格局”？

2.我国构建新发展格局目标是什么？应该侧重在哪些方面进行改革？

3.供给侧结构性改革的理论依据是什么？

知识精讲

一、国民经济运行总流程

（一）两部门经济流程

两部门经济是指经济体系中只存在企业与居民两个主体的经济。这种经济没有折旧、间接税收、政府支出、进出口贸易，是一种最简单的经济。居民通过向企业

提供各种生产要素，从企业那里得到相应的货币收入；同时居民用挣来的钱去购买企业生产的产品，货币支出又流向企业，企业继续生产。居民不将所有的收入都用于消费，那么就会有储蓄，储蓄流入金融市场，企业从金融市场得到贷款进行再投资。两部门经济流程如图 4–3 所示，一国的宏观经济要想平衡，其条件是：居民挣的钱全花了，企业生产的产品全卖了，这样宏观经济就能够正常运行了。

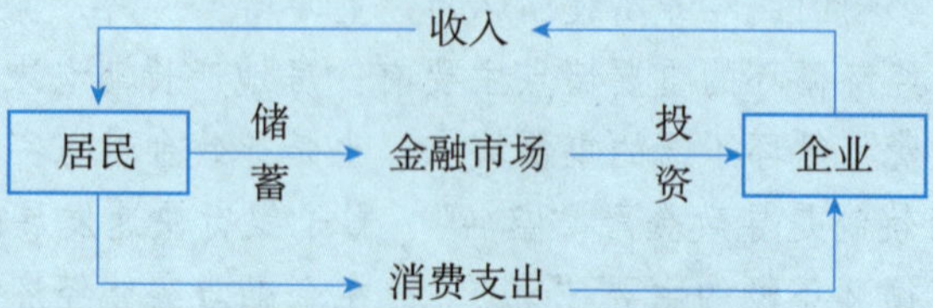

图 4–3　两部门经济流程

因此可以得出宏观经济平衡的最重要条件：储蓄 = 投资。

在两部门经济中，从总需求（支出）角度来看，总需求（Aggregate Demand）分为居民的消费需求（支出）和企业的投资需求（支出），即：总需求 = 消费（C）+ 投资（I）= 国内生产总值。如果以 AD 代表总需求，以 Y 代表用支出法计算的国内生产总值，以 C 代表消费，以 I 代表投资，则可以把上式写为：

$$AD = Y = C + I$$

从总供给（收入）角度看，总供给（Aggregate Supply）是全部产品与劳务供给的总和，产品与劳务是由各种生产要素生产出来的，所以，总供给是各种生产要素供给的总和。用 AS 代表国民收入，C 代表消费，S 代表储蓄，则可以得到公式：总供给 = 各种要素供给的总和 = 国民收入（Y）= 工资＋利息＋租金＋利润 = 消费（C）+ 储蓄（S），即：

$$AS = C + S$$

总需求与总供给的恒等式就是：

$$C + I = C + S$$

如果两边同时消去 C，则可以写为：

$$I = S$$

在凯恩斯的宏观经济模型中，两个部门经济要想正常运行，平衡的条件是储蓄一定要等于投资。

（二）三部门经济流程

三部门经济是由居民、企业与政府组成的经济社会。政府向厂商和消费者征税，同时向厂商购买产品，向居民购买劳动。因此，政府与居民、企业之间的货币流动是双向的，如图 4–4 所示。

在三部门经济中，从总需求（支出）角度来看：

总需求 = 消费需求（消费支出）+ 投资需求（投资支出）+ 政府需求（政

府支出）= 消费（C）＋投资（I）+ 政府购买（G）

用字母表示为：

$$AD = Y = C + I + G$$

从总供给（收入）角度来看：

国民收入 = 各种生产要素收入总和 = 消费（C）+ 储蓄（S）+ 税收（T）

用字母表示为：

$$AS = Y = C + S + T$$

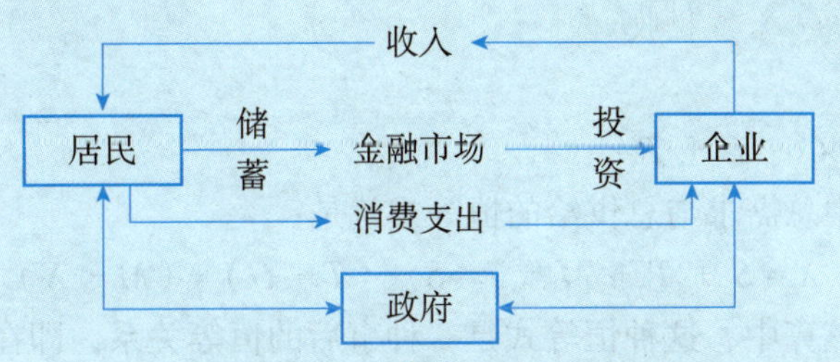

图 4-4　三部门经济流程

三部门经济中总需求和总供给的恒等式就是：

$$AD = AS$$

即 $I + G = S + T$ 或 $I = S + (T - G)$

（三）四部门经济流程

四部门经济是指由企业、居民、政府和国外部门这四种经济单位所组成的经济社会。在这种经济系统中，一方面，国外部门作为供给者向国内三部门提供产品，就是进口；另一方面，国外部门作为需求者购买国内产品，就是出口。当国外部门加入进来时，宏观经济平衡的条件是出口等于进口。

如果出口大于进口，就会出现贸易顺差，外汇就会流进来。如果进口大于出口，就会表现为贸易逆差。无论是贸易顺差，还是贸易逆差，都是宏观经济不平衡的表现。这时，经济流程如图 4-5 所示。

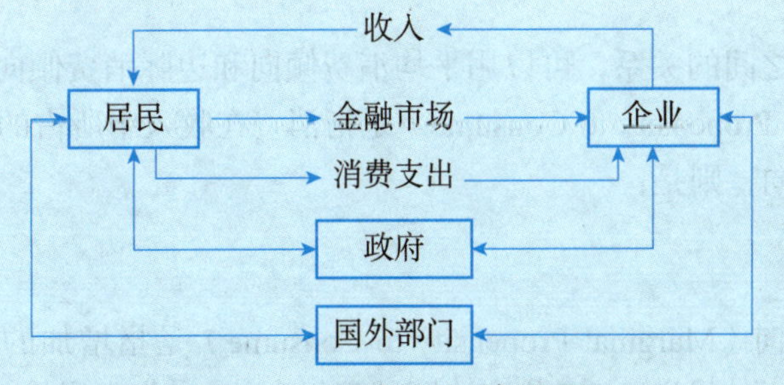

图 4-5　四部门经济流程

四部门经济中，从总需求（支出）角度来看：

总需求（AD）= 国内生产总值（Y）

= 消费需求 + 投资需求 + 政府需求 + 国外需求

= 消费（C）+ 投资（I）+ 政府购买（G）+ 净出口

即：

$$AD = Y = C + I + G + (X - M)$$

从总供给（收入）角度来看：

总供给（AS）= 国民收入（Y）= 各种生产要素收入总和 = 消费 + 储蓄 + 税收

即：

$$AS = Y = C + S + T$$

四部门经济中总需求与总供给的恒等式就是：

$$I + G + X = S + T + M \text{ 或 } I = S + (T - G) + (M - X)$$

在国民收入核算中，这种恒等式是一种事后的恒等关系，即在一年的生产与消费之后，从国民收入核算表中所反映出来的恒等关系。这种恒等关系，也是国民收入决定理论的出发点。但在一年的生产活动过程中，总需求与总供给并不总是相等的。有时总需求大于总供给，也有时总供给大于总需求。

二、简单国民收入决定模型

假设消费者的所有可支配收入用于消费和储蓄，消费是居民在购买物品和劳务上的支出，储蓄则定义为没有用于消费的那部分收入。

在简单的国民收入决定理论中，我们假定总需求中的其他部分不变，仅考虑总需求中消费的变动对总需求的影响。这样就先要了解消费函数以及相关的储蓄函数。

（一）消费函数

消费函数（Theory of Consumption Function）是消费与收入之间的依存关系。在其他条件不变的情况下，消费支出随收入的变动而同方向变动，即收入增加，消费增加；收入减少，消费减少。如果以 C 代表消费，Y 代表收入，则消费函数就是：

$$C = f(Y)$$

消费与收入之间的关系，可以用平均消费倾向和边际消费倾向来说明。平均消费倾向（Average Propensity to Consume）是指消费在收入中所占的比例。如果 APC 代表平均消费倾向，则是：

$$APC = \frac{C}{Y}$$

边际消费倾向（Marginal Propensity to Consume）是指增加的消费在增加的收入中所占的比例。如果以 MPC 代表边际消费倾向，ΔC 代表增加的消费，以 ΔY 代表增加的收入，则是：

$$MPC=\frac{\Delta C}{\Delta Y}$$

凯恩斯认为，消费和收入之间存在一种以经验为依据的稳定关系，即个人的消费随着收入的变化而变化。一般地，人们收入水平越高则消费水平越高，但消费增长的比例小于收入增长的比例。

如果消费与收入之间存在线性关系，那么边际消费倾向是一个常数。消费函数可以表示为：

$$C=f(Y)=a+bY$$

公式中，a 和 b 都是大于零的常数。a 为自发消费或基本消费，表示收入为零时的消费量。b 为边际消费倾向，bY 表示随着收入的变化而变化的消费，即引致消费。如：$C-350+0.7Y$，这个函数式表示，人们基本消费为 350，而增加的收入中有 70% 用于消费。

（二）储蓄函数

储蓄函数（Saving Function）是储蓄与收入之间的依存关系。在其他条件不变的情况下，储蓄随收入的变动而同方向变动，即收入增加，储蓄增加；收入减少，储蓄减少。如果以 S 代表储蓄，则储蓄函数就是：

$$S=f(Y)$$

储蓄与收入之间的关系，可以用平均储蓄倾向和边际储蓄倾向来说明。平均储蓄倾向（Average Propensity to Save）是指储蓄在收入中所占的比例。如果以 APS 代表平均储蓄倾向，则是：

$$APC=\frac{S}{Y}$$

边际储蓄倾向（Marginal Propensity to Save）是指增加的储蓄在增加的收入中所占的比例。如果以 MPS 代表边际储蓄倾向，以 ΔS 代表增加的储蓄，则是：

$$MPS=\frac{\Delta S}{\Delta Y}$$

因为全部的收入分为消费与储蓄，所以：

$$APC+APS=1$$

同样，全部增加的收入分为增加的消费与增加的储蓄，所以：

$$MPC+MPS=1$$

（三）简单国民收入决定

均衡国民收入是总需求等于总供给时的国民收入。国民收入水平是由总需求和总供给共同决定的。潜在的国民收入是充分就业时的国民收入，也就是社会资源既无闲置也无浪费时的国民收入。

简单的国民收入决定模型有以下假设：

（1）各种资源没有得到充分利用，全社会没有达到充分就业的水平；或者说，只要有失业现象存在，国民收入水平就有继续提高的潜力。

（2）价格水平既定，这可以不考虑货币因素的影响，使问题分析简单化。

（3）利息率水平既定，也就是说，不考虑利息率变动对国民收入水平的影响，因为利率是资本的价格。

即在总需求中只考虑消费和投资对国民收入的影响，这是凯恩斯主义分析宏观经济问题的基本出发点，由此形成的逻辑思路是消费和投资影响需求，需求决定供给。

由于均衡国民收入被定义为总需求与总供给相等时的国民收入，因此当不考虑总供给这一因素时，影响均衡的国民收入水平就是由总需求决定的。如图 4-6 所示，横轴 Y 代表国民收入，纵轴 AD 代表总需求，45° 线表示总需求等于总供给。AD_0 代表总需求水平，它是一条角度小于 45° 向右上方倾斜的直线，不考虑总需求变动的情况下，AD_0 与 45° 线相交于 E 点，决定了均衡的国民收入水平为 Y_0。在 E 点以右，居民的消费和厂商的投资小于总供给，这会促使企业缩小生产规模，企业存货下降，总供给下降，直至均衡点；在 E 点左边，居民的消费和厂商的投资大于总供给，此时，居民的消费和厂商的投资大于总供给，这使企业扩大生产规模，供给趋于上升，直到等于均衡水平 E 及 Y_0。在 E 点，居民消费加上企业投资恰好等于总供给，即总供给等于总需求，均衡状态的国民收入是 Y_0。

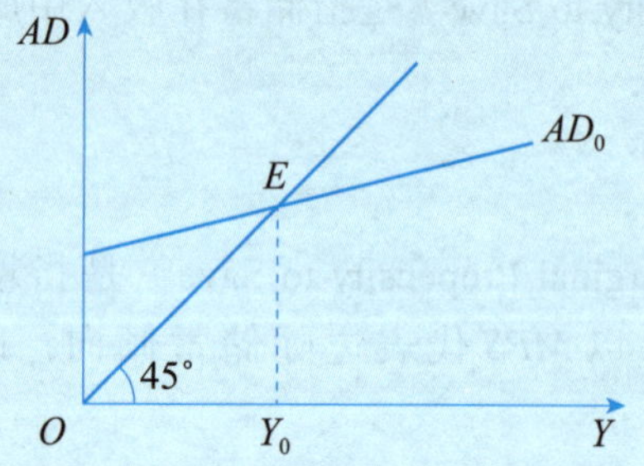

图 4-6　简单国民收入决定模型

所以，总需求小于或大于总供给，都会促成总供给的调整。当总需求等于总供给时，国民收入（总产出量）既不增加，也不下降，处于均衡状态，由此决定了均衡的国民收入 Y_0，即 $Y_0 = C_0 + I_0$。

（四）乘数理论

在宏观经济体系中，各种经济变量是相互制约、相互影响的，一个变量的变化必然引起其他相关变量的连锁反应。这种由某一变量初始的微小变动所引致的另一变量（国民收入）的最终巨大变动就是乘数原理。

1. 投资乘数（k_i）

投资乘数就是国民收入的增量与投资的增量之间的比率。如果用 k_i 表示投资乘数，用 Δy 表示收入的增量，用 Δi 表示投资的增量，则投资乘数可用公式表示为：

$$k_i=\frac{\Delta y}{\Delta i}$$

假定在一个两部门经济中，投资增加了 1 000 亿元，边际消费倾向是 0.8，当 1 000 亿元被用于购买投资品时，投资品生产部门得到 1 000 亿元的收入，导致社会收入第一次增加 1 000 亿元。由于边际消费倾向是 0.8，增加的 1 000 亿元中的 800 亿元被用来购买消费品，消费品生产部门得到 800 亿元的收入，导致社会收入第二次增加了 800 亿元。同样，消费品生产部门也会将 800 亿元中的 640 亿元用于消费，导致社会收入第三次增加了 640 亿元。以此类推，国民收入最终增加的情况如下：

$$\begin{aligned}\Delta y&=1\,000+1\,000\times0.8+1\,000\times0.8^2+1\,000\times0.8^3+\cdots\\&=1\,000\times(1+0.8+0.8^2+0.8^3+\cdots)\\&=1\,000\times\frac{1}{1-0.8}\\&=5\,000\end{aligned}$$

也就是说，投资增加 1 000 亿元，最终导致国民收入增加了 5 000 亿元，即投资乘数为 5，如果用 b 表示边际消费倾向，则可以计算出国民收入增量与投资增量之间用边际消费倾向表示的倍数关系：

$$\begin{aligned}\Delta y&=\Delta i+b\Delta i+b^2\Delta i+b^3\Delta i+\cdots=\Delta i\times(1+b+b^2+b^3+\cdots)\\&=\Delta i\times\frac{1}{1-b}\end{aligned}$$

可见，在两部门经济中，投资乘数可以用公式表示为：

$$k_i=\frac{\Delta y}{\Delta i}=\frac{1}{1-b}=\frac{1}{1-MPC}=\frac{1}{MPS}$$

由上述公式看出，投资乘数的大小与边际消费倾向或边际储蓄倾向有关，边际消费倾向越大或者说边际储蓄倾向越小，投资乘数就越大，投资增加带来的国民收入增量也就越大，反之亦然。

做中学

假定在一个两部门经济中某国消费函数为 $C=600+0.9Y$，投资为 700 亿元，请计算该国的均衡收入、消费、储蓄和投资乘数各为多少？

解答：在两部门经济中 $Y=C+I$（均衡条件），$C=a+bY$（消费函数）。联立两个方程可得 $Y=(a+I)/(1-b)$。本题中 $a=600$，$b=0.9$。

根据已知条件可解得均衡收入为 13 000 亿元，消费为 12 300 亿元，储蓄为 700 亿元，投资乘数为 10。

2. 政府购买支出乘数（k_g）

政府购买支出乘数是指收入的变动与引起这种变动的政府购买变动的比率，以 Δy 表示收入变动，以 ΔG 代表政府购买支出的增加量，则有：

$$k_g = \frac{\Delta y}{\Delta G} = \frac{1}{1-b}$$

由此可见，政府购买支出乘数与投资乘数相等。

3. 税收乘数（k_t）

税收乘数是指收入变动与引起这种变动的税收变动的比率。税收乘数有两种：一种是税率变动对总收入的影响，另一种是税收绝对量的变动对总收入的影响。政府税收是对公共收入的扣除，居民会因此而减少可支配收入。居民可支配收入的减少，在边际消费倾向不变的条件下，支出会随之减少。而支出减少会发生乘数作用，使国民产出成倍地减少；反之，降低税收也会发生相反的过程而使国民产出成倍增长。所以，单纯税收的增减而引起的国民产出变动额是反向运动的。如果以 ΔT 代表政府税收的增加量，则有：

$$k_t = \frac{\Delta y}{\Delta T} = \frac{-b}{1-b}$$

4. 政府转移支付乘数（k_{tr}）

政府转移支付乘数是指收入变动与引起这种变动的政府转移支付变动的比率。政府转移支付增加时，人们的可支配收入增加，从而消费会随之增加，总支出和国民收入也会增加，因此政府转移支付乘数为正值，用 Δtr 表示政府转移支付的增加量，则有：

$$k_{tr} = \frac{\Delta y}{\Delta tr} = \frac{b}{1-b}$$

5. 对外贸易乘数（k_x）

假设出口增加 Δx，则有：

$$y + \Delta y = \frac{1}{1-b+\gamma}(a + i + g - bt + x - m_0) + \frac{1}{1-b+\gamma}\Delta x$$

$$\Delta y = \frac{1}{1-b+\gamma}\Delta x$$

$$k_x = \frac{1}{1-b+\gamma}$$

式中，γ 为边际进口倾向。在封闭经济中，投资、政府支出增加时，国民收入增加的倍数是 $\frac{1}{1-b}$，而在开放经济中确是 $\frac{1}{1-b+\gamma}$，乘数变小了，这主要是因为增加的收入的一部分要用到进口商品上去。

三、IS-LM 模型

IS-LM 模型是说明产品市场与货币市场同时达到均衡时国民收入与利息率决定的模型。在这里，I 是指投资，S 是指储蓄，L 是指货币需求，M 是指货币供给。IS 为投资储蓄（Investment Saving），LM 为流动性偏好货币供给（Liquidity-preference Money-supply）。这一模型在理论上是对总需求分析的全面高度概括，在政策上可以用来解释财政政策与货币政策，因此，它被称为整个宏观经济学的核心。

（一）*IS* 曲线

IS 曲线是产品市场达到均衡的条件下，即投资（I）= 储蓄（S）时，利率与国民收入之间存在反方向变动关系的曲线。*IS* 曲线如图 4-7 所示，横轴代表国民收入 Y，纵轴代表利率 r。由于投资与利率负相关，利率降低将使得投资增加，投资的增加最终促使国民收入增加，因此 *IS* 曲线是一条向右下方倾斜的曲线。

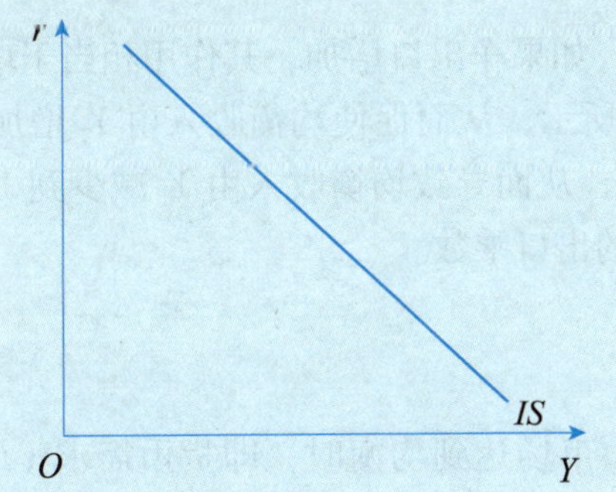

图 4-7 *IS* 曲线

（二）*IS* 曲线的移动

影响 *IS* 曲线移动的主要因素有以下几个方面：

1. 投资需求变动

如果其他条件不变，而投资者对投资前景乐观，自发性投资水平上升，则在每一利率水平上，投资需求会增加，*IS* 曲线相应右移。在每一利率水平上国民收入相应增加，增加的幅度为投资需求增加额乘以投资乘数。

2. 政府支出及税收的变动

如果其他条件不变，而政府实行扩张性财政政策，增加政府支出或减免税额，其作用都类似于增加投资或刺激消费，则 *IS* 曲线右移，从而促使均衡收入由 Y_1 增加到 Y_2；反之，如果政府实行紧缩性财政政策，减少政府支出或增加税额，其作用都类似于减少投资或是消费水平下降，因此 *IS* 曲线将左移，从而导致均衡收入由

Y_1 减少到 Y_3，其移动的水平距离分别为政府支出和税额的变动量乘以支出乘数。*IS* 曲线的移动情况如图 4-8 所示。

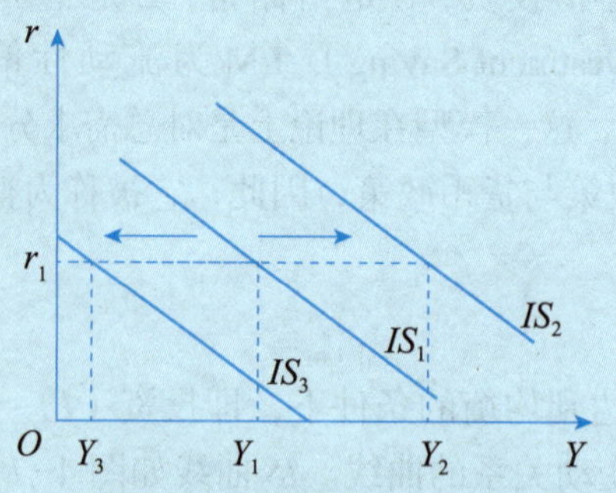

图 4-8 *IS* 曲线的移动

3. 净出口额变动

在其他条件不变时，如果净出口增加，其作用相当于增加了自发性支出，因此 *IS* 曲线右移，如图 4-8 所示，从而促使均衡收入由 Y_1 增加到 Y_2；反之，如果净出口减少，则 *IS* 曲线左移，从而导致均衡收入由 Y_1 减少到 Y_3。其移动的距离为净出口额的变动量乘以相应的出口乘数。

（三）*LM* 曲线

LM 曲线是描述货币市场达到均衡时，即货币需求（*L*）= 货币供给（*M*）时，国民收入与利息率之间存在同方向变动关系的曲线。

以纵轴代表利率，以横轴代表居民收入，则可得到一条反映利率（*r*）和居民收入（*Y*）之间相互关系的曲线，即 *LM* 曲线，如图 4-9 所示。*LM* 曲线上任何一点都是 $L = M$，即货币市场上实现了均衡。*LM* 曲线向右上方倾斜，表明在货币市场上实现了均衡时，利息率与居民收入呈同方向变动，即利息率高则居民收入高，利息率低则居民收入低。

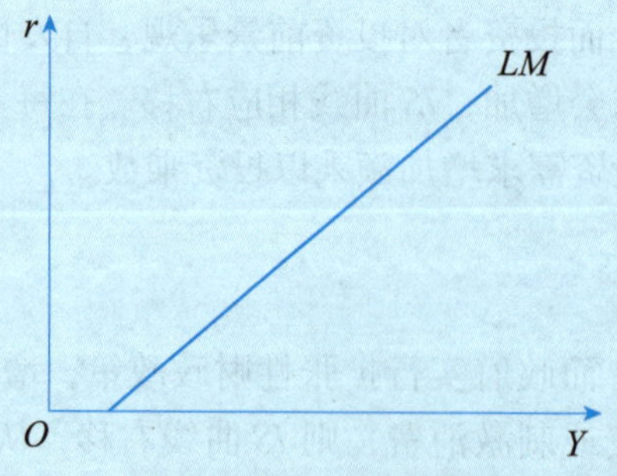

图 4-9 *LM* 曲线

知识链接

货币需求和货币供给

一、货币需求

货币需求是指人们愿意以货币形式保存财富的数量。按照凯恩斯主义的说法，人们需要货币出于三个动机：

（1）交易动机。交易动机是指企业和个人需要货币是为了进行正常的交易活动。就个人或家庭而言，一般是定期取得收入、经常需要支出。为购买日常所需的生活资料，他们经常要在手中保持一定数量的货币。

（2）预防动机。预防动机是指人们为了应付不可预见的事件所要进行的支付的动机。人们需要持有一定数量的货币以防万一。可见，预防需求的产生是由于人们对未来收入和支出的不确定性。这部分货币需求也与收入成正比。

出于交易动机和预防动机的货币需求对利率不太敏感，因为这两种用途所保留的货币在生活和生产中是不可缺少的。用 Y 表示收入，L_1 表示货币需求，k 是人们为满足交易和预防动机所需的货币量同收入的比例关系，则：

$$L_1 = kY$$

（3）投机动机。投机动机是指由于市场利率的不确定，人们为了避免资产损失或增加资本收益，需要及时调整资产结构，因而形成的货币需求。凯恩斯认为，用于投机目的的货币需求对利率极为敏感。利率升高，人们将不愿意持有货币而情愿将货币转换为其他形式的财产（如债券、股票等）。现实生活中，债券未来的市场价格是随利率的变化呈反方向运动的，所以预期未来利率下降、债券价格上涨的人就会抛出货币购进债券，以备日后债券价格上涨时用高价抛出，此时，货币的投机需求减少；反之，则货币的投机需求增加。

货币的投机需求与收入关系不大，它受利率的影响最大，且二者呈反向变化，即利率越高，投机的货币需求越少；反之，利率越低，投机的货币需求越多。用 L_2 表示货币的投机需求，用 r 表示利率，h 表示货币的投机需求量对实际利率的反应程度，可称为货币需求的利率弹性，三者的关系可简单表示为：

$$h = \Delta L_2/\Delta r$$

则货币的投机需求与利率的关系可表示为：

$$L_2 = L_2(r) = -hr$$

如果用横轴表示货币的需求量，用纵轴表示利率，那么货币的需求曲线 L 可表示为：

$$L = L_1 + L_2 = kY - hr$$

如图 4-10 所示，L_1 为货币的交易需求曲线，由于 L_1 取决于收入，与利率无关，所以是一条垂直线，L_2 为货币的投机需求曲线，它最初向右下方倾斜，表示货币的投机需求量随利率的下降而增加，即货币的投机需求与利率呈反方向变动关系；然后呈水平状，在这一区段，即使货币供给增加，利率也不会降低。

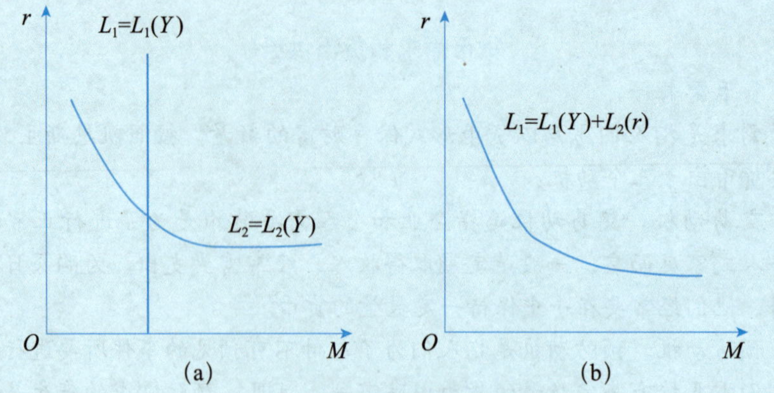

图 4-10　货币的需求曲线

二、货币供给

货币供给是指一定时期内一国银行系统向经济中投入、创造、扩张（或收缩）货币的金融过程。货币供给量由中央银行供给基础货币，商业银行创造存款货币构成。

货币的供给只能由国家货币管理当局“生产”，供给的数量取决于国家货币管理当局的货币政策，供给的目的不是营利，因此货币的供给影响利率，但不受利率影响。如果用横轴表示货币的供给量，用纵轴表示利率，货币的供给曲线 *MS* 是一条垂直于横轴的直线，如图 4-11 所示。

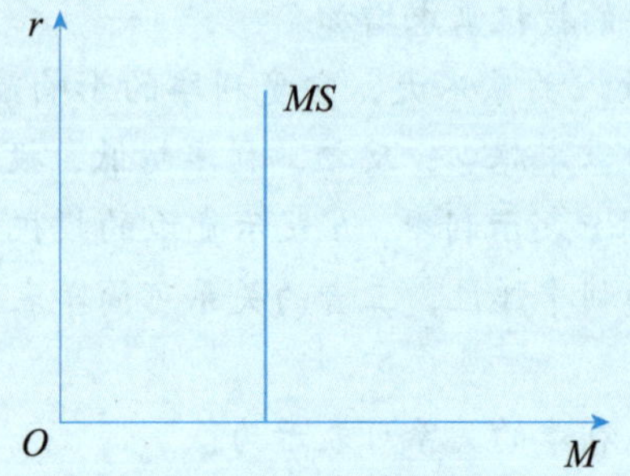

图 4-11　货币的供给曲线

（四）LM 曲线的移动

货币需求和货币供给的变化都会影响 *LM* 曲线发生相应的变动，如图 4-12 所示。

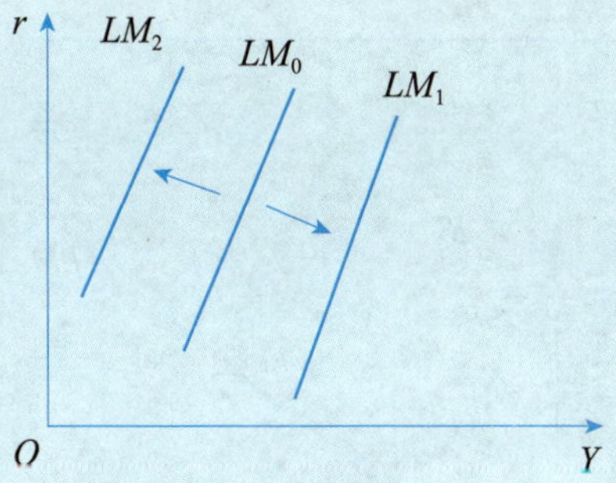

图 4-12　*LM* 曲线的移动

1. 货币供给的变动

如果其他条件不变，货币供给量的变动将导致 *LM* 曲线的同方向移动，即货币供给增加，使 *LM* 曲线向右下方移动；货币供给减少，使 *LM* 曲线向左上方移动。因为当货币需求不变时，货币供给增加必然使利率下降，利率下降又刺激投资和消费，从而使国民收入增加；反之亦然。

2. 货币投机需求变动

如果其他条件不变，货币投机需求增加，*LM* 曲线将向左上方移动；如投机需求减少，则 *LM* 曲线将向右下方移动。这是因为货币供给不变时，货币投机需求增加，货币市场上将出现供不应求，这导致利率上升，同时导致国民收入下降，从而 *LM* 曲线向左上方移动；反之，货币投资需求减少，则 *LM* 曲线向右下方移动。

3. 货币交易需求变动

如果其他条件不变，货币交易需求增加，货币市场上也会供不应求，同样会导致利率上升，国民收入下降，*LM* 曲线向左上方移动；反之，则向右下方移动。

需要指出的是，在使 *LM* 曲线移动的三个因素中，应该特别重视货币供给量变动这个因素。因为货币政策的内容正是通过货币当局根据货币需求情况，调节货币供给量，从而调节利率和国民收入来达到货币政策的目的。

（五）IS–LM 模型与均衡

IS 曲线表明在产品市场均衡条件下，存在一系列利率与收入的组合；*LM* 曲线表明在货币市场均衡条件下，也存在一系列利率与收入的组合。产品市场均衡时，货币市场不一定处于均衡状态；货币市场均衡时，产品市场不一定处于均衡状态。产品市场与货币市场的同时均衡，表现在 *IS* 曲线与 *LM* 曲线相交的交点上，在这个交点上，产品市场与货币市场同时实现了均衡。也就是说，表示两个市场同时均

衡的利率与收入仅有一个，如图 4-13 所示，其中 r_e 是均衡利率，Y_e 是均衡收入。

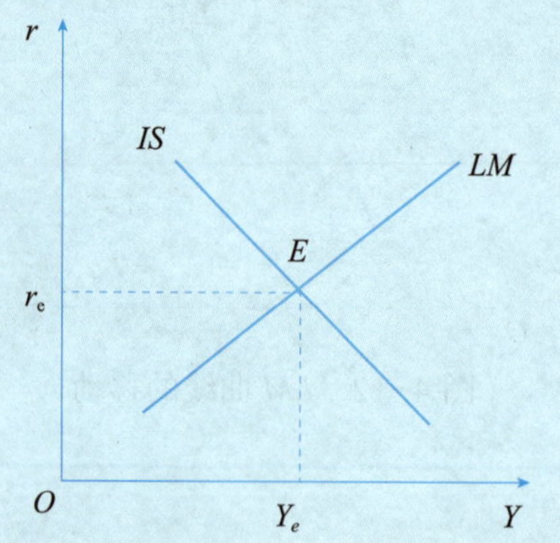

图 4-13　IS-LM 模型

1. *IS* 曲线变动对均衡收入与利率的影响

假定 *LM* 曲线不变时，*IS* 曲线向右上方移动不仅会造成收入提高，利率也会随之上升，如图 4-14 所示。在现实经济中，IS_0 曲线右移到 IS_1 的位置是出于总支出的增加，即投资、消费或者政府支出的增加，通常积极的财政政策会有这样的效果。这种计划支出的增加使得产出和收入从 Y_0 增加到 Y_1，收入增加后，货币的交易需求也会增加，由于货币供给不变，因此，人们只能出售有价证券来获取从事交易所需的货币，这就会导致证券价格下跌，利率从 r_0 上升到 r_1。同理，当 *LM* 不变时，IS_0 曲线左移到 IS_2 的位置，会导致利率从 r_0 下降到 r_2 和收入从 Y_0 下跌到 Y_2。

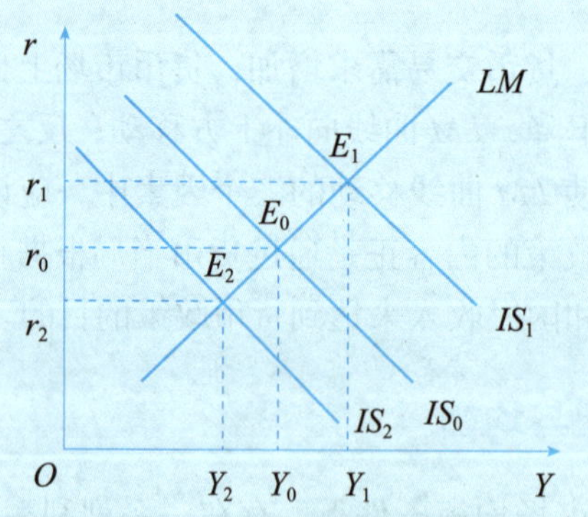

图 4-14　*IS* 曲线变动的影响

2. *LM* 曲线变动对均衡收入与利率的影响

假定 *IS* 曲线不变，*LM* 曲线向右下方移动时，收入提高，利率下跌，如图

4-15 所示。在现实经济中，LM_0 曲线右移到 LM_1 的位置，意味着货币的实际供给增加了，通常政府积极的货币政策会有这样的效果。在产品市场的供求没有发生变化的情况下，意味着货币的需求没有发生变化时，货币供给的增加必然导致利率从 r_0 下跌到 r_1，而利率的下跌刺激消费和投资，从而使得收入从 Y_0 增加到 Y_1。相反，当 LM_0 曲线向左上方移动到 LM_2 时，利率会从 r_0 上升到 r_2，收入会从 Y_0 下降到 Y_2。

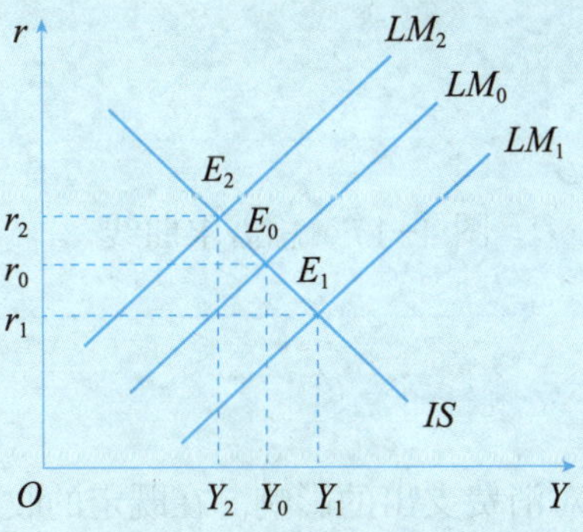

图 4-15　*LM* 曲线变动的影响

做中学

请同学们根据图 4-16 的提示分析 *IS* 和 *LM* 曲线同时变动对均衡收入与利率的影响。

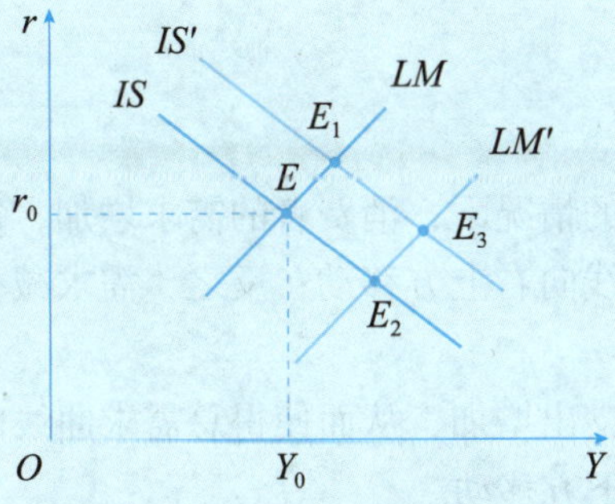

图 4-16　*IS* 和 *LM* 曲线同时变动

四、总需求 – 总供给模型

（一）总需求

总需求曲线（见图 4-17）表示在一系列价格总水平下经济社会的均衡的总支

出水平。总需求函数可以表示为：

$$Y=AD(P)$$

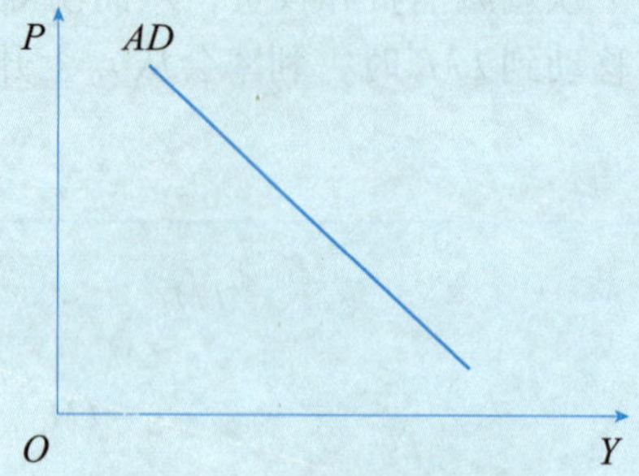

图 4-17　总需求曲线

1. 总需求曲线向右下方倾斜的原因

（1）考察价格总水平对消费支出的影响。在既定的收入条件下，价格总水平提高使得个人持有的财富可以购买到的消费品数量下降，从而消费减少。反之，当价格总水平下降时，人们所持有财富的实际价值升高，人们会变得较为富有，从而增加消费。总之，价格总水平与经济中的消费支出呈反方向变动关系。

（2）考察价格总水平对投资支出的影响。随着价格总水平的提高，利率上升。而利率上升会使得投资减少，即价格水平提高使得投资支出减少。相反，当价格总水平下降时，实际货币供给量增加，从而利率下降，引起厂商的投资增加，即价格总水平下降使得经济中的投资支出增加。因此，价格总水平与投资支出呈反方向变动关系。

2. 总需求曲线的移动

（1）在其他条件不变的情况下，消费者的需求增加，每一价格总水平对应的总支出增加，从而总需求曲线向右上方移动；反之，需求减少，总需求曲线向左下方移动。

（2）投资增加导致总支出增加，从而使得总需求曲线向右上方移动；反之，投资减少，总需求曲线向左下方移动。

（3）政府购买增加，经济中的总需求曲线向右上方移动；政府购买减少，总需求曲线向左下方移动。

（二）总供给

总供给曲线（见图 4-18）表示一系列价格总水平下经济提供的产出量。总供给函数可以表示为：

$$Y=AS(P)$$

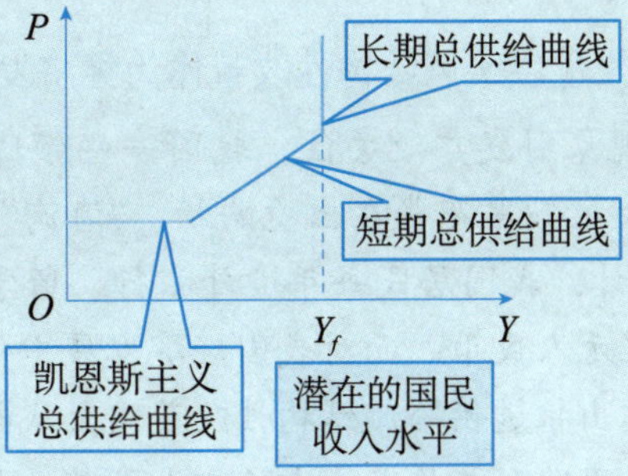

图 4–18 总供给曲线

凯恩斯主义总供给曲线：资源没有得到充分利用，在不提高价格的情况下，可以增加总供给。

短期总供给曲线：资源接近充分利用状态。由于短期内工资等要素价格保持不变，价格总水平提高引起厂商供给量的增加，从而使得经济中商品和劳务的总额增加。

长期总供给曲线：资源已经得到充分利用，无论价格水平怎样变化，总供给也不会增加。导致总供给曲线移动的因素还包括自然和人为的灾祸、技术变动、工资率要素价格的变动，进口商品价格的变化。

（三）均衡国民收入

总需求－总供给（AD–AS）模型（见图 4–19）是将总需求与总供给结合在一起放在一个坐标图上，用以解释国民收入和价格水平的决定，考察价格变化的原因以及社会经济如何实现总需求与总供给的均衡。

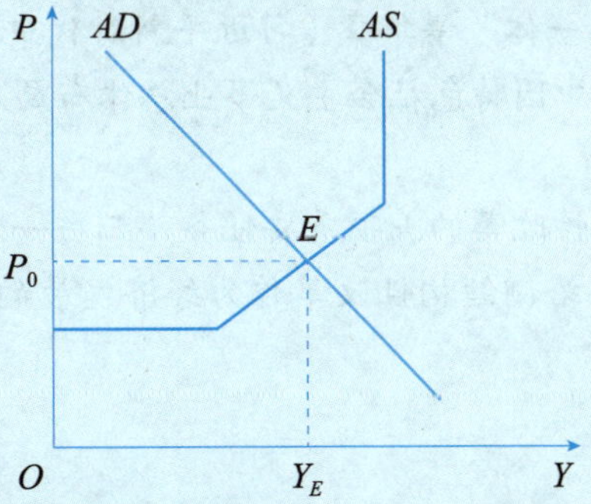

图 4–19 总需求－总供给模型

价值提升

为什么要把推进供给侧结构性改革作为经济发展的主线？

近年来，一种经济现象引发广泛关注，我国一些领域的消费需求在国内得不到有效供给，消费者将大把钞票花费在出境购物、“海淘”购物上，致使大量“需求外溢”。据有关数据统计，我国居民每年境外旅行、留学或就医期间购买的非居民货物和服务高达上万亿元人民币。面对我国经济发展中供给与需求的深层次结构性矛盾和问题，党中央作出推进供给侧结构性改革重大战略决策。习近平总书记强调，这是对我国经济发展思路和工作着力点的重大调整，是化解我国经济发展面临困难和矛盾的重大举措，也是培育增长新动力、形成先发新优势、实现创新引领发展的必然要求和选择。

供给和需求是市场经济内在关系的两个基本方面，是既对立又统一的辩证关系，二者你离不开我、我离不开你，相互依存、互为条件。没有需求，供给就无从实现，新的需求可以催生新的供给；没有供给，需求就无法满足，新的供给可以创造新的需求。供给侧管理和需求侧管理是调控宏观经济的两个基本手段。需求侧管理，重在解决总量性问题，注重短期调控，主要是通过调节税收、财政支出、货币信贷等来刺激或抑制需求，进而推动经济增长。供给侧管理，重在解决结构性问题，注重激发经济增长动力，主要通过优化要素配置和调整生产结构来提高供给体系质量和效率，进而推动经济增长。

当前和今后一个时期，我国经济发展面临的问题，供给和需求两侧都有，但矛盾的主要方面在供给侧。比如，一些行业和产业产能严重过剩，同时大量关键装备、核心技术、高端产品还依赖进口；农业发展形势很好，但一些供给没有很好适应需求变化；等等。事实证明，我国不是需求不足，或没有需求，而是需求变了，供给的产品却没有变，质量、服务跟不上。有效供给能力不足，导致消费能力严重外流。解决这些结构性问题，必须把推进供给侧结构性改革作为经济发展的主线，这是新时代稳定经济增长、推动高质量发展的治本良方。

（资料来源：“五位一体”谱华章（习近平新时代中国特色社会主义思想学习问答 (27)）——关于中国特色社会主义事业总体布局. 人民网，2021-08-24.）

思考：

1. 请了解供给侧结构性改革的五项重要任务“三去一降一补”的具体内涵。

2. 为什么要把推进供给侧结构性改革作为经济发展的主线？请结合总需求-总供给模型简要分析说明。

任务三 失业现象

导学案例

党的二十大报告为劳动者“饭碗”注入“稳力量”

就业乃民生之本，也是财富之源。当前，中国就业总量压力不减，结构性矛盾凸显，“更稳定的工作”成为民之所盼。党的二十大报告瞄准就业的难点、焦点，部署实施就业优先战略，强化支持、破除歧视、加强保障，为劳动者端好“饭碗”注入稳稳的力量。

过去十年，中国城镇新增就业人数年均超过 1 300 万人。2022 年全国新增城镇就业目标是 1100 万人以上，但当前不确定、不稳定因素增多，就业工作仍面临不小挑战。

浙江大学共享与发展研究院院长李实对中新社记者表示，过去强调“坚持”就业优先，这一次报告强调“强化”就业优先，一词之变彰显稳就业决心和力度有增无减。

要实现更加充分、更高质量就业，抓住重点群体是关键。党的二十大报告要求，健全就业公共服务体系，完善重点群体就业支持体系，加强困难群体就业兜底帮扶。

国务院发展研究中心公共管理与人力资源研究所研究室主任冯文猛对中新社记者说，稳住高校毕业生、农民工、就业困难人员等重点群体的工作，对于稳定就业大局至关重要，尤其是 2022 年高校毕业生人数首次突破千万大关，解决他们的就业更是重中之重，预计对这些重点群体的就业支持措施会更加完善更有力度。

（资料来源：李金磊．二十大报告为劳动者“饭碗”注入“稳力量”．中国新闻网，2022-10-20.）

学习任务：

1. 如何衡量失业？
2. 失业有何弊端？
3. 现阶段我国应如何治理失业？

知识精讲

一、认识失业

（一）失业的界定与衡量

失业（Unemployment）是指在法律规定的年龄范围内，有劳动能力的人愿意工作而没有工作，或正在找工作的一种无业状态。就业者和失业者总和称为劳动力。

衡量经济中失业状况的主要指标是失业率。失业率是失业人数占劳动力总数的百分比。

$$劳动力 = 就业者人数 + 失业者人数$$

$$失业率 = \frac{失业者人数}{劳动力总数} \times 100 = \frac{失业者人数}{就业人数 + 失业人数} \times 100$$

在对实际失业人数的统计中，一般都是以失业登记部门注册登记的人口数作为失业人数。因为各国的具体统计、计算方法不一，所以失业率并不能完全准确地反映失业的真实程度。

经济社会在任何时期总存在一定比率的失业人口。所以，定义自然失业率为经济社会在正常情况下的失业率，它是劳动力市场处于稳定状态时的失业率，这里的稳定状态指既不会造成通货膨胀也不会导致通货紧缩的状态。

做中学

查询中国近 12 个月的城镇调查失业率，并分析其变化。

（二）失业的类型

1. 摩擦性失业

摩擦性失业是指劳动力在正常流动过程中产生的失业。一般把新加入劳动力队伍且正在寻找工作时的失业，也归入摩擦性失业的范围之内。

摩擦性失业产生的主要原因是劳动力市场信息不充分。在现实中，劳动者具有不同的偏好和能力，工作也有不同的属性，而且岗位需求和空缺职位的信息流动是不完全的，劳动者在不同地区间的流动也不是即刻的。所以找一份合适的工作需要时间和努力，这往往会降低入职率。因此，摩擦性失业也可以描述为由于一些原因，劳动者在工作搜寻过程中引起的失业。一般而言，摩擦性失业总是存在的，是难以避免的。

2. 结构性失业

结构性失业是指劳动力的供给和需求不匹配所造成的失业，其特点是既有失业又有职位空缺，失业者或者没有合适的技能，或者居住地点不当，因此无法填补现有的职位空缺。

随着科技的发展，有的部门走向衰落，有的部门逐步兴起，由于劳动者缺乏新创造出来的工作机会所要求的技能而产生失业。像产业兴衰、技术进步所引起的失业，都属于结构性失业。所以，在存在结构性失业的同时，也存在很多工作空缺。例如：在纺织厂工人失业的时候同时存在计算机程序员职位的空缺。

3. 周期性失业

周期性失业又称需求不足的失业，是指当经济周期处于衰退或萧条阶段时，由于总需求不足而引起的失业。周期性失业也就是凯恩斯所说的非自愿失业。根据凯恩斯的分析，就业水平取决于国民收入水平，而国民收入又取决于总需求。当总需求价格小于总供给价格时，厂商不仅不能按照预期的最低利润出售商品，而且还会有大量商品积压，在这种情况下，厂商就会减少雇佣工人，缩减产量，从而出现周期性失业。

知识链接

充分就业

充分就业并非指人人都有工作。失业可以分为自愿失业和非自愿失业。自愿失业指劳动者不愿意按照现行货币工资水平和工作条件就业而引起的失业。一般来说，非自愿失业或需求不足型失业才是真正的失业，只要非自愿失业或需求不足型失业业已消除，就被称为充分就业。各国政府制定充分就业政策的着眼点，也就是控制或消除非自愿失业。

充分就业与自然失业的存在并不矛盾。实现了充分就业时的失业率称为自然失业率，又称为长期均衡的失业率。自然失业率的高低，取决于劳动市场的完善程度、经济状况等各种因素。自然失业率由各国政府根据实际情况确定。

二、治理失业

（一）失业的影响

失业是经济问题，意味着资源的浪费。失业不仅仅是经济问题，而且是社会问题。失业之所以成为社会问题，是因为它使失业者面对收入减少的困境，这给家庭和社会带来极大的隐患。

1. 经济的影响

对社会来说，失业导致部分劳动力资源的闲置和浪费，使得生产规模缩小，经济增长放慢，政府税收减少，社会福利支出增加，财政负担加重，人们的收入减少，造成劳动者的贫困。同时，失业本身会使得愿意工作并且有能力工作的人没有被用于生产，造成社会产出减少。

2. 社会的影响

对失业者及其家庭来说，失业意味着经济拮据以及生活方式的改变，失业者及其家庭的地位和声望也会因失业而下降，因而他们的身心健康也会受到摧残。在失业率很高时，社会秩序也会受到影响。

（二）失业的治理

关于失业的治理政策，大体上可以分为两大类，即直接的失业治理政策和间接的失业治理政策。

1. 直接的失业治理政策

直接的失业治理政策首先从劳动力的供给角度出发，是劳动力供给在数量、结构和质量上符合劳动力的需求。任何形式的失业首先表现为劳动力的供给总量大于劳动力的需求总量，因此失业治理的首要问题就是如何控制劳动力的供给规模。可以采取延长劳动者受教育时间的方法，这样一方面可以推迟年轻人进入劳动力市场的时间，直接起到缓解失业的作用；另一方面还能提高劳动者的素质，降低结构性失业的可能性。

拓展阅读：教育部实施2022届高校毕业生就业创业促进行动，24项举措看过来

在失业者的构成中，不同的劳动者面临的失业风险是不同的，一个社会总有一些人特别容易受到失业的侵袭，比如年轻人、妇女和低技能劳动者等。为了降低这部分人的失业率，可以对其加强职业培训。在现代经济中，各种职业的专用性不断提高，职业培训对失业者转岗和就业者提高自身素质有重大意义，可以使劳动力供给不仅在质量上而且在结构上符合劳动力市场需求。从理论上讲，职业培训对消除结构性失业、降低自然失业率具有特别重要的意义。

直接的失业治理政策还包括提供就业的信息服务，加速劳动力的自由流动，以及采取一定的措施提高工资变动的灵活性，如寻求工资谈判分散化和提倡工资非指数化等。

2. 间接的失业治理政策

间接的失业治理政策基于这样的理念：在市场经济条件下，要彻底消除失业现象是不可能的，养活失业人口也很困难，而失业又会造成社会成员之间收入的巨大差异，那么就应该实施间接的失业治理政策，对失业者进行救济，也就是建立一套完善的失业保障体系。通过失业救济和失业保障，使失业者能维持基本的生活水准，达到社会公平的目的。当然，失业救济和失业保障也可能产生负面效应，比如欧洲各国就是因为失业救济和失业保障金额逐年上升，使得劳动力成本不断上升，同时又使失业者寻找工作的主动性变弱，从而加剧了失业问题。

拓展阅读：领取失业保险金需要满足什么条件？

直接的失业治理政策和间接的失业治理政策在实际应用中是互补的。因为每种政策措施都有其局限性和片面性，都需要以对方作为补充。直接的失业治理政策虽能改善失业状况，但不能解决所有的失业问题，对于这一部分失业者就需要间接的失业治理政策，如提供保障和失业救济。而间接的失业治理政策如没有直接的失业治理政策相伴，失业人数可能会不断上升，最后使政策被动地难以为继。

知识链接

奥肯法则

奥肯（Artur Okun，1928—1980）于 1971 年在《繁荣的政治经济学》一文中提出：当实际 GDP 相对潜在 GDP 下降 2% 时，失业率上升大约 1%。或者说，超出自然失业率 1% 的失业率将产生 2% 的 GDP 缺口。例如：假定失业率为 8%，比自然失业率高 2%，那么按照奥肯法则，实际 GDP 就比潜在 GDP 低 4%。现在人们一般认为奥肯法则描述了产出市场和劳动力市场之间极为重要的关系，使政府能够计算出短期内国民生产总值与失业率的变动速度。

价值提升

推动实现更加充分更高质量就业

就业是最大的民生。2021 年我国就业规模保持稳定，前 7 个月全国城镇新增就业 822 万人，已完成全年目标的 74.7%；就业质量稳步提高，上半年居民人均可支配收入同比增长 12%。中国经济恢复态势持续，但面对世界经济不确定性的增大，仍要把保障就业放在宏观政策优先位置。“十四五”时期就业压力依然较大，实现城镇新增就业 5 500 万人以上目标，要以深入实施就业优先战略为主线，努力推动就业事业高质量发展。

就业是发展的基础。离开充分的就业，提高城乡居民收入、提升人力资本水平、提高全要素生产率很难实现；只有更高质量的就业，才能夯实高质量发展的动力基础、在高质量发展中促进共同富裕。《“十四五”就业促进规划》实化量化促进就业重点任务，注重缓解结构性就业矛盾，注重政策协同发力，注重社会大众关心的重点领域，注重解决长期性趋势性问题。这是推动今后一个时期就业高质量发展的系统指引。

就业是财富创造的源头活水。对国家、对企业、对家庭、对个人，就业都是大事，都要通过勤劳创新致富、创造价值。要继续把就业摆在经济社会发展和宏观政策优先位置，越是在困难的时候，越要全面强化就业优先，推动就业扩容提质，真正体现以人民为中心的发展思想。从“扩容”角度看，要努力创造更多就业岗位，千方百计稳定现有就业，积极增加新的就业，促进失业人员再就业，突出做好重点群体就业工作；从“提质”角度看，要消除就业歧视，加强合法权益保护，努力提高劳动报酬，让劳动者更体面工作。

推动实现更加充分更高质量就业，一要强化政府责任，二要坚持市场主导。要充分发掘 14 亿多人口的劳动力资源优势，提升全社会人力资本和专业技能水平。当前一方面要强化财政、货币等政策支持就业的导向，广开灵活就业渠道，做好高校毕业生、退役军人、农民工和城镇困难人员等重点群体就业工作；另一方面要提高就业创业能力，增强致富本领，提供必要指导培训，加大技能人才培养力度，提升劳动者技能和素质，给更多人创造致富机会，重点鼓励辛勤劳动、合法经营、敢于创业的致富带头人，同时发挥好民生政策兜底功能。

市场配置资源是最有效率的形式。针对市场激励不足、要素流动不畅等问题，要坚定不移深化就业市场化改革，破除推动高质量就业中存在的体制机制障碍，深化“放管服”改革，改善营商环境、减轻税费负担，鼓励企业家稳定就业岗位，同员工携手渡过难关。保市场主体、保就业的同时，还要强化创业带动就业，放大就业倍增效应，激发劳动者的创业积极性，帮助中小企业和个体工商户创业致富、稳定经营、持续增收，鼓励靠自己的努力养活家庭、服务社会、贡献国家，实现经济和居民收入同步增长、劳动生产率和劳动报酬同步提高的目标。

“民生在勤，勤则不匮。”靠扩容和提质双向发力、培训和服务双轮驱动、保重点和防风险双侧协同，我们有信心能使就业保持稳定态势，推动最大的民生工程、民心工程和根基工程的高质量发展。将稳定和扩大就业作为宏观调控的优先目标，把解决就业问题放在更加突出位置，切实做好民生保障和社会稳定工作，一定能不断提升人民群众获得感、幸福感、安全感，朝着共同富裕的目标扎实迈好每一步。

（资料来源：孙思敬．推动实现更加充分更高质量就业．人民网，2021-08-24．）

思考：

1. 国家千方百计稳定就业的意义是什么？
2. 作为高校毕业生，如何提升自身竞争力，实现高质量就业？

任务四　通货膨胀

导学案例

0.9%！ 2021 年控通胀目标完成

国家统计局 2022 年 1 月发布的数据显示，2021 年全年，全国居民消费价格指数（CPI）比上年上涨 0.9%。这一数据远低于当年 3% 的通货膨胀（简称通胀）控制目标。

从单月来看，2021 年 12 月，CPI 同比上涨 1.5%，涨幅比上月回落 0.8 个百分点，消费市场总体平稳。

中国民生银行研究院高级宏观分析师表示，CPI 同比回落，重返“1% 时代”，主要是因为猪肉价格由前期的低位反弹转为基本走平，供给充足下鲜菜价格回落，以及高基数因素等。从 2021 年全年看，CPI 同比上涨 0.9%，较 2020 年的 2.5% 明显走低。

据统计局数据，2021 年 12 月，生猪出栏有所加快，猪肉价格同比下降 36.7%，降幅比上月扩大 4.0 个百分点；猪肉价格环比涨幅也比上月大幅回落 11.8 个百分点。

随着保供稳价政策效果持续显现，生产价格指数（PPI）涨幅也持续回落。数据显示，2021 年 12 月，PPI 上涨 10.3%，涨幅比上月回落 2.6 个百分点。

分行业来看，保供稳价政策落实力度不断加大，煤炭价格继续回落。2021 年 12 月，煤炭开采环比下降 8.3%，降幅扩大 3.4 个百分点；煤炭加工价格下降 15.4%，降幅扩大 7.0 个百分点。冬季钢材、水泥等建筑材料需求偏弱，价格有所下降，黑色金属冶炼和压延加工业价格下降 4.4%。

此外，国际原油、有色金属价格走低，带动国内相关行业价格下降。2021 年 12 月，石油开采价格环比下降 8.3%，精炼石油产品制造价格下降 4.0%。另外，进口液化天然气价格上涨，影响燃气生产和供应业价格上涨 5.3%；燃煤发电市场交易价格浮动范围扩大，电力热力生产和供应业价格上涨 3.0%。

从全年走势来看，2021 年全年，工业生产者出厂价格比上年上涨 8.1%。从当前的整体通胀形势来看，全球通胀压力仍然高企，而我国通胀压力相对温和。当前我国经济面临的主要任务是稳增长和保就业，通胀相对温和也为货币政策保持流动性合理充裕提供了一定空间。

学习任务：

1. 什么是通货膨胀？如何来衡量通货膨胀？
2. 通货膨胀对我们的生活会产生什么样的影响？

知识精讲

一、认识通货膨胀

（一）通货膨胀的衡量

通货膨胀（Inflation）一般指物价水平在一定时期内持续普遍的上升过程，或者说货币价值在一定时期内持续的下降过程。通货膨胀不是指单一商品及劳务价格的上升，而是指物价总水平的上升。物价总水平或一般物价水平是指所有商品和劳务交易价格总额的加权平均数。这个加权平均数，就是价格指数。价格指数的变动反映一定时期中发生了多大程度的通货膨胀。

衡量通货膨胀率的价格指数一般有以下三种。

1. 消费价格指数

消费价格指数（Consumer Price Index，CPI），又称生活费用指数，指通过计算一定时期内居民个人所购买的商品和劳务零售价格变化的指标。消费价格指数反映消费环节的价格水平，与人们的生活水平关系最为密切，是国际通用的衡量一个国家或地区通货膨胀或通货紧缩程度的指标。

一定时期消费价格指数 = 本期价格指数 / 基期价格指数 ×100%

拓展阅读：消费价格指数（CPI）是如何编制的

拓展阅读：工业生产者出厂价格指数（PPI）是如何编制的

2. 生产价格指数

生产价格指数（Producer Price Index，PPI），又称工业生产者出厂价格指数，指通过计算生产者在生产过程中所有阶段上所获得的产品的价格水平变动而计算所得的指数。这些产品包括产成品和原材料。生产价格指数反映生产环节的价格水平，整个价格水平的波动一般首先出现在生产领域，然后通过产业链向下游产业扩散，最后波及消费领域。因此，该指标被视作整个价格水平变化的一个信号，是经济周期的指示性指标之一。

做中学

请查询 2022 年我国消费价格指数和生产价格指数，并画图分析其变化趋势。

3. 国内生产总值价格折算指数

国内生产总值价格折算指数 (GDP Deflator)，又称 GDP 平减指数，是指现期国内生产总值与基期国内生产总值之比，或者说是名义国内生产总值与实际国内生产总值之比。

这一指数用于修正 GDP 数值，从中去掉通货膨胀因素，其统计计算对象包括所有计入 GDP 的最终产品与劳务，因而能较全面地反映一般物价水平的变化。

做中学

假设某一经济体的价格水平 2019 年为 106.5，2020 年为 110.8，2021 年为 113.6，则 2020 年和 2021 年通货膨胀率各为多少？

（二）通货膨胀的类型

（1）爬行的通货膨胀，是指通货膨胀率不超过 3%，同时不存在通货膨胀预期的状态。爬行的通货膨胀对经济发展和国民收入增加都有着积极的刺激作用，并将其视作实现充分就业的必要条件。

（2）温和的通货膨胀，是指通货膨胀率在 3% ～ 10%，其特点是通货膨胀率低而且比较稳定。目前许多国家都存在这类现象，如果政府不高度重视，将是一个非常危险的信号。实际经济中，很多经济学家会将爬行的通货膨胀和温和的通货膨胀归为一类。

（3）加速的通货膨胀，又称为奔驰的通货膨胀，是指年通货膨胀率在 10% ～ 100%。这种情况下人们对通货膨胀有明显的感觉，政府必须采取强有力的措施加以控制，以免对经济和人民生活造成不利影响。

（4）超速的通货膨胀，又称为恶性通货膨胀，是指年通货膨胀率在 100% 以上。此时，物价持续飞涨，货币体系崩溃，正常经济秩序遭到破坏，经济濒临瓦解。这种通货膨胀对于经济的破坏性最强。

（三）通货膨胀的成因

通货膨胀的形成原因很复杂，国内外经济学家从不同的角度进行了具体分析，认为通货膨胀主要有四种成因：需求拉动的通货膨胀、成本推动的通货膨胀、供求混合推动的通货膨胀和结构性通货膨胀。

1. 需求拉动的通货膨胀

需求拉动的通货膨胀，是指总需求超过总供给所引起的一般物价水平的持续显著的上涨。需求拉动的通货膨胀发源于两大类因素：实际因素和货币因素。实际因素是导致 *IS* 曲线右移的因素，如资本边际效率上升从而使投资需求增加，出口需求增加而进口需求下降，以及增加政府支出或减税从而使消费需求增加等；货币因素是指能使 *LM* 曲线右移的因素，如货币供给增加或货币供给不变条件下货币需求减少。

现代货币主义对于需求拉动的通货膨胀着重从货币因素的角度来进行说明。他们认为，当货币供给量增加，引起社会总需求扩大，但社会总供给有限，这时就会导致需求拉动的通货膨胀。

在图 4-20 中，当经济未实现充分就业时，总需水曲线 AD_1 与总供给曲线 AS 相交于均衡点 E_1，决定均衡国民收入为 Y_1，价格水平为 P_1。随着总需求的增加，总需求曲线 AD_1 向右平移至 AD_2，与总供给曲线 AS 相交于新的均衡点 E_2，均衡国民收入由 Y_1 上升至 Y_2，价格水平由 P_1 上升至 P_2，总需求增加在引起价格水平上升的同时，也引起收入增加的状态，称为半通货膨胀。这种状态直到总需求曲线向右平移至 AD_3，与总供给曲线 AS 相交于新的均衡点 E_3，实现充分就业时为止。

当经济处于充分就业状态即均衡点 E_3 时，随着总需求的继续增加，总需求曲线由 AD_3 向右平移至 AD_4，与 AS 相交于均衡点 E_4，此时国民收入不变，而价格水平由 P_3 上升至 P_4，总需求增加的唯一结果是引起价格水平上升的状态，称为完全通货膨胀，凯恩斯称之为“真正的通货膨胀”。

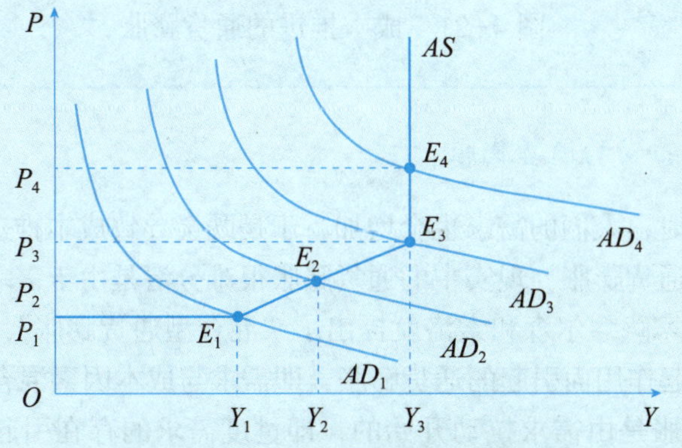

图 4-20　需求拉动的通货膨胀

2. 成本推进的通货膨胀

成本推进的通货膨胀，又称供给推进的通货膨胀，是指物价水平上升是由生产成本提高而推进的。它又可细分为工资推进的通货膨胀和利润推进的通货膨胀。

（1）工资推进的通货膨胀是指由于劳动市场的不完全竞争造成的过高工资所导致的一般物价水平的上涨。工资提高和价格上涨之间存在因果关系：工资提高引起价格上涨，价格上涨又反馈到生产领域，由于工资刚性的原因，引起了工资提高。这样，工资提高和价格上涨形成了螺旋式的上升运动，即工资–价格螺旋。

（2）利润推进的通货膨胀是指不完全竞争市场中的厂商利用市场势力谋取过高利润所导致的一般物价水平的上涨。西方学者认为，不完全竞争市场是利润推进通货膨胀的前提。在不完全竞争市场上，垄断企业和寡头企业为了追求更大的利润，凭借自己的垄断地位操纵价格，把产品的价格定得很高，致使价格上涨的速度超过成本增长的速度。

除了工资和利润上升的推进，原材料和能源的涨价也会使成本提高，使总供给曲线向左上方移动，形成通货膨胀。

在图 4–21 中，成本上升，导致初始的供给曲线 AS_1 左移至 AS_2 的位置，产出从 Y_1 下降至 Y_2，价格从 P_1 升至 P_2。若成本继续上升至 AS_3 的位置，则产出继续下降至 Y_3，价格从 P_2 上升至 P_3 的位置，形成通货膨胀。

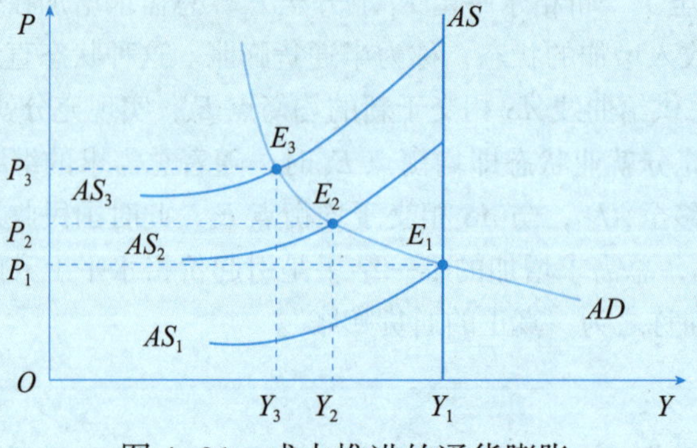

图 4–21 成本推进的通货膨胀

3. 供求混合推动的通货膨胀

当工资增加时，人们的需求也会增加，于是既会导致成本推进的通货膨胀也会导致需求拉动的通货膨胀，现实中的通货膨胀很难分清是由于需求拉动的还是成本推进的。经济学家萨缪尔森和索洛就提出了“混合型通货膨胀”，是指由需求拉动和成本推动共同起作用而引起的通货膨胀，即需求与成本因素混合的通货膨胀。

如果通货膨胀是由需求拉动开始的，即过度需求的存在引起物价上升，物价上升又会使工资增加，从而供给成本的增加又引起了成本推进的通货膨胀。如果通货膨胀是由成本推进开始的，即成本增加引起物价上升，这时如果没有总需求的相应增加，工资上升最终会减少生产，增加失业，从而使成本推进引起的通货膨胀停止。只有在成本推进的同时，又产生总需求的增加，这种通货膨胀才能持续下去。

4. 结构性通货膨胀

在没有需求拉动和成本推进的情况下，只是由于经济结构因素的变动，也会导致一般物价水平的持续上涨，这种价格水平的上涨称为结构性通货膨胀。

通常用工资结构变动来解释结构性通货膨胀。当各个行业、各种工资结构成为刚性时，只要有一部分行业由于劳动生产率提高而使工资上升，其他劳动生产率没有提高的行业工资也会有相应提高，就会导致结构性通货膨胀。工会的集体谈判或习俗会导致工资刚性，如夕阳工业和服务业的工资。

二、治理通货膨胀

（一）通货膨胀的影响

1. 通货膨胀的收入再分配效应

通货膨胀意味着人们手中持有货币的购买力下降，从某种程度上来讲，是人们过去劳动成果的缩水，也就是说通货膨胀导致人们的实际收入水平发生变化，这就是通货膨胀的收入再分配效应。但是通货膨胀对不同经济主体的收入再分配效应是不同的。

（1）通货膨胀不利于靠固定货币收入维持生活的人。对于固定收入阶层来说，其收入是固定的货币数额，落后于上升的物价水平，也就是说，他们获得货币的实际购买力因通货膨胀而下降，其实际收入水平下降，如果他们的收入不能随通货膨胀率变动的话，他们的生活水平必然降低。

（2）通货膨胀对储蓄者不利。随着价格上涨，储蓄存款的购买力就会降低，那些持有闲置货币和存款在银行的人就会受到严重打击。同样像保险金、养老金及其他固定价值的证券财产等，它们本来的作用是防患于未然和养老，由于通货膨胀，其实际价值也会下降。

（3）通货膨胀在债权人与债务人之间发生收入再分配效应。具体而言，通货膨胀牺牲了债权人的利益而使债务人得益。例如：A 向 B 借款 1 万元，约定一年后归还，假定这一年中发生了通货膨胀，物价上升了一倍，那么一年后 A 归还 B 的 1 万元只能购买到原来一半的产品或劳务，也就是说通货膨胀使得 B 损失了一半的实际收入。

2. 通货膨胀的产出效应

一般认为，温和的通货膨胀对经济发展比较有利。因为人们消费时有“买涨不买跌”的心理，即当人们认为物价会涨时，会采取及时消费的策略，消费增加会刺激厂商扩大生产规模，从而就业增加、国民收入上升；而当人们认为物价将下跌时，会采取持币观望的策略，消费减少会导致厂商缩小生产规模，从而失业增加、国民收入下降。当然，这只是简单的分析，通货膨胀的产出效应具体有下面三种情况。

（1）随着通货膨胀出现，产出增加。这就是需求拉动的通货膨胀的刺激，促进了产出水平的提高。西方许多经济学家长期以来坚持这样的看法，即认为温和的或爬行的需求拉动的通货膨胀将刺激产出的扩大和就业的增加。

（2）成本推进的通货膨胀引致失业。这里讲的是由通货膨胀引起产出与就业的下降。假定在原总需求水平下，经济实现了充分就业和物价稳定。如果发生成本推进的通货膨胀，则原来总需求所能购买的实际产品的数量将会减少。那就是说，当成本推进的压力抬高物价水平时，一个已知的总需求只能在市场上支持一个较小的产出。

（3）超速的通货膨胀导致经济崩溃。首先，当物价持续上升时，居民和企业都会产生通货膨胀的预期，即估计物价会再度升高。在这种情况下，人们就不会让自己的储蓄和现行的收入贬值，而宁愿在价格上升前将货币花掉，从而产生过度的消费购买，导致储蓄和投资都会减少，产出水平下降。其次，随着通货膨胀而来的是生活费用的上升，劳动者会要求提高工资，企业成本上升，导致企业生产规模缩小，产出水平下降。再次，企业在通货膨胀率上升时会力求增加存货，以便在稍后按高价出售以增加利润，从而使得市场可供销售的货物可能减少，物价会进一步上升。最后，当超速的通货膨胀发生时，情况会变得更坏，经济体系极可能陷入崩溃。

3. 通货膨胀税

一般来说，政府是通货膨胀的受益者。第一，政府是净的债务人。在通货膨胀时期，财富从债权人向债务人转移，亦即从居民手中转移到政府手中。第二，通货膨胀还会使政府在累进制的税收制度中受益。在通货膨胀时期，政府支配的资源增加，而居民支配的资源减少，因此通货膨胀有一种和政府增加税收相同的效果，这就是所谓的通货膨胀税的含义。

4. 交易成本的增加

通货膨胀还会带来不确定性。通货膨胀率越高，不确定性也随着增大。因此，在通货膨胀时期，经济资源更多地被用于预期方面。同时，人们也不愿签订长期合同，经济中交易成本上升。另外，在发生通货膨胀时，人们会尽量减少货币的持有，家庭和厂商都会在资产管理和货物交易等方面浪费比较多的经济资源。

（二）通货膨胀的治理

1. 财政政策

根据总需求－总供给模型，政府财政支出是总需求中重要的构成部分，当政府支出增加时会引起总需求曲线向上移动，从而造成价格上涨。那么，利用财政政策控制通货膨胀就是进行反方向调整，即减少政府支出，促使总需求曲线向左下方移动，以降低价格水平。

2. 货币政策

货币政策是对付通货膨胀的最有效的政策之一。简单来说，货币政策就是通过调节货币供给量来影响经济的政策手段。由于通货膨胀作为货币流通条件下的一种经济现象，其最直接的原因就是流通中的货币量过多，因为各国在治理通货膨胀时所采取的一个重要对策就是控制货币供给量，使之与货币需求量相适应，减轻货币贬值和通货膨胀的压力。

3. 收入政策

收入政策是指通过限制工资收入增长率从而限制物价上涨率的政策，因此也叫工资和物价管理政策。之所以对收入进行管理，是因为通货膨胀有时是由成本（工资）推进所造成的。收入政策一般有三种形式：

（1）工资与物价指导线。根据劳动生产率和其他因素的变动，规定工资和物价上涨的限度，其中主要是规定工资增长率。企业和工会都要根据这一指导线来确定工资增长率，企业也必须据此确定产品的价格变动幅度，如果违反，则以税收形式以示惩戒。

（2）工资物价的冻结。政府采用法律和行政手段禁止在一定时期内提高工资与物价，这些措施一般是在特殊时期采用，在通货膨胀严重时也被采用。

（3）税收刺激政策，即以税收来控制增长。政府可以用减少个人所得税和企业所得税作为奖励工资和物价的增长保持在政府规定的幅度内，反之就以增加税收作为惩罚。

4. 指数化政策

指数化政策是为了消除通货膨胀造成的一部分人受益、另一部分人受害的分配不公的不利影响，维持社会原有利益分配格局。具体做法是定期根据通货膨胀率来调整工资、利息、债券收益以及其他收入的名义价值，以使其实际价值保持不变。指数化政策主要包括工资指数化和税收指数化等措施。

总之，通货膨胀是一个非常复杂的经济现象，其产生的原因是多方面的，很多是混合性的通货膨胀，需要有针对性地根据具体原因采取不同的抑制措施。

知识链接

菲利普斯曲线

1958 年，新西兰经济学家菲利普斯在研究 1861—1957 年英国失业率和货币工资增长率的统计资料后，提出了一条用以研究失业率和货币工资增长率之间替代关系的曲线。用横轴表示失业率，纵轴表示货币工资增长率，可以得到一条向右下方倾斜的曲线，就是最初的菲利普斯曲线，如图 4-22 所示。

菲利普斯曲线表明：当失业率较低时，货币工资增长率较高；而当失业率较高时，货币工资增长率较低，甚至为负数。在图 4-22 中，当失业率为 u_1 时，货币工资增长率为 $\left(\frac{\Delta w}{w}\right)_1$；而当失业率提高到 u_2 时，货币工资增长率下降到 $\left(\frac{\Delta w}{w}\right)_2$。

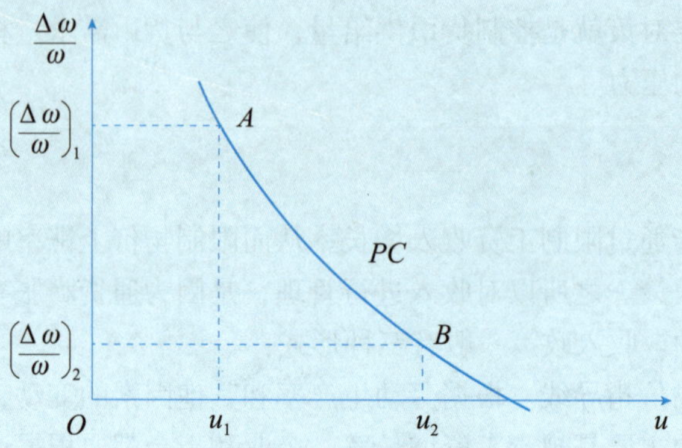

图 4-22　菲利普斯曲线

菲利普斯曲线提出了以下四个重要的观点：

（1）通货膨胀是由于工资成本推进所引起的，这就是成本推进的通货膨胀。正是这一理论，将货币工资增长率与通货膨胀率联系了起来。

（2）承认了通货膨胀与失业的交替关系。这就否定了凯恩斯关于失业与通货膨胀不会并存的观点。

（3）当失业率为自然失业率时，通货膨胀率为零。因此，也可以将自然失业率定义为通货膨胀率为零时的失业率。

（4）为政策选择提供了理论依据。政府可以运用扩张性宏观经济政策，以较高的通货膨胀率来换取较低的失业率；也可以运用紧缩性宏观经济政策，以较高的失业率来换取较低的通货膨胀率。这也是菲利普斯曲线的政策含义。

价值提升

投资中国就是投资未来

美联储加息后，相关国家出现资本流出现象，中国资产吸引力也受到关注。对此，银保监会政策研究局负责人叶燕斐在 2022 年 4 月国新办举行的新闻发布会上表示，中国主权债务相对国内生产总值（GDP）比重低，主权信用非常稳定，不管是实体资产还是金融资产都有非常强的吸引力，投资中国就是投资未来。

叶燕斐表示，2008年全球金融危机以来，西方一些国家采取了宽松的货币政策。新冠肺炎疫情发生后，前期的宽松政策没有退出，而是又采取了更加宽松的货币政策。现在，美国通货膨胀率创40年来新高，加息是必然选项。因为利差的问题，美联储加息确实会引起全球资本回流美国。不过，对美联储加息要辩证看待。

“短期看，可能是中美利差收窄显得美国资产更有吸引力。但是长期来看，美国现在国债收益率曲线倒挂，长端利率比较低。”叶燕斐说，美国的通货膨胀比中国高很多，而一个国家如果通货膨胀比较高，很难维持比较好的经济发展。

从经济潜力看，中国人均GDP还有很大发展空间，从而为企业发展提供了很大机遇。未来，随着中国经济规模不断扩大、人均收入不断提高，中国资产将展现更大吸引力。

从汇率角度看，人民币对美元的购买力平价指数显著低于现在的名义利率、汇率水平。回归到购买力平价水平意味着本币要升值，因此从长远看人民币资产吸引力还会提高。

从金融体系看，中国系统性银行机构经营非常稳健、资本非常充足、拨备非常充分、流动性很充裕，成为抵御外部冲击的中流砥柱，能够抗击外部冲击。

叶燕斐表示，下一步，银保监会将深刻认识错综复杂的国际环境带来的新矛盾新挑战，密切关注美国等经济体利率走势的外溢影响，坚决守住不发生系统性金融风险底线。同时，继续督促银行保险机构坚持稳字当头、稳中求进，做好外部风险研判和应对，进一步强化流动性风险、跨境风险管理，提高风险预见预判能力，有效应对国际经济金融形势变化的影响和冲击，更好地服务实体经济，推动经济实现质的稳步提升和量的合理增长。

（资料来源：王俊岭. 银保监会相关负责人表示投资中国就是投资未来. 人民日报海外版，2022-04-19.）

启示：

新中国成立以来，中国共产党团结带领全国人民创造了社会主义革命和建设、改革开放和社会主义现代化建设、新时代中国特色社会主义的伟大成就：经济实力空前提升，成长为世界第二大经济体，综合国力和国际影响力实现历史性跨越；经济结构实现重大变革，发展的协调性和可持续性明显提高；对外经济发展成绩斐然，全方位开放新格局逐步形成；科技创新成果大量涌现，发展新动能快速崛起。人民生活发生翻天覆地的巨大变化，占世界1/5的人口从温饱不足迈向全面小康；社会事业繁荣发展，经济社会发展协调性全面提高，创造了罕见的经济快速发展和社会长期稳定“两大奇迹”。

项目综合训练

应知考核

一、选择题

1. 在下列情形中，应该计入当年国内生产总值的是（　　）。
   A. 去年生产而在今年销售出去的汽车
   B. 当年生产的汽车
   C. 某人去年购买而在今年转手他人的汽车
   D. 某汽车生产商当年计划于明年生产的汽车
2. 按计算国内生产总值的支出法，应计入国内私人总投资的项目是（　　）。
   A. 个人购买的汽车　　B. 个人购买的住房
   C. 个人购买的冰箱　　D. 个人的住房租金
3. 在下列项目中，不属于政府购买的是（　　）。
   A. 地方政府办 3 所中学
   B. 政府给低收入者提供一笔住房补贴
   C. 政府订购一批军用设备
   D. 政府给公务人员增加薪水
4. 均衡的国民收入是指（　　）。
   A. 一国每年所生产出的产品的货币价值
   B. 总需求大于总供给时的收入
   C. 总需求小于总供给时的收入
   D. 总需求等于总供给时的收入
5. 边际消费倾向与边际储蓄倾向之和（　　）。
   A. 大于 1　　B. 等于 1
   C. 小于 1　　D. 以上都不对
6. *IS* 曲线表示（　　）。
   A. 收入增加使利率下降　　B. 收入增加使利率上升
   C. 利率下降使得收入增加　　D. 利率下降使得收入减少
7. *LM* 曲线描述的是（　　）。
   A. 产品市场达到均衡时，国民收入与利息率之间的关系
   B. 货币市场达到均衡时，国民收入与利息率之间的关系
   C. 货币市场达到均衡时，国民收入与价格之间的关系
   D. 产品市场达到均衡时，国民收入与价格之间的关系
8. 其他条件不变，总需求曲线因（　　）。
   A. 政府支出增加会右移　　B. 政府税收增加会右移

C. 价格水平上升会右移　　D. 政府支出增加会左移

9. 假定经济实现充分就业，总供给曲线是垂直线，若政府支出增加，则（　　）。
   A. 利率水平上升，实际货币供给减少
   B. 利率水平上升，实际货币供给增加
   C. 利率水平上升，不影响实际货币供给
   D. 对利率水平和实际货币供给均无影响

10. 在三部门经济中，总需求的表达式为（　　）。
   A. 总需求 = 消费需求＋投资需求＋政府购买
   B. 总需求 = 消费需求＋储蓄＋税收
   C. 总需求 = 消费需求＋投资需求
   D. 总需求 = 消费需求＋政府购买＋出口

11. 由于经济衰退而引起的失业是（　　）。
   A. 周期性失业　　B. 自然失业
   C. 结构性失业　　D. 摩擦性失业

12. 下列人员中属于失业的是（　　）。
   A. 调动工作在家休养者　　B. 半日工
   C. 季节工　　D. 待业在家的大学毕业生

13. 失业率是（　　）。
   A. 失业人数除以总人口　　B. 失业人数除以就业人口
   C. 失业人数除以劳动力总量　　D. 失业人数除以城市总人口

14. 在下列通货膨胀的原因中，最可能是成本推进的通货膨胀的原因是（　　）。
   A. 银行贷款的扩张　　B. 预算赤字
   C. 世界性商品价格的上涨　　D. 投资率下降

15. 菲利普斯曲线说明（　　）。
   A. 通货膨胀导致失业　　B. 通货膨胀是由行业工会引起的
   C. 通货膨胀与失业率之间呈负相关　　D. 通货膨胀与失业率之间呈正相关

二、判断题

1. 均衡国民收入一定等于充分就业的国民收入。（　　）

2. 消费和储蓄都与收入呈同方向变动，所以收入增加，消费和储蓄都可以增加。（　　）

3. 自发消费随收入的变动而变动，它取决于收入和边际消费倾向。（　　）

4. IS-LM 模型在政策上可以用来解释财政政策和货币政策，因此它是整个宏观经济学的核心。（　　）

5. 根据 IS-LM 模型，货币的增加会引起国内生产总值增加，利率下降。（　　）

6. 物价上升时，利率效应使投资增加，总需求减少。（　　）

7. 摩擦性失业是一种自愿性失业。（　　）

8. 通货膨胀是指一般物价水平普遍的、持续的上升。（　　）

9. 一般认为，温和的通货膨胀有利于经济的发展。 （ ）

10. 平均消费倾向与平均储蓄倾向之和等于 1。 （ ）

三、问答题

1. 画图并分析需求拉动的通货膨胀和成本推进的通货膨胀的产生原因。

2. 投资为什么对国民收入有乘数作用？其发生作用的前提条件是什么？

3. 什么是总供给曲线？它有哪些不同的形态？

4. 什么是 *IS* 曲线和 *LM* 曲线？在 *IS* 和 *LM* 两条曲线相交时所形成的均衡收入是否就是充分就业的国民收入？为什么？

5. 简述两部门经济、三部门经济和四部门经济中的总需求与总供给的恒等式。

应会考核

◎ 计算题

1. 假设某经济社会的消费函数为 $C = 100 + 0.8Y$，投资为 500 亿元。试求：

（1）均衡收入、消费和储蓄分别是多少？

（2）若投资增加至 1 000 亿元，增加的收入是什么？

2. 如果总供给曲线为 $AS = 250$，总需求曲线为 $AD = 200-25P$，试求：

（1）供求均衡点的价格水平和收入水平为多少？

（2）如果总需求曲线向右平移 10%，其他条件不变，新的供求均衡点的价格水平和收入水平是多少？

（3）如果总供给曲线向左平移 10%，其他条件不变，新的供求平衡点的价格水平和收入水平为多少？

3. 假定某地的国内生产总值是 5 000 亿元，个人可支配收入是 4 100 亿元，政府预算赤字是 200 亿元，消费是 3 800 亿元，贸易赤字是 1 000 亿元，请计算储蓄和投资。

◎ 实训项目

1. 登录国家统计局官方网站，查找近 3 年 CPI 数据，通过作图分析当前我国处于通货紧缩还是通货膨胀，结合国家的相关政策谈谈你对当前中国所处的经济态势的看法，撰写一份《对通货膨胀的认识》的心得体会，分析国家采取的哪些政策在实际经济生活中起到了作用，而哪些又未能达到预期效果。

2. 登录国家统计局官方网站，查阅近 20 年关于国内生产总值增长率的相关数据，根据查到的数据，绘制 GDP 增长率的曲线图，并根据图形分析在此期间的经济周期变化的情况。查找相关资料分析这 20 年中经济周期性波动的主要原因。

项目五　调控经济政策

- 项目五 调控经济政策
  - 任务一 微观经济政策
    - 一、市场失灵
    - 二、政府管控市场失灵的措施
  - 任务二 宏观经济政策
    - 一、宏观经济目标
    - 二、财政政策
    - 三、货币政策
    - 四、财政政策与货币政策的相机抉择

知识要求 / 教学重点

◆ 理解市场失灵的含义，了解市场失灵的原因，掌握市场失灵的表现

◆ 理解宏观经济政策的目标，掌握财政政策的基本工具及运用策略，掌握货币政策的基本工具、内容及运用策略

能力目标 / 教学难点

◆ 能运用各种微观经济政策解决市场失灵问题，能运用市场因素和政府作用解决市场失灵问题

◆ 能正确解读现实中的各种宏观经济现象，能根据财政政策和货币政策读懂当前国家宏观调控的措施

素养目标 / 课程思政

◆ 引导学生关注国家时事政策，感受社会主义制度优越性，培养学生爱国情怀

◆ 提高学生发现问题、分析问题和解决问题的能力

◆ 增强社会诚信意识、法治意识、大局意识、风险防范意识

◆ 培养学生树立绿色环保和可持续发展理念

任务一　微观经济政策

导学案例

防治噪声污染须久久为功

你是否曾被装修的电锯噪声搞得心神不宁，是否曾被雷雨夜的汽车报警器吵得彻夜难眠，是否曾被建筑工地施工的轰鸣声弄得心烦意乱……城市的噪声水平，与百姓生活质量和健康息息相关。研究表明，过度暴露在噪声污染中，不仅会影响心理健康，也会增加患心脏病等疾病的风险。因而，解决好发展与宜居的矛盾，构建良好声环境，噪声污染防治是一项重要工作。

2021 年生态环境部发布的年度《中国环境噪声污染防治报告》显示，2020 年，全国城市功能区声环境质量昼间总点次达标率为 94.6%，夜间总点次达标率为 80.1%，与上年相比分别上升 2.2 个和 5.7 个百分点，城市功能区声环境质量总体向好。虽然城市声环境质量持续改善，但与百姓要求尚有距离。据不完全统计，2020 年，全国省辖县级市和地级及以上城市的生态环境、公安、住建等部门，合计受理环境噪声投诉举报约 201.8 万件。噪声成为公众集中反映的问题，说明百姓对生活品质的要求更高了，同时反映了噪声污染防治任重道远。

目前，社会生活、工业、施工、交通是公认的噪声主要来源，噪声污染防治水平折射着城市治理水准。中国还处在工业化阶段，城市基础建设规模较大，施工项目比较多；我国是世界第一人口大国，东部城市人口密度较高，生活中彼此间的影响在所难免；大城市路网复杂，高峰期交通比较拥堵，交通背景噪声与喇叭声交织……噪声产生的环节多、瞬时性强，难取证、难监管，哪个环节治理不好，都可能造成噪声污染，给人民生活带来影响。

（资料来源：孙秀艳．防治噪声污染须久久为功．人民网，2021-07-14.）

学习任务：

1. 请查找相关资料，了解生活中噪声污染的类型。
2. 噪声污染对人们生活会产生什么影响？
3. 针对噪声污染防治问题，政府可以做什么？

知识精讲

一、市场失灵

市场失灵（Market Failure）是指由于市场价格机制在某些领域、某些场合不能或不能完全有效发挥作用而导致社会资源无法得到最有效配置的情况。

知识链接

导致市场失灵的原因

根据斯蒂格利茨的观点，导致市场失灵的原因主要有：

1. 个人自由和社会原则存在矛盾。主要体现在：（1）基于个人效用最大化原则的帕累托最优概念与社会公平原则不一定一致，效率与平等是市场无法自行解决的一对矛盾；（2）市场无法解决个人价值与社会价值取向产生的矛盾。

2. 现实中的经济运行不能满足完全竞争假定。如市场存在着独占、垄断、过度竞争等，都会引起社会效率的损失。

3. 某些领域不适用一般竞争均衡分析，尤其是那些体现效率递增的经济活动，如研究与开发等。

4. 完全竞争市场的假定不成立。如有完全风险保障的市场是不存在的。

5. 存在信息不完备或信息无关性。主要表现为：（1）私人信息的获得是有限的；（2）信息在私人交易中会发生扭曲；（3）市场行为主体所掌握的信息是不对称的。

6. 存在不完全均衡，资源不能被充分利用，如失业等。

7. 存在外部效应。

8. 市场无法自行保证供给公共物品。

（一）垄断

垄断（Monopoly）是指少数的卖者在一个或多个市场面对竞争性的消费者，能够随意调节价格与产量的经济社会现象。垄断导致市场失灵的表现主要有以下三种。

1. 垄断造成市场效率低下

垄断市场的价格比竞争市场高，产量比竞争市场低。这样，一方面导致厂商丧失了降低成本、提高效率的动力；另一方面抬高的垄断定价成为市场价格，扭曲了正常的成本价格关系，对市场资源配置产生误导，造成一种供不应求的假象，导致更多的资源流向该行业。

2. 垄断造成社会福利损失

主要表现为使消费者剩余大大减少。如图 5-1 所示，在完全竞争条件下，高于

均衡价格 P_e 的价格反映的效用水平就是消费者剩余，即图中 ΔP_DBP_e 部分。在垄断条件下，高于垄断价格 P_m 的价格反映的效用水平就是消费者剩余，即图中 ΔP_DAP_m 部分。显然，前者大于后者，二者之差即 AP_mP_eB 部分，其中 ACP_eP_m 部分为垄断利润，ΔABC 部分就是社会福利损失，即垄断产量限制对社会造成的损失。

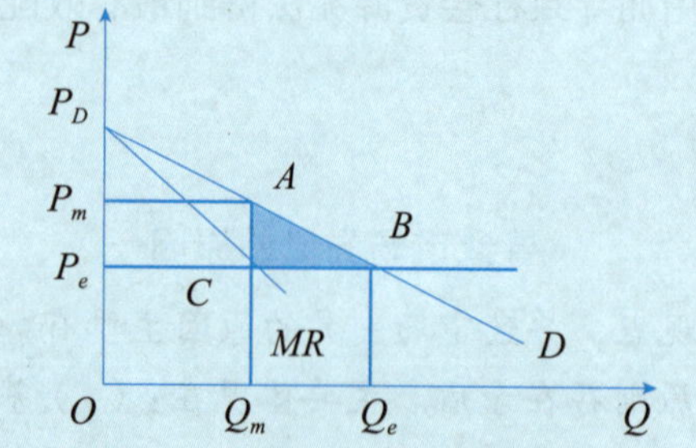

图 5-1　垄断造成的社会福利损失

3. 垄断造成寻租

寻租（Rent Seeking）通常指那些通过公共权力参与市场经济从而谋取非法收益的非生产性活动。如向政府游说或贿赂立法者、采取合法手段规避政府的管制，以及进行反垄断调查等，这些行为发生的费用都属于寻租成本。由于寻租成本没有用于生产性经营活动，因此会造成社会资源的浪费和社会福利水平的降低。

案例讨论

市场监管总局对阿里巴巴“二选一”垄断行为做出行政处罚

2020 年 12 月，市场监管总局依据《中华人民共和国反垄断法》（以下简称《反垄断法》）对阿里巴巴集团控股有限公司（以下简称阿里巴巴集团）在中国境内网络零售平台服务市场滥用市场支配地位行为立案调查。

市场监管总局成立专案组，在扎实开展前期工作基础上，对阿里巴巴集团进行现场检查，调查询问相关人员，查阅复制有关文件资料，获取大量证据材料；对其他竞争性平台和平台内商家广泛开展调查取证；对本案证据材料进行深入核查和大数据分析；组织专家反复深入开展案件分析论证；多次听取阿里巴巴集团陈述意见，保障其合法权利。本案事实清楚、证据确凿、定性准确、处理恰当、手续完备、程序合法。

经查，阿里巴巴集团在中国境内网络零售平台服务市场具有支配地位。自 2015 年以来，阿里巴巴集团滥用该市场支配地位，对平台内商家提出“二选一”要求，禁止平台内商家在其他竞争性平台开店或参加促销活动，并借助市场力量、平台规则、数据和算法等技术手段，采取多种奖惩措施保障“二选一”要求执行，维持、增强自身市场力量，获取不正当竞争优势。

调查表明，阿里巴巴集团实施“二选一”行为排除、限制了中国境内网络零售平台服务市场的竞争，妨碍了商品服务和资源要素自由流通，影响了平台经济创新发展，侵害了平台内商家的合法权益，损害了消费者利益，构成《反垄断法》第十七条第一款第（四）项禁止“没有正当理由，限定交易相对人只能与其进行交易”的滥用市场支配地位行为。

根据《反垄断法》第四十七条、第四十九条规定，综合考虑阿里巴巴集团违法行为的性质、程度和持续时间等因素，2021 年 4 月 10 日，市场监管总局依法做出行政处罚决定，责令阿里巴巴集团停止违法行为，并处以其 2019 年中国境内销售额 4 557.12 亿元 4% 的罚款，计 182.28 亿元。同时，按照行政处罚法坚持处罚与教育相结合的原则，向阿里巴巴集团发出《行政指导书》，要求其围绕严格落实平台企业主体责任、加强内控合规管理、维护公平竞争、保护平台内商家和消费者合法权益等方面进行全面整改，并连续三年向市场监管总局提交自查合规报告。

拓展阅读：《中华人民共和国反垄断法（2022 修正）》

思考讨论：

1. 为什么要反垄断？
2. 政府在反垄断方面做了哪些努力？
3. 结合我国《反垄断法》，了解相关内容，谈谈你对反垄断问题的认识。

拓展阅读：国家反垄断局首次亮相

（二）外部性

外部性（Externalities），也叫外部效应，是指生产或消费行为给他人带来非自愿的成本或收益，却不用支付由此带来的成本或不能从这些收益中得到补偿。

1. 外部性的种类

视频：外部性

从经济活动的结果及对他人福利造成的影响来看，外部性可以分为正外部性和负外部性。

（1）正外部性。正外部性也称外部经济，是指人们的经济活动给他人带来的利益，而提供利益者未得到补偿，受益者未支付成本。如养蜂人通过养蜂生产蜂蜜追求自己的利益，附近农民种植的果树因蜜蜂传授花粉而节省了人工授粉的成本，并增加了产量；林场周边的居民，因林场植树空气质量得到改善而增加了福利。

（2）负外部性。负外部性也称外部不经济，是指人们的经济活动给他人带来的损失，而施加损害者未付出成本，受损害者未得到补偿。如造纸厂向河流排放大量废水污染河流，造成鱼类品质下降及大量鱼类死亡，提高了渔民的养殖成本；大排档的油烟和喧闹，危害了周边居民的身体健康。

从经济活动的主体来看，外部性可分为生产外部性和消费外部性（见表 5−1）。

（1）生产外部性。生产外部性是指厂商的生产活动对他人所造成的非市场化影响。如上文所述养蜂人、林场的生产活动产生的生产正外部性，而造纸厂、大排档的生产活动产生的生产负外部性。

（2）消费外部性。消费外部性是指消费者的消费活动对他人所造成的非市场化影响。如一个人按种乙肝疫苗，在预防自己患乙肝的同时，也降低了他人感染乙肝的概率，产生消费正外部性；一个人在公共场所吸烟会危害其他人的身体健康，产生消费负外部性。

表 5-1　外部性的种类

分类标准		发生领域	
		生产	消费
对他人影响	收益	生产正外部性（如养花）	消费正外部性（如放烟花）
	损失	生产负外部性（如化工厂）	消费负外部性（如抽烟）

2. 外部性与资源配置

外部性导致资源配置失当，造成经济效率损失。当存在正外部性时，经济活动主体未获得自身经济活动的全部收益，私人收益小于社会收益，因而私人活动的水平常常要低于社会所要求的最优水平，出现供给不足；当存在负外部性时，经济活动主体未承担自身经济活动的全部成本，私人成本小于社会成本，因而私人活动的水平常常要高于社会所要求的最优水平，出现供给过度。

课堂讨论

请列举现实生活中还有哪些存在外部性的实例，并分别说明它们属于哪种类型，会对经济主体产生什么影响。

（三）公共物品

1. 公共物品的含义

公共物品（Public Goods），是指私人不愿意或无能力生产而由政府提供的具有非排他性和非竞争性的物品。

非排他性是指不能轻而易举地排斥某人消费某种物品，也就是意味着不管人们付费与否，都不能排除他人对该物品的消费。

非竞争性是指某人对该物品的消费并不影响他人对该物品的消费，意味着消费者之间不存在竞争。

2. 公共物品的分类

根据公共物品所具有的非排他性和非竞争性的不同程度，公共物品可以分为纯公共物品和准公共物品两类。

（1）纯公共物品：纯公共物品（Pure Public Goods）是指同时具有非排他性和非竞争性的物品，如国防、外交、法律、法规等。纯公共物品必须以不拥挤为前提，否则随着消费者数量的增加会影响他人的消费，从而影响公共物品的性质。如节日期间，免费的露天广场和公园就会由于拥挤而具有竞争性。

（2）准公共物品：准公共物品（Quasi Public Goods）是指具有不完全排他性和竞争性的物品。准公共物品又分为两类：一类是具有非竞争性和排他性的物品，称为俱乐部物品，如有线电视、社区绿化、高速铁路、高速公路等；另一类是具有非排他性和竞争性的物品，称为公共资源，如公海中的鱼类资源、公共牧场、地下水资源、森林、拥挤的免费公路和桥梁等。

与公共物品相对的是私人物品（Private Goods），它是指既具有排他性又具有竞争性的物品，如衣服、鞋帽、家电等。

物品的分类如表 5-2 所示。

表 5-2　物品的分类

	排他性	非排他性
竞争性	私人物品 （如衣服、鞋帽、家电等）	公共资源 （如公海中的鱼类、公共牧场、免费公路和桥梁）
非竞争性	俱乐部物品 （如有线电视、高速公路等）	纯公共物品 （如国防、外交、法律、法规等）

由于公共物品具有非排他性，因而难免产生“搭便车”的问题。所谓“搭便车”（Free Rider），是指某些个人虽然参与了公共物品的消费，但是却不愿意支付公共物品的生产成本的现象。

既然在公共物品的消费过程中不存在一种类似于竞争市场中的协调的刺激机制，那么便难以避免“搭便车”问题。既然市场机制对公共物品的有效配置无能为力，那么，由政府或公共部门开支安排生产，并根据社会福利原则来分配公共物品，就成为解决“搭便车”问题的唯一选择了。

课堂讨论

你在现实生活中遇到过哪些“搭便车”现象？请举例说明，并提出解决“搭便车”问题的方案。

案例讨论

“救命药”为何一药难求

“我们患者就是想不通，为什么这个药就这么紧张？”刘女士是卵巢癌晚期患者，手术治疗后一直使用一种名为“尼拉帕利”的药物进行后续治疗。2021 年 3 月，“尼拉帕利”通过国家医保谈判被纳入了国家医保目录，从原来 2.5 万元一盒降到 6 000 元一盒，患者个人只需支付 1 700 元左右。“听到这个消息我们开心极了，结果到了开药的时候跑遍了定点医院都没有。”明明有政策却无法享受，“救命药”

在医院开不到。在江苏省医疗保障局副局长俞善浚看来，这个问题的解决有两个关键点：一是用得上，二是待遇应该有保障。

俞善浚介绍，医保部门已会同卫生行政主管部门，明确医疗机构用药第一责任人的身份，并通过大数据监测、奖惩等管理措施，促使医院履行好确保临床合理用药需求的责任。同时江苏省医保局也和卫健部门商议，对于一些临床急需的药品，允许通过临采途径来保障需要。江苏省医保局2021年还创新建立"双通道"兜底机制，将符合条件的定点药店的供药渠道开通，和医院享受同样供药待遇。

江苏省医保局还在参保群众待遇保障上积极采取措施。除将100种药纳入"双通道"供药渠道外，又在其中遴选了83种直接由医保进行单独支付。"双通道"机制是2021年刚刚建立的，各地落实的进度、措施不完全一致。俞善浚说，下一步他们将加大措施，使好的制度能够落地落实落到实效，满足老百姓合理用药需求。

（资料来源：陈珺璐. 江苏省医保局直播回应群众诉求. 新华日报，2021-11-02. ）

思考讨论：

1. 药品是公共物品吗？理由是什么？

2. "救命药"为何会一药难求？

3. 结合经济学相关知识，谈谈如何解决"救命药"一药难求的问题。

知识链接

公地的悲剧

公共资源是指那些没有明确所有者，人人都可以免费使用的资源，如海洋、湖泊、草场等。公共资源由于产权不清，通常会被过度利用。1968年，美国生态学家加勒特·哈丁（Garert Hardin）在《科学》杂志上发表的著名文章《公地的悲剧》就说明了这一问题。文章写道，公共牧场无偿向牧民开放，由于每个牧民都想多养，牛羊数量无节制地增加，而牧场的承载能力是有限的，最终，公地牧场因过度放牧而沦为不毛之地。

之所以会造成这样的结果，是因为作为理性人， 每位牧民都追求最大收益。他们会考虑：多添一头动物，对自己有什么效益。多添一头动物会使其所有者多获得一份收益，因为出售牛羊的收益全归其所有者，而多添一头动物造成的过度放牧损害结果则由使用公共牧场的全体牧民承担，这头动物的所有者只是承担过度放牧损害结果中很小的一部分。多添一头动物的私人成本低于社会成本，导致牧民只有一个理性选择，即多养一头，再多养一头……悲剧因此而起，市场机制这只"看不见的手"便失灵了。

对"公地的悲剧"有许多解决办法，比如可以把土地分给各个家庭，每个家庭把自己的一块草地用栅栏圈起来。这样，每个家庭就会承担牛羊吃草的全部成本，从而可以避免过度放牧的行为。现实中，有许多公共资源， 如清洁的空气和水、石油矿藏、大海中的鱼类、许多野生动植物等都面临着与"公地的悲剧"一样的问题，即私人决策者会过度使用公共资源，如果无法界定公共资源的产权，则必须通过政府干预（如采用政府管制、征收资源使用费等办法）来减少对它的使用。

（四）信息不对称

信息不对称（Imperfect Information）是指参与经济活动的当事人拥有不同信息的状况，掌握信息比较充分的人往往处于比较有利的地位，而信息贫乏的人则处于比较不利的地位。造成信息不对称的原因有：（1）认识能力有限；（2）掌握信息的成本高；（3）信息的特殊性；（4）自利倾向。

信息不对称会导致以下两种现象。

1. 逆向选择

逆向选择（Adverse Selection）是指由于交易双方信息不对称和市场价格下降造成劣质品挤压优质品，进而出现市场交易产品平均质量下降的现象，与货币流通中“劣币驱逐良币”的现象类似，也称“柠檬现象”。

知识链接

劣币驱逐良币

16世纪的英国商业贸易已经很发达，玛丽女王时代铸制了一些成色不足（即价值不足）的铸币投入流通中。当时在英国很受王室看重的金融家兼商人托马斯·格雷欣发现，当面值相同而实际价值不同的铸币同时进入流通时，人们会将足值的货币贮藏起来，或是熔化或是流通到国外，最后回到英国偿付贸易和流通的则是那些不足值的“劣币”，英国由此遭受巨大损失。鉴于此，格雷欣对伊丽莎白一世建议，恢复英国铸币的足够成色，以恢复英国女王的信誉和英国商人的信誉，以免在贸易中受到不足价值铸币的“驱逐”。

这就是“劣币驱逐良币”效应，产生这种现象的根源在于当事人的信息不对称。因为如果交易双方对货币的成色或者真伪都十分了解，劣币持有者就很难将手中的劣币花出去，或者即使能够花出去，也只能按照劣币的“实际”而非“法定”价值与对方进行交易。

2. 道德风险

道德风险（Moral Hazard）是指人们享有自己行为的收益，而将成本转嫁给他人，从而造成他人损失的可能性，即从事经济活动的人在最大限度地增加自身效用的同时，做出不利于他人的行为，也叫机会主义。

由于不确定性与信息不对称的原因，交易合同常常有一定的缺陷，交易主体有可能不承担自己的不敬业或不谨慎行为所产生的全部损失。例如，如果某公司的老板向所雇用的销售员支付固定工资，那么这个老板就可能遇到销售员的道德风险；销售员有付出最小努力、不积极销售的收益，结果必然减少公司的利润。为避免这种情况，通常销售员的工资收入分成两部分：一部分是基本工资，与销售量无关；

另一部分工资与销售量紧密相关，销售量越多，这部分工资也就越多。又如，买了家庭财产保险的人，就没有多大的热情安装各种家庭防盗装置了。

课堂讨论

1. 请问保险市场上会存在怎样的逆向选择问题？针对该类问题谈谈解决思路。
2. 请讨论企业中员工会存在哪些道德风险问题，以及如何防止这类问题的发生。

案例讨论

数字经济新业态

作为数字经济新业态的“爆款”，最近一年多，直播带货风头正劲。中国互联网络信息中心发布的数据显示，截至2020年12月，我国电商直播用户规模达到3.88亿人，在所有网络直播细分中排名第一，66.2%的直播电商用户购买过直播商品。

然而，伴随着直播带货的发展，各种新问题也随之而来。百万在线、流量过亿、爆款秒杀……在数据至上的直播江湖里，隐藏着巨大的泡沫：刷量系统昼夜运行，90元可买500个机器粉进直播间发言带节奏，售价上千元的“翡翠”进价30元，2元一瓶的抑菌洗手液其实是“三无”产品。

在这种新消费模式下，消费者也面临诸多维权新难题。如何规范直播带货、促进行业良性发展，如何保障消费者的合法权益，引起社会广泛关注。

（资料来源：赵丽. 直播带货成为消费投诉“重灾区”. 法制日报，2021-03-17.）

思考讨论：

1. 直播带货作为新生事物具有两面性，请你谈谈这种经济模式的优缺点。
2. 如何解决直播经济中消费者和销售者之间信息不对称的问题？

二、政府管控市场失灵的措施

（一）反垄断措施

1. 制定反垄断法

反垄断法又称反托拉斯法，是政府反对垄断行为的法律手段。我国于2008年8月1日起正式实施《反垄断法》。《反垄断法》主要由以下三个方面的基本内容构成：

（1）禁止垄断协议。垄断协议是指两个或两个以上的市场主体达成的排除或限制竞争的协议、决定或者其他协同行为。

（2）禁止具有市场支配地位的市场主体滥用市场支配地位。市场支配地位是指经营者在相关市场内具有能够控制商品价格、数量或者其他交易条件，或者能够阻碍、影响其他经营者进入相关市场能力的市场地位。

（3）控制企业合并。企业合并具有或者可能具有排除、限制竞争效果的，《反垄断法》做出禁止的规定；企业合并对竞争产生的有利影响明显大于不利影响，或者符合社会公共利益的，《反垄断法》做出不予禁止的规定。

2. 政府管制

政府管制是指政府为达到一定的目的，凭借其法定的行政权力直接对市场主体的经济活动进行某种限制和约束的行为。政府对垄断的管制包括价格和产量管制，通过规定最高限价与最低产量来约束垄断行为。在我国，政府管制主要适用于水电气、城市公共交通等垄断行业。

（二）外部性的治理

治理外部性的基本原则，是使经济主体的私人收益等于社会收益或私人成本等于社会成本。政府治理外部性的主要措施有政府管制、补贴和征税、合并企业、界定产权。

1. 政府管制

政府往往采取行政干预、强制性管制措施或推行强制性标准等手段控制负外部性。如严格限制高污染工厂选址及污染排放量，对违规者做出限期治理、罚款、停产整顿甚至关闭的处理；在机场、车站等公共场所实施禁烟令；禁止农民焚烧秸秆等。

2. 补贴和征税

对产生正外部性的经济主体，政府给予财政补贴，补贴额度相当于社会收益与私人收益之差，使其私人收益与社会收益一致，以鼓励此类行为；对造成负外部性的经济主体，政府对其征税，征税额度相当于社会成本与私人成本之差，使其私人成本与社会成本一致，以制约此类行为。如在生产污染的情况下，政府对污染者征税，税额为对受污染者的损失补偿及治理污染所需要的费用。这样，企业在进行生产决策时就会把污染的成本纳入考虑范围。总之，只要政府采取措施使得私人成本与社会成本相等，或私人收益与社会收益相等，就可使资源配置达到最优状态。

3. 合并企业

合并企业是指将施加和接受外部影响的经济单位重组为一个经济单位。当一个企业的生产影响到另外一个企业时，如果这种影响是正外部性，则施加影响的企业生产水平低于社会最优水平；如果这种影响是负外部性，则施加影响的企业生产水平高于社会最优水平。当这两个企业合并为一个企业时，外部影响消失，即被“内部化”，其产量等于社会最优产量。在企业合并后不产生负外部性的情况下，政府可以出台相应的规章制度允许和鼓励其合并。当然这种合并是有局限性的，适用于外部影响是小范围的情况。此外，合并后企业规模变大、业务内容复杂化，组织管理成本相应提高，故只有在由于合并所带来的收益高于合并而增加的组织管理成本时，企业才会选择这种方式。

4. 界定产权

产权是通过法律界定和维护的人们对财产的权利。产权不明确是导致外部性的根本原因。经济学家科斯认为，政府只需界定并保护产权就可以了，并非一定要用干预的方法来试图消除私人收益与社会收益或私人成本与社会成本之间的差异。只要产权是明确的，并可以自由交易或协商，且交易成本为零，那么无论初始产权怎样界定，市场机制都能使资源实现合理配置，这就是著名的科斯定理。

知识链接

科斯定理

科斯定理是经济学家科斯提出通过产权制度的调整，将商品有害外部性内部化，从而将有害外部性降低到最低限度的理论。科斯定理指出，在市场交换中，若交易费用为0，那么产权对资源配置的效率就没有影响；反之，若交易费用大于0，那么产权的界定、转让及安排都将影响产出与资源配置的效率。科斯主张用产权明确化的办法来解决外部性的问题。

假设有一个工厂，其烟囱冒出的烟尘使附近5户居民洗晒的衣物受到污染，每户损失75元，总计损失375元。又假设在市场经济条件下，如果不存在政府干预，就只有两种治理办法：第一，在烟囱上安装除尘器，费用为150元；第二，每户居民装一台烘干机，费用为50元，总费用为250元。显然，第一种办法费用更低，属于最有效率的解决方案，不论财产所有权的分配界定给哪一方，即不论给予工厂烟囱冒烟的权利，还是给予居民不受污染的权利，只要工厂与居民协商时，其协商费用为0，则市场机制自发调节总会使经济达到最有效率的结果，即采用安装除尘器的办法。

（三）信息不对称的治理

1. 政府干预

在某些领域，生产者因为拥有更多的信息而占据强势地位。同时需求者完全依赖于供给者，因此政府必须干预。比如在医疗市场或维修市场等专业化程度比较高的市场，消费者不可能完全学习并了解与生产者或供给方同样多的信息，所以需要政府或相应的专业协会介入，规范市场交易制度、整顿市场交易秩序并尽量使信息公开透明化，从而减少不必要的交易成本，提高交易数量和质量。

2. 激励机制

为了减少道德风险对委托人可能造成的损失，契约中就要包括一些鼓励或激励代理人的条款和内容，或者说契约就应该是一种鼓励或激励代理人的规则和制度，如承包制、租赁制、绩效工资、奖金及期权等。

3. 将隐形信息明示化

对于逆向选择与道德风险所产生的低效率，可以采取做记号等方法来避免。例如在二手车市场上，做记号的方法是高质量车的卖主或第三者向买主担保一定时期内所购车辆免费修理。显然，消费者会相信有这种担保的车一定是好车，否则就是质量不好的车。此外，信誉和信用记录也被认为是克服不对称信息的有效信号。

（四）公共物品的供给

公共物品往往由政府通过投票的方式来确定其供给量。根据人们的投票结果来做出决策的行为，称为公共选择。

1. 一致同意规则

一致同意规则又称一票否决制，是指在公共选择的表决过程中，针对某项制度的决策或议案，必须经由全体投票人一致赞同，才可能获得通过的一种投票表决方法。但是，这一规则有两个缺点：一是决策成本过高，方案要获得一致同意，必然要耗费大量时间、人力和物力；二是为使方案一致通过，一些投票人会招致威胁被迫投赞成票，不能真实表达偏好与愿望。因此，一致同意规则不具有现实的应用性。

2. 多数规则

多数规则又称为多数投票规则，是指候选人或一项决策须经半数以上人赞成才能当选或通过的一种投票规则。由于一致同意规则具有很高的决策成本，从而使得多数规则成为在实践中普遍运用的投票规则。多数规则又分为简单多数规则和比例多数规则，最基本、最常用的规则是简单多数规则。简单多数规则规定，赞成票过半数方案就算通过。比例多数规则要求赞成票占应投票的一个相当大的比例，如必须占 2/3 才算有效。

3. 加权规则

加权规则就是按照实际得到的赞成票数的多少来决定集体行动方案。如联合国安理会模式就是加权表决制，即根据一定标准给予国际组织成员国以不同票数或不等值的投票权进行表决，分配表决权所依据的标准包括成员国的人口，对组织的出资金额、贡献、责任、利害关系等，这主要适用于国际经济组织中，与一国一票的制度是相反的。

4. 否决规则

否决规则的具体做法是首先将所有参与者自己提出的可供选择的方案加以汇

总，然后每位参与者从汇总的所有方案中否决掉自己所反对的方案，最后剩下的没有被否决的方案便成为参与者可以接受的方案。其局限性在于它要求参与集体行动的个体必须在利益和兴趣上有共同性，否则就无法做出最终选择。

价值提升

我国的排污权交易制度

国家环保总局（现为中华人民共和国环境保护部）自2002年起在全国部分省市开展了排污权交易的综合试点工作，探索在市场经济条件下，运用经济杠杆的作用，充分调动企业主动削减污染物排放总量的积极性，以最小成本实现减排目标。

排污权交易是一种以市场为基础的经济政策和经济刺激手段，排污权的卖方由于减排而剩余排污权，出售剩余排污权获得的经济回报实质上是市场对有利于环境的外部经济性的补偿。无法按照政府规定减排或因减排代价过高而不愿减排的企业，购买其必须减排的排污权，其支出的费用实质上是为其外部不经济付出的代价。

所谓排污权交易制度，是指在实施排污许可证管理及排放总量控制的前提下，鼓励企业通过技术进步和污染治理节约污染排放指标，这种指标作为“有价资源”，可以“储存”起来以备自身扩大发展之需，也可以在企业之间进行商业交换。那些无力或忽视使用减少排污手段，导致手中没有排放指标的企业，可以按照商业价格，向市场或其他企业购买指标。在发达国家，排污权交易制度对排污总量控制起到了重要作用。

国家环保总局污染控制司有关负责人表示，建立排污权交易制度，并不意味着企业只要有钱就能无所顾忌地扩大排污。无论“买”“卖”双方，其交易都只能在满足国家总量控制的前提之下进行，并且不能使当地环境质量恶化。专家认为，实行排污权交易这种市场化手段，将有效地促使排污者以有利于自身发展的方式主动排污，削减排污总量。

全球碳排放权交易市场建设不断加快。

国际碳行动伙伴组织发布的《全球碳市场进展2021年度报告》指出，2020年，全球碳排放权交易市场（简称碳市场）展现出韧性。各国更具雄心的气候目标和净零排放承诺，提升了政策稳定性和市场信心。截至2021年4月，全球已建成的碳交易系统达24个，22个国家和地区正在考虑或积极开发碳交易系统。

1. 交易机制日渐完善

1997年《京都议定书》首次提出把市场机制作为解决温室气体减排问题的新路径。近些年来，全球碳市场建设不断加快，从配额限制到配额出售的市场运作，从出台法规到执法检查的监督管理，市场交易机制日渐完善。

中国从2011年开始在北京、天津、上海、重庆等7个地方开展了碳排放权交易试点工作，为全国碳市场建设积累了经验。2021年1月，中国生态环境部公布了《碳排放权交易管理办法（试行）》，并印发配套的配额分配方案和重点排放单位名单。中国碳市场发电行业第一个履约周期正式启动，2 225家发电企业将分到碳排放配额。“最引人瞩目的是中国碳市场的进展，尤其是2020年下半年到2021年初出台的一系列政策，为这一全球最大碳市场的启动铺平了道路。”国际碳行动伙伴组织的报告指出。

2. 助力实现节能减排

国际碳行动伙伴组织2021年的报告称，目前碳市场覆盖全球16%的排放量、近1/3的人口和54%的全球国内生产总值。碳市场建设将极大助力实现应对气候变化《巴黎协定》目标。

2019年，欧盟碳排放交易系统覆盖的排放量较上一年下降9.1%，是10年来最大降幅。同年，欧盟拍卖的配额量同比减少36%，收入增加4.47亿欧元，成为支持应对气候变化投融资的重要来源。荷兰环境评估局的研究人员认为，欧盟碳排放交易系统为企业提供了明确可信、经济有效的减排激励措施，推动了低碳技术创新投资。美国智库“气候交流教育与研究中心”认为，加州碳排放交易体系带来诸多好处，减少了温室气体排放，改善了当地空气质量，维护了公众健康，综合效益是项目成本的5倍。加州空气资源委员会2020年的统计显示，碳排放配额拍卖所筹集的资金用于绿色交通、可持续社区建设和清洁能源产业等，迄今已投资137亿美元，创造了大量新就业岗位。

3. 持续推动市场发展

国际碳行动伙伴组织报告显示，2020年底，欧盟、新西兰、北美区域等的碳市场价格与年初相比均出现上涨，显示出碳市场的强大韧性。

中国生态环境部于2021年表示，将围绕完成全国碳市场第一个履约周期，以发电行业为突破口率先在全国开展交易，在发电行业碳市场稳定运行的基础上，逐步扩大市场覆盖行业范围，丰富交易品种和交易方式，实现全国碳市场的平稳有效运行和健康持续发展，有效发挥市场机制在实现二氧化碳排放达峰目标与碳中和愿景中的重要作用。

自2021年起，欧盟碳排放交易体系进入第四阶段，覆盖范围从电力热力部门等能源密集型产业，扩展到航空业，未来可能继续扩展到建筑业、交通运输业；温室气体种类从单一的二氧化碳排放，扩展到一氧化二氮、全氟化碳；碳排放配额分配机制也逐渐从免费发放向拍卖过渡。2021年1月，美国加州碳市场立法修正案正式生效，内容包括调整配额价格控制机制以及在2030年之前更大幅度地降低排放总量等。2021年，韩国温室气体排放权交易进入第三阶段，实施更加严格的排放上限，将有偿配额比例提高到10%，覆盖的行业将继续扩大。韩国政府致力于引导企业自发减排，还引入第三方交易制度，增加金融企业和第三方机构参与。

合理的碳价格是实现气候目标的必要途径。欧洲能源智库“能源转型论坛”的报告称，为确保公平，政策制定者必须考虑碳价过快上涨的影响，避免对一些行业构成沉重负担。该机构执行董事帕特里克·格雷钦表示，兼顾环境与社会公平才能更有效实现应对气候目标。

（资料来源：方莹馨，张梦旭，张悦，龚鸣. 全球碳排放权交易市场建设不断加快. 人民网，2021-04-23.）

启示：

排污权交易和碳排放交易都是政府在市场机制失灵时采取的治理办法，中国为了应对全球温室效应，在工业化发展和转型阶段主动节能减排体现了大国担当，除了依靠政府治理外，经济主体也要主动承担社会责任，建设可持续发展的生态环境是每个社会主体应尽的责任和义务。

任务二　宏观经济政策

导学案例

2022 年国家的宏观经济政策

2022 年经济社会发展任务重、挑战多。要按照以习近平同志为核心的党中央部署要求，完整、准确、全面贯彻新发展理念，加快构建新发展格局，推动高质量发展，扎实做好各项工作。

提升积极的财政政策效能。今年赤字率拟按 2.8% 左右安排、比去年有所下调，有利于增强财政可持续性。预计今年财政收入继续增长，加之特定国有金融机构和专营机构依法上缴近年结存的利润、调入预算稳定调节基金等，支出规模比去年扩大 2 万亿元以上，可用财力明显增加。新增财力要下沉基层，主要用于落实助企纾困、稳就业保民生政策，促进消费、扩大需求。今年安排中央本级支出增长 3.9%，其中中央部门支出继续负增长。中央对地方转移支付增加约 1.5 万亿元、规模近 9.8 万亿元、增长 18%，为多年来最大增幅。中央财政将更多资金纳入直达范围，省级财政也要加大对市县的支持，务必使基层落实惠企利民政策更有能力、更有动力。

要用好政府投资资金，带动扩大有效投资。今年拟安排地方政府专项债券 3.65 万亿元。强化绩效导向，坚持“资金、要素跟着项目走”，合理扩大使用范围，支持在建项目后续融资，开工一批具备条件的重大工程、新型基础设施、老旧公用设施改造等建设项目。民间投资在投资中占大头，要发挥重大项目牵引和政府投资撬动作用，完善相关支持政策，充分调动民间投资积极性。

要坚持政府过紧日子，更好节用裕民。大力优化支出结构，保障重点支出，严控一般性支出。盘活财政存量资金和闲置资产。各级政府必须艰苦奋斗、勤俭节约，中央政府和省级政府要带头。加强收支管理，严禁铺张浪费，不得违规新建楼堂馆所，不得搞形象工程，对违反财经纪律、肆意挥霍公款的要严查重处，一定要把宝贵资金用在发展紧要处、民生急需上。

加大稳健的货币政策实施力度。发挥货币政策工具的总量和结构双重功能，为实体经济提供更有力支持。扩大新增贷款规模，保持货币供应量和社会融资规模增速与名义经济增速基本匹配，保持宏观杠杆率基本稳定。保持人民币汇率在合理均衡水平上的基本稳定。进一步疏通货币政策传导机制，引导资金更多流向重点领域和薄弱环节，扩大普惠金融覆盖面。推动金融机构降低实际贷款利率、减少收费，让广大市场主体切身感受到融资便利度提升、综合融资成本实实在在下降。

（资料来源：《2022年政府工作报告》）

学习任务：

1. 什么是宏观经济政策？
2. 什么是财政政策和积极的财政政策？什么是货币政策和稳健的货币政策？
3. 2021年我国为什么要实施积极的财政政策和稳健的货币政策？

知识精讲

一、宏观经济目标

（一）宏观经济总体目标

1. 充分就业

充分就业是宏观经济政策的第一个目标。充分就业在广泛意义上是指一切生产要素（包含劳动）都有机会以自己愿意的报酬参加生产的状态，即社会消除了“非自愿失业”时的就业状况，在接受现有的工资水平和工作条件下，愿意工作的人都能得到就业机会。

经济学家通常以失业率高低作为衡量充分就业与否的尺度。失业率是指失业者人数占劳动力人数的比例。失业会给社会及失业者本人和家庭带来损失。失业给失业者本人及其家庭在物质生活和精神生活上带来了莫大痛苦，也使社会损失了本来应当可以得到的产出量。因此，降低失业率，实现充分就业，就常成为国家宏观经济政策的首要或重要目标。

货币主义者认为充分就业就是失业率等于自然失业率时的就业状况。充分就业并不是人人都有工作，即不是失业率为零，而是在社会允许的范围之内维持一定的失业率。美国多数经济学家认为4%的失业率即为充分就业，而保守的经济学家则认为失业率应控制在2%～3%，甚至更低。

2. 物价稳定

物价稳定是宏观经济政策的第二个目标，物价稳定是指价格总体水平的稳定。由于各种商品价格变化繁杂、统计困难，经济学家一般用价格指数来表示一般价格水平的变化。价格指数是以一定时期为基年表示的若干商品价格水平上升的幅度。价格指数有消费价格指数、生产价格指数和国内生产总值价格折算指数三种。物价稳定是指维持一个低而稳定的通货膨胀率，这种通货膨胀率能为社会所接受，对经济也不会产生不利的影响。

3. 经济增长

宏观经济政策的第三个目标是经济持续均衡增长。经济增长是指一个特定时期内经济社会所生产的人均产量和人均收入的持续增长，这种增长率既要满足社会发展需要，又是人口增长和技术进步所能达到的。经济增长通常与失业相互关联。经济的合理增长需要多种因素的配合，最重要的是增加各种经济资源，如人力、财力、物力，并且要求各种经济资源实现最佳配置。

4. 国际收支平衡

国际收支平衡是指一国进出口与净资本流出相等而形成的平衡，国际收支对现代开放型经济的国家是至关重要的。一国的国际收支状况不仅反映了这个国家的对外经济交往情况，还反映出该国经济的稳定程度。开放经济条件下，一国国际收支出现失衡，汇率的变动会对国内经济形成冲击，从而影响该国的国内就业水平、价格水平和经济增长。

若一国国际收支中的自主性交易收支基本相等，说明该国国际收支平衡；若自主性交易收入大于支出，称为顺差；若自主性交易支出大于收入，则称为逆差。随着国际经济交往的密切，如何平衡国际收支也成为一国宏观经济政策的重要目标之一。因为一国国际收支出现失衡，无论是顺差还是逆差，都会对本国经济造成不利影响，长时期的巨额逆差会使本国外汇储备急剧下降，并承受沉重的债务和利息负担；而长时期的巨额顺差，又会造成本国资源使用上的浪费，使一部分外汇闲置，特别是如果因大量购进外汇而增发本国货币，则可能引起或加剧国内通货膨胀。因此，所谓平衡国际收支目标，简言之，就是采取各种措施纠正国际收支差额，使其趋于平衡。

宏观经济政策目标之间的矛盾，要求政策制定者或者确定重点政策目标，或者对这些政策目标进行协调。政策制定者在确定宏观经济政策时，既要受自己对各项政策目标重要程度的理解，考察国内外各种政治因素，又要受社会可接受程度的制约。不同的经济学家对政策目标有不同的理解。凯恩斯主义经济学家比较重视充分就业与经济增长，而货币主义经济学家则比较重视物价稳定。

（二）宏观经济政策工具

1. 需求管理

需求管理是通过调节总需求来达到一定政策目标的宏观经济政策工具，是凯恩斯主义经济学家所重视的政策工具。凯恩斯主义的国民收入决定理论，是在假定总供给无限的条件下说明总需求对国民收入的决定作用。因此，由这种理论所引出的政策工具就是需求管理。

需求管理是要通过对总需求的调节，实现总需求等于总供给，达到既无失业又无通货膨胀的目标。在总需求小于总供给时，经济中会由于需求不足而产生失业，这时就要运用扩张性的政策工具来刺激总需求。在总需求大于总供给时，经济中会由于需求过度而引起通货膨胀，这时就要运用紧缩性的政策工具来抑制需求。

需求管理工具包括财政政策与货币政策。

2. 供给管理

供给管理是通过对总供给的调节来达到一定的政策目标。供给即生产，在短期内，影响供给的主要因素是生产成本，特别是生产成本中的工资成本。在长期内，影响供给的主要因素是生产能力，即经济潜力的增长。因此，供给管理包括控制工资与物价的收入政策、消除通货膨胀引起的不利影响、对付通货膨胀的指数化政策、改善劳动力市场状况的人力政策，以及促进经济增长的增长政策。

3. 对外经济管理

现实开放经济中，由于各国经济间存在密切的联系和影响，一国的宏观经济政策目标的实现，不仅有赖于国内经济政策，而且有赖于对外经济政策，如对外贸易政策、汇率政策等，以平衡国际收支和协调国际经济关系。因此，在宏观经济政策中也应该包括国际经济政策，或者说政府对经济的宏观调控中也应包括对国际经济关系的调节。

二、财政政策

财政政策（Fiscal Policy）是指为促进就业水平提高、减轻经济波动、防止通货膨胀、实现稳定增长而对政府支出、税收和借债水平所进行的选择，或对政府收入和支出水平所做的决策。财政政策是国家干预经济的主要政策之一。国家财政由政府收入和支出两个方面构成，其中政府支出包括政府购买和转移支付，而政府收入则包括税收和公债两个方面。变动税收指改变税率和税率结构；变动政府支付指改变政府对商品和劳务的购买支出以及转移支付。

课堂讨论

1. 什么是财政政策？
2. 财政政策工具有哪些？
3. 什么是积极的财政政策？积极的财政政策是如何发力的？

（一）财政收入（Government Receipts）

1. 税收

税收是政府收入中最主要的部分，它是国家为了实现其职能，按照法律预先规定的标准，强制地、无偿地取得财政收入的一种手段。因此，税收具有强制性、无偿性、固定性三个基本特征。正因为如此，税收可以作为实行财政政策的有力手段之一。税收依据不同标准可以做不同的分类。

根据课税对象的不同，税收可以分为三类：财产税、所得税和流转税。财产税主要是指对不动产即土地和土地上建筑物等所征收的税，遗产税一般包含在财产税中。所得税是对个人和公司的所得征税。流转税是对流通中商品和劳务买卖的总额征税。增值税是流转税的主要税种之一。

根据收入中被扣除的比例，税收可以分为累退税、累进税和比例税。累退税是税率随征税客体总量增加而递减的一种税。比例税是税率不随征税客体总量变动而变动的一种税，即按固定比例从收入中征税，多适用于流转税和财产税。累进税是税率随征税客体总量增加而增加的一种税。这三种税通过税率的高低及其变动来反映赋税负担轻重和税收问题的关系。因此税率的高低及其变动的方向对经济活动如个人收入和消费、企业投资、社会总需求等都会直接产生极大的影响。

税收作为一种政府收入手段，既是国家财政收入的主要来源，也是国家实施财政政策的一个重要手段。与政府购买、政府转移支付一样，税收同样具有乘数效应，即税收的变动对国民收入的变动具有倍增的作用。税收乘数有两种：一种是税率的变化对国民收入的影响，另一种是税收绝对量的变动对国民收入的影响。因此，税收作为政策工具，当被用来调节社会总需求时，既可以通过改变税率来实现，也可以通过变动税收总量来实现，如通过一次性减税来达到刺激社会总需求增加的目的。

在改变税率方面，由于所得税是税收的主要来源，因此改变税率主要是变动所得税的税率。一般而言，当税率降低时，会引起税收的减少、个人和企业的消费和投资增加，以致整个社会的总需求增加以及国民收入水平提高。反之，税率的提高，会导致社会总需求减少和国民收入水平降低。因此，当经济社会有效需求不足时，一般可采用减少税收这种扩张性的财政政策抑制经济的衰退；经济出现通货膨胀时，可通过增加税收这种紧缩性的财政政策抑制通货膨胀。

2. 公债

当税收不足以弥补政府支出时，政府就会发行公债，使公债成为政府财政收入的又一组成部分。公债是政府对公众的债务，或公众对政府的债权。它不同于税收，是政府运用信用形式筹集财政资金的特殊形式，包括中央政府的债务和地方政府的债务。中央政府的债务称国债。

公债一般有短期债、中期债和长期债三种形式。短期债一般通过出售国库券取得，主要进入短期资金市场（货币市场），利息率较低，期限一般为 3 个月、6 个月和 1 年三种。中长期债一般通过发行中长期债券取得，期限在 1 年以上 5 年以下的为中期债券，5 年以上的为长期债券。中长期债券利息率也因时间长、风险大而较高。

公债的发行，一方面能增加财政收入，影响财政支出，属于财政政策；另一方面又能对包括货币市场和资本市场在内的金融市场的扩张和紧缩起重要作用，影响货币的供求，从而调节社会的总需求水平。因此，公债也是政府实施宏观调控的经济政策工具。

3. 其他财政收入

政府获取财政收入的其他来源包括国有资产收益、国债收入、收费收入以及其他收入等。

（1）国有资产收益是指国家凭借国有资产所有权所获得的经营利润、租金、股息、红利、资金使用费等收入的总称。

（2）国债收入是指国家通过信用方式取得的有偿性收入。国债收入具有自愿性、有偿性和灵活性的特点。

（3）收费收入是指国家政府机关或事业单位在提供公共服务、实施行政管理或提供特定公共设施的使用时，向受益人收取一定费用的收入形式。具体可以分为使用费和规费两种。使用费是政府对公共设施的使用者按一定标准收取的费用，如对使用政府建设的高速公路、桥梁、隧道的车辆收取的使用费；规费是政府对公民个人提供特定服务或特定行政管理所收取的费用，包括行政收费（如护照费、商品检测费、毕业证费）和司法规费（如民事诉讼费、出生登记费、结婚登记费等）。收费收入具有有偿性和不确定性的特点，是政府财政收入的辅助形式。

（4）其他收入是指上述项目之外的收入，包括基本建设贷款归还收入、基本建设收入、捐赠收入等。

（二）财政支出（Government Payments）

财政支出是指整个国家中各级政府支出的总和，由许多具体的支出项目构成，主要可分为政府购买和政府转移支付两类。

1. 政府购买

政府购买是指政府对商品和劳务的购买，主要分为两个方面：一是政府举办公共工程的支出，即政府对社会需要而私人经济主体无力举办或私人不愿举办的公共设施和公共建筑，如机场、港口、桥梁、高速公路、公园、学校、水利的投资；二是政府管理各项社会事业的支出，包括政府对国家安全、政府行政、科学研究、教育、文化、环境保护、卫生保健等管理的需要而购买商品和劳务的支出，以及向公务人员支付的薪金等。

政府购买是一种实质性支出，有着商品和劳务的实际交易，因而直接形成社会需求和购买力，是国民收入的一个组成部分。因此，政府购买是决定国民收入的主要因素之一，其规模直接关系到社会总需求的增减。政府购买对整个社会总支出水平具有十分重要的调节作用。在总支出水平过低时，政府可以提高政府购买支出水平，如举办公共工程，增加社会整体需求水平；反之，当总支出水平过高时，政府可以采取减少政府购买的政策，降低社会总体需求。因此，变动政府购买支出水平是财政政策的有力手段。

2. 政府转移支付

政府转移支付是指政府在社会福利保险、贫困救济和补助等方面对私人部门的无偿转移支出。这是一种货币性支出，政府在付出这些货币时并无相应的商品和劳务的交换发生，是一种不以取得本年生产出来的商品和劳务作为报偿的支出。因此，政府转移支付不能算作国民收入的组成部分。政府转移支付主要包括三方面：第一，政府的社会保障与社会救济支出；第二，政府公债的利息支出；第三，政府对农业的补贴等。

政府转移支付构成个人可支配收入的一部分。由于政府转移支付是政府收入的一项扣除，因此通常将税收与政府转移支付之差称为净税收。政府转移支付仅仅是通过政府将收入在不同社会成员之间进行转移和重新分配，全社会的总收入并没有变动。

政府转移支付是政府支出的重要组成部分，因此，它也是一项重要的财政政策工具，它同样能够通过转移支付乘数作用于国民收入。

一般来说，当社会总支出水平不足、社会的有效需求不足、经济社会失业增加时，政府应增加社会福利费用，提高政府转移支付水平，从而增加人们的可支配收入和消费支出水平，社会有效需求因而增加，减少失业水平；当社会总支出水平过高、有效需求过旺，存在通货膨胀时，政府应减少社会福利支出，降低政府转移支付水平，从而降低人们的可支配收入和社会总需求水平，以制止通货膨胀。除了失业救济、养老金等福利费用外，其他政府转移支付项目，如农产品价格补贴，也应随经济风向而改变。总之，政府通过政府转移支付的变动达到总供给与总需求的均衡，实现经济持续稳定地增长。

知识链接

财政预算

财政预算也称公共财政预算，是由政府编制，经立法机关审批，反映政府一个财政年度内收支状况的计划。财政预算反映政府活动的范围和方向，体现政府在特定时期所要运用的政策工具及所要实现的政策目标，具有法定性、精细性、完整性、时效性和公开性，是政府调节经济和社会发展的重要工具。

财政预算通过调整收支规模和收支差额发挥调节作用。收支规模决定政府投资和消费的规模，从而影响社会总需求和总供给；收支差额一般分为赤字预算、盈余预算和平衡预算三种情形，分别体现了扩张性财政政策、紧缩性财政政策和中性财政政策。

学中做

请登录国家统计局官方网站，查询近 5 年财政预算收支数据，分析国家财政政策的变化。

（三）财政政策的选择

根据财政政策在调节国民经济总量和结构中的不同功能来划分，将财政政策划分为扩张性财政政策、紧缩性财政政策和中性财政政策。

1. 扩张性财政政策

扩张性财政政策，又称积极的财政政策，就是通过增加政府支出和减少税收来刺激社会总需求，促进经济增长的政策。主要措施有增加国债、降低税率、提高政府购买和政府转移支付。

具体来说，在经济萧条时期，由于总需求小于总供给，国民经济中存在失业，政府就要通过采用扩张性财政政策来刺激总需求，以达到实现充分就业的目标。政府公共工程支出与政府采购的增加有利于刺激私人投资，政府转移支付的增加可以增加个人消费，这样就会刺激总需求。减少个人所得税，如降低税率，可以使个人可支配收入增加，从而增加个人消费；减少公司所得税可以使公司可支配收入增加，从而增加私人投资，这样也会刺激总需求。

2. 紧缩性财政政策

紧缩性财政政策，又称适度从紧的财政政策，是指通过财政分配活动来减少政府支出和增加税收来抑制总需求的政策。主要措施有减少国债、提高税率、减少政府购买和政府转移支付。

在经济繁荣阶段，由于总需求大于总供给，国民经济中存在通货膨胀，政府需要通过紧缩性财政政策来抑制总需求，以达到实现物价稳定的目标。政府公共工程支出与政府采购的减少有利于抑制投资，政府转移支付的减少可以减少个人消费，这样就抑制了总需求。增加个人所得税，如提高税率，可以使个人可支配收入减少，从而减少个人消费；增加公司所得税可以使公司可支配收入减少，从而减少私人投资，这样也会抑制总需求。

3. 中性财政政策

中性财政政策，又称稳健的财政政策，是指财政收支保持平衡，财政的分配活动对社会总需求的影响保持中性。

中性财政政策并不意味着保守或停滞，主要体现在两点：第一，在总量上，财政收支基本平衡；第二，在具体结构内容方面，则是“有松有紧”“有保有拉”，如在涉及诸如科技创新、教育、新能源、农业等薄弱领域，需要进一步加大投入力度，而在诸如水泥、钢铁、电解铝等行业，则需要进行控制。因此，中性财政政策注重规模与效益、速度与质量的统一，是具有可持续性的财政政策。

（四）自动稳定器

自动稳定器又称为内在稳定器，是指经济系统本身存在的能够减少各种干扰对国民收入冲击的机制。它在经济繁荣时自动抑制膨胀，在衰退时自动减轻萧条，一般不需要政府采取行动。财政政策的自动稳定器功能主要通过以下几种机制发挥作用：

1. 税收自动变化

一般来说，当经济繁荣时，个人的收入会自动增加，税收会随着企业、个人收入的增加而自动增加，这就是居民的可支配收入上升幅度小于收入增加的幅度，从而使消费需求增长自动得到抑制。当经济衰退时，居民收入水平下降，企业收益随之下降，个人收入减少，在税率不变的情况下，政府的税收会自动减少，这就使得居民手中的可支配收入下降比收入下降的幅度要小，从而消费支出下降幅度也会缩小，由此虽然会带来社会总消费和总需求的下降，但下降的幅度会小一些。

2. 政府支出的变化

在经济繁荣时期，失业人数减少，失业救济和其他福利支出减少，可以抑制居民可支配收入和消费的增长。而在经济衰退时期，失业人数增加，失业救济和其他社会福利支出会相应增加，这样可以抑制居民可支配收入的下降，进而抑制社会消费、总需求的下降。

3. 农产品价格维持制度

在经济繁荣时期，农产品价格上涨，政府减少农产品的收购，并抛售农产品，限制农产品价格过度上涨，抑制农民收入，减少总需求的增加。在经济萧条期，农产品价格下降，政府按支持价格收购农产品，使农民收入维持在一定水平。

知识链接

挤出效应

财政政策的挤出效应是指政府支出的增加引起的私人消费或投资减少的作用。在充分就业经济中，如果政府支出增加，商品市场上购买产品和劳务的竞争就会加剧，物价就会上涨，在名义货币供给量不变的情况下，实际货币供给量因价格上涨而减少，使可用于投资的货币供给量减少，金融市场上债券价格下跌，利率上升，进而私人投资减少。私人投资减少则导致收入减少，消费减少，并且由于物价上涨，个人的实际消费水平下降。这一切相当于政府的支出增加“挤占”了私人投资和消费。

在不充分就业的经济中，政府推行扩张性财政政策，同样会对私人投资产生挤出效应，但不会对私人投资产生完全的“挤出”。因为政府支出增加使总需求水平提高，产出水平相应提高，从而使货币需求大于货币供给，交易需求增加。由于名义货币供给不变，导致利率上升，投资水平下降。当然，挤出效应的大小还受其他多种因素的影响。

三、货币政策（Monetary Policy）

货币政策是指中央银行通过控制货币供应量来调节利率，进而影响投资和整个经济，以达到一定经济目标的行为。

（一）货币基础知识

货币（Money）是人们普遍接受的固定充当一般等价物的特殊商品，是自发核算社会劳动的工具，常充当交换媒介，用于向其他人购买商品和劳务的资产，它体现着一定的生产关系。

货币虽然有各种各样的形式，但是最重要的是中央银行发行的基础货币。所谓的“基础货币”，简单地说可以理解为由印钞票的工厂所印发出来的，并且由中央银行投放到货币市场中去的原始钞票。这些原始的钞票通过各种的金融活动，变成了货币的各种形式。

1. 货币的形式

（1）现金。现金是通用的交换媒介，包括纸币与铸币。纸币称为法币，是由中央银行发行的，由政府通过法律形式规定强制流通的法偿货币。纸币的价值取决于它的购买力。铸币称为硬币，是币值微小的辅币，一般用金属铸造。

（2）存款货币。存款货币又称为银行货币或信用货币，是商业银行中的活期存款。活期存款可以随时转换为现金，也可以通过支票在市场上流通。存款货币和现金一样，流动性极强。存款货币的出现，将货币由有形货币扩展到无形货币，即扩展了货币的概念。

拓展阅读：
人民币简史

（3）准货币。准货币又称亚货币或近似货币，是商业银行中的定期存款和其他储蓄机构的储蓄存款、股票、债券等金融资产。准货币能够执行价值储藏职能，并且易于转换成货币，但本身还不是货币。准货币这种存款在一定的条件下可以转为活期存款，通过支票流通，因此被称为近似货币。

（4）货币替代物。货币替代物是指在一定条件下可以暂时代替货币起到交换媒介作用的东西，它本身并不是货币，也不具有货币的职能，只能够暂时执行交换媒介职能，但不能执行价值储藏功能，如信用卡。

2. 货币的职能

货币的职能也就是货币在人类社会经济生活中所发挥的作用。随着商品经济和货币的发展，货币的职能也不断地丰富。一般认为，货币具有以下四种职能：价值尺度、流通手段、储藏手段、支付手段。其中，价值尺度和流通手段是货币的基本职能。

（1）价值尺度：

价值尺度是指货币用以衡量和表现一切商品和劳务的价值时所执行的职能。货币作为一种衡量和评价商品价值的尺度，是一种计量价值的单位，所有商品和劳务的价值都可以用它衡量、表示和评价，从而可以方便地进行商品之间的比较。

货币作为价值尺度的作用就是为各种商品和劳务定价，即把商品和劳务的价值表现为价格，是观念上的而不是现实的货币。

货币作为价值的衡量尺度，为了准确地把各种商品和劳务的价值表现出来，就必须有一个统一的货币计量单位，即货币单位。货币单位，也叫价格标准，是指以货币表示的价值计量单位，是衡量价值的标准。

价格则是以货币单位表示的价值，也就是价值的货币表现。价格的内在决定因素是价值，而外在的影响因素为供求关系。市场上商品的价格总是围绕价值上下波动。所以，商品价格与商品本身的价值成正比，与货币本身价值成反比。

（2）流通手段：

流通手段是指货币在商品交换中起媒介作用时，所发挥的流通媒介的职能。在商品交换中，货币作为交换的媒介，实现商品的价值。这种以货币为媒介的商品交换，就叫商品流通。

货币在执行流通手段职能时，必须是现实的货币，而不能是观念或想象中的货币。如购买一件价值为200元的衣服，必须支付相应的货币来交换，交易双方必须是一手交钱，一手交货，即等价交换。流通中需要货币的多少取决于三个要素：价格、待出售的商品数量、货币流通速度。

货币作为流通手段时只是一种交易的媒介，商品所有者出售商品、换取货币，其目的是用货币去购买自己所需要的商品。只要货币有购买力，符号票券也能作为货币。纸币、存款货币因此而产生。

价值尺度和流通手段是货币的两个最基本的职能。商品要把自己的价值表现出来，需要一个共同的一般的尺度；商品要转化为与自己价值相等的另一种商品，需要一个为社会公认的媒介。当这两个基本要求由一种商品来满足时，这种商品就取得货币的资格。因此，“价值尺度和流通手段的统一是货币”。

（3）贮藏手段：

贮藏手段是指当货币退出流通领域后，被人们当作独立的价值形态和社会财富的一般代表保存起来，处于静止状态时所发挥的职能。人们之所以贮藏货币是因为：①货币是价值的化身，是社会财富的一般代表，贮藏货币等于贮藏社会财富；②货币具有与一切商品直接相交换的能力，可随时购买商品，因此人们为了给未来的购买和支付做准备，也会贮藏货币。货币作为贮藏手段，必须是现实的货币。

货币不是经济中唯一的价值贮藏手段，住房、汽车、艺术品、股票、债券等都具有价值贮藏职能。货币是最具流动性的资产，流动性是指一种资产兑换为经济中交换媒介的容易程度。币值越稳定，货币的价值贮藏效果越好。当出现通货膨胀时，货币的购买力缩水，贮藏价值蒸发。可以说，没有完全稳定的价值贮藏手段。随着时间的推移，住房、汽车、艺术品、股票、债券等的价值也会出现波动。

（4）支付手段：

支付手段是指货币作为交换价值的独立形态所进行的单方面转移，即货币在偿还债务或做单方面支付时所发挥的职能，例如上缴税款、银行借贷、发放工资、捐款、赠与等。货币作为支付手段时，首先，货币和商品或劳务在交换中不同时出现，货币运动要与商品运动相分离。其次，货币支付作为交换过程的补充环节，而独立地结束这个交换过程。最后，用货币支付的商品价格是在订立契约时就事先确定的，买者必须按契约规定的价格到期支付，而不管支付时市场价格如何变化。

支付手段的职能最初是为了偿还赊购的产品欠款，其后，随着经济的发展扩展到商品流通以外的各个领域，如纯粹的货币借贷、财政收支、信贷收支、工资和其他劳务收支等。这种发展进一步导致了货币收支在时间上、数量上的不一致，进而改变了一定时期的货币流通量。

随着商品经济的发展，货币的支付手段职能逐渐超出商品交换的范围，如私人用货币缴纳税款、捐款、借贷，政府用货币向私人支付财政补贴等。这类货币支付都与商品交换无关，但也体现着货币的支付手段职能。因此，货币在实际价值单方面转移时就执行支付手段职能。

3. 货币供给量

货币供应可以从静态理解也可从动态理解。从静态来看，货币供给指一国各经济主体所持有的现金（通货）与存款的总和，是一个存量概念。从动态来看，货币供应是指中央银行和商业银行向流通中投入、扩张或收缩货币量的行为和过程。

现金与存款共同构成社会的货币供给量。其中，现金由中央银行供给，存款由商业银行供给。在经济学中，一般把货币分为 M1 和 M2，M1 被称为狭义货币（Narrow Money），M2 被称为广义货币（Broad Money）。

（1）M0：M0 是指流通于银行体系以外的现金，也就是居民和企业持有的现钞。它也称通货，包括纸币及铸币。M0 流动性最强。

（2）M1（狭义货币）：M1 由 M0 和商业银行活期存款构成。其中，活期存款由于随时可以提取变现，其流动性不亚于现金。M1 代表了一国经济中的现实购买力，因此对社会经济生活有着最广泛和最直接的影响。许多国家都把 M1 作为调控货币供给量的主要对象。

M1 = M0 ＋商业银行活期存款

（3）M2（广义货币）：M2 由 M1、定期存款和储蓄存款构成。M2 不仅反映现实购买力，还反映潜在购买力。由于 M2 对研究货币流通的整体状况有着重要意义，近年来很多国家开始把货币供给量的调控目标转向 M2。

M2 = M1 ＋定期存款与储蓄存款

拓展阅读：
2021 年金融统计数据报告

学中做

请登录国家统计局网站，查询国家近 5 年的货币供给量，画图并分析其变化，讨论货币供给量变化对实体经济的影响。

（二）银行体系

银行是依法经营货币信贷业务的金融机构。按照各种银行在金融体系中的地位、作用及业务性质，其大致可划分为中央银行、商业银行、专业银行和非银行金融机构。

1. 中央银行

中央银行（The Central Bank）是一国最高的货币金融管理机构，在各国金融体系中居于主导地位，代表国家发行货币，制定和执行货币金融政策，处理国际金融事务，对金融体系进行监管，通过货币政策影响经济活动。

中央银行具有以下三个职能：

（1）发行货币职能。作为发行的银行，独享发行国家货币的权力。

（2）管理银行职能。作为管理的机构，一方面，通过票据再贴现、抵押贷款等方式为商业银行提供贷款；另一方面，为商业银行集中保管存款准备金，还为各商业银行集中办理全国的结算业务。

（3）代理中央政府金融业务。作为国家的银行，提供政府所需资金，代理国库，实施货币政策，监督管理国家金融市场活动，管理对外金融事务。

拓展阅读：《中华人民共和国中国人民银行法（修正）》

与一般的商业银行和其他金融机构相比，中央银行具有如下特征：

（1）不以营利为目的；

（2）不经营普通的银行业务，只与政府和各类金融机构往来，不办理厂商和居民的贷款业务；

（3）具有服务机构和管理机构的双重性质，有执行金融监管、扶持金融发展的双重任务；

（4）处于超脱地位，在一些国家中甚至独立于中央政府，免受政治周期的影响。

2. 商业银行

商业银行是以获取利润为经营目标，以多种金融资产和金融负债为经营对象，从事吸收公众存款、发放贷款、办理结算等多种业务，具有营利性和综合性服务功能的金融机构。商业银行的基本业务包括负债业务、资产业务和中间业务。商业银行负债主要包括自有资本和外来资金两大部分。外来资金主要包括存款、借入款，其中存款是商业银行的主要负债。商业银行的资产业务是其资金运用业务，主要分为放款业务和投资业务两大类。商业银行的中间业务是指不构成商业银行表内资产、表内负债，形成商业银行非利息收入的业务，如以中间人和代理人身份替客户办理收付、咨询、代理、担保、租赁及其他委托事项，提供各类金融服务并收取一定费用的经营活动。

我国的商业银行主要包括：（1）国有商业银行，如中国工商银行、中国农业银行、中国银行、中国建设银行等；（2）股份制商业银行，如浦发银行、招商银行等；（3）城市商业银行，如北京银行、江苏银行等；（4）农村商业银行，如北京农商银行、上海农商银行等；（5）中外合资银行。

商业银行在一国经济中扮演着重要角色，其主要职能如下：

（1）信用中介。信用中介是商业银行最基本、最能反映其经营活动特征的职能。商业银行通过负债业务，把社会上的各种闲散货币集中到银行里来，再通过资产业务，将其投向经济的各个部门。商业银行是作为货币资本的贷出者与借入者的中介或代表，来实现资本的融通，并从吸收资金的成本与发放贷款利息收入和投资收益的差额中，获取利益收入，形成银行利润。商业银行通过信用中介职能，对全社会的资源进行优化配置，使资金从盈余者手中成功地转移到短缺者手中，成为全社会最大的“中介”。

（2）支付中介。商业银行利用活期存款账户，为客户办理各种货币结算、货币收付、货币兑换等业务活动，充当了企业、政府、家庭、个人的货币保管人、出纳人和支付代理人，成为全社会经济活动的出纳中心和支付中心。以商业银行为中心，形成了经济过程中的支付链条和债权债务关系。

（3）信用创造。信用创造（Credit Creation）职能是商业银行具有的特殊职能。商业银行利用其所吸收的各种存款，通过发放贷款衍生出更多的存款，在这种存款不提取现金或不完全提取的基础上，就增加了商业银行的资金来源，从而扩大了全社会的货币供给量。

商业银行并不能无限制地创造信用，更不能凭空创造信用，其信用创造职能要受到以下因素制约：第一，商业银行信用创造要以原始存款为基础；第二，商业银行信用创造要受中央银行法定存款准备金率和现金漏损率的制约，创造能力与其成反比；第三，商业银行信用创造的条件，是要有贷款需求，如果没有足够的贷款需求，存款贷不出去，就谈不上信用创造。

（4）金融服务。商业银行利用其在国民经济活动中的特殊地位，及其信息优势，加之电子计算机在银行业务中的广泛应用，不断开拓服务领域，包括财务咨询、现金管理、代发工资、代收费用、风险管理、投资理财、银证业务、银行卡业务等。通过这些服务，商业银行一方面扩大了社会联系面和市场份额，另一方面也为银行取得了丰厚的中间业务收入。借助于日新月异的信息技术，商业银行的金融服务功能发挥着越来越大的作用，在给公众提供更加便捷、高效、安全的金融服务的同时，也使整个银行业发生了革命性的变化，促使其向“电子银行”“网络银行”方向发展。

3. 专业银行

专业银行是指专门经营特定范围金融业务的银行。专业银行分为商业性的专业银行和政策性的专业银行（简称政策性银行）。商业性的专业银行包括储蓄银行、抵押银行和合作银行。政策性银行是指由政府发起、出资成立，为贯彻和配合政府特定经济政策和意图而进行融资和信用活动的金融机构。

知识链接

我国的政策性银行

我国于 1994 年相继建立了国家开发银行、中国进出口银行、中国农业发展银行三家政策性银行。2015年，由央行会同有关单位提出的国家开发银行、中国进出口银行、中国农业发展银行改革方案获批。其中，国家开发银行被明确定位为开发性金融机构，而中国进出口银行、中国农业发展银行被明确定位为政策性银行。

政策性银行贷款利率较低、期限较长，有特定的服务对象，其放贷支持的主要是商业性的专业银行在初始阶段不愿意进入或难以涉及的领域。例如：国家开发银行服务于能源、交通等“瓶颈”行业和国家需要优先扶持的领域，包括西部大开发、振兴东北老工业基地等，这些领域的贷款量占其总量的91%；中国进出口银行则致力于扩大机电产品和高新技术产品出口以及支持对外承包工程和境外投资项目；中国农业发展银行主要承担国家政策性农村金融业务，代理财政性支农资金拨付，专司粮棉油收购、调销、储备贷款业务等。

4. 非银行金融机构

非银行金融机构就是除了银行以外的金融机构组织，具体来看主要是指以发行股票和债券、接受信用委托、提供保险等形式筹集资金，并将所筹集资金运用于长期性投资的金融机构。其主要包括以下种类：保险公司、证券公司、信托投资公司、金融资产管理公司、财务公司、金融租赁公司、典当行等。

（三）货币政策工具

1. 存款准备金政策

为了保证满足存款客户随时取款的需要，商业银行会保留一定额度的存款即存款准备金以备日常所需。法定存款准备金率（Required Reserve Ratio）是中央银行以法律形式规定的商业银行存款准备金对其存款总额的占比。

存款准备金由法定存款准备金和超额存款准备金组成。法定存款准备金政策是指中央银行对商业银行等货币存款机构的存款准备金率，强制性地要求商业银行等货币存款机构按规定比例上缴存款准备金。中央银行通过调整法定存款准备金以增加或减少商业银行的超额准备，从而控制商业银行的信用创造能力，间接地影响货币供给量。超额存款准备金包括两个部分：一是存入中央银行的准备金，二是商业银行营运资金中的现金准备。前者主要用于银行间的结算和清算，以及补充现金准备；而后者则用于满足客户的现金需要。

存款准备金政策的内容主要有三个方面：一是规定存款准备金比率，即法定存款准备金率；二是规定可充当存款准备金的资产内容，一般只有商业银行的库存现金及其在中央银行的存款才能充当准备金；三是规定存款准备金计提的基础。

存款准备金政策的作用表现在以下几个方面：

（1）保证商业银行等存款货币机构资金的流动性。商业银行等存款货币银行为保持自身资金的流动性，一般都会保留一定的现金准备，以备客户提取。在没有法定存款准备金制度的情况下，商业银行可能受较好贷款条件的诱惑而将资金大量贷出，从而影响银行资金流动性和清偿能力。法定存款准备金制度的建立，强制银行将准备金存入中央银行，可从制度上避免这种情况发生，以保证银行资金的流动性。

（2）集中一部分信贷资金。存款准备金缴存于中央银行，使中央银行可以集中一部分信贷资金，用于履行其中央银行的职能，办理银行同业间的清算，向金融机构提供信用贷款和再贴现贷款，以调剂不同地区和不同银行间短缺资金的余缺。

（3）使货币乘数发生变化，从而调节货币供给总量。由派生存款原理可知，在其他情况一定时，存款创造的倍数（即货币乘数）将取决于法定存款准备金率，且二者呈负相关的关系。中央银行提高或降低法定存款准备金率，直接减少或增加商业银行持有的超额准备金，这样，商业银行吸收的存款中用于发放贷款和进行投资的数量就会减少或增加，进而使新派生的存款数量减少或增加，这种变化就是存款货币创造能力的变化，就是货币乘数的变化，结果使货币供给量大大改变。

拓展阅读：存款准备金政策与制度

课堂讨论

1. 什么是定向降准？
2. 你觉得定向降准的目的是什么？会产生什么样的经济效果？

2. 再贴现政策

拓展阅读：再贴现概况

再贴现政策就是中央银行通过提高或降低再贴现率来影响商业银行的信贷规模和市场利率，以实现货币政策目标的一种手段。从时间上来看，再贴现政策是中央银行最早拥有的政策工具。再贴现政策一般包括两方面的内容：一是再贴现率的调整；二是规定向中央银行申请再贴现的资格。前者主要是影响商业银行的准备金及社会的资金供求，后者则主要是影响商业银行及全社会的资金结构。

通过提高或降低再贴现率，影响商业银行等存款货币机构的准备金和资金成本，从而影响它们的贷款量和货币供给量。当中央银行提高再贴现率，使之高于市场利率时，商业银行向中央银行贷款或贴现的资金成本上升，就会减少向中央银行借款或贴现，这使得商业银行准备金数量的增加受到限制。如果准备金不足，商业银行只能收缩对客户的贷款或投资规模，从而也就减少了市场上货币的供应量。由于市场上货币供给量萎缩，市场利率相应上升，社会对货币的需求也相应减少。与之相反，当中央银行降低再贴现率时，商业银行向中央银行借款或贴现的资金成本降低，借款较容易，就会增加向中央银行的借款或贴现，商业银行的准备金相应增加，放款有利可图，会扩大对客户的贷款或投资规模，从而导致市场上货币供给量增加，市场利率相应降低，社会对货币的需求也会相应增加。

3. 公开市场业务

拓展阅读：公开市场业务概述

公开市场业务是指中央银行在金融市场上公开买卖有价证券，以改变商业银行等存款货币机构的准备金，进而影响货币供给量和利率，实现货币政策目标的一种货币政策手段。公开市场业务是中央银行实施货币政策的主要工具，是中央银行稳定经济最常用、最重要、最灵活的政策手段。

公开市场业务主要是中央银行根据货币政策目标的需要及经济情况，选择最佳时机、最适当的规模买进或卖出国库券、政府公债等，增加或减少社会的货币供给量。当金融市场上资金缺乏时，中央银行买进有价证券，向社会投放其他基础货币，增加社会的货币供给量；反之则减少社会的货币供给量。

公开市场业务的作用主要体现在两个方面。第一，调控存款货币银行准备和货币供给量。中央银行通过在金融市场买进或卖出有价证券，可直接增加或减少商业银行等存款货币机构的超额准备水平从而影响存款货币银行的贷款规模和货币供给量。第二，影响利率水平和利率结构。中央银行通过在公开市场买卖有价证券可从两个渠道引起利率下降。当中央银行买进有价证券时，一方面证券需求增加，在证券供给一定的情况下，将使证券价格上升，由于有价证券的价格一般与市场利率呈反方向的变动关系，因此市场利率会下降；另一方面，商业银行储备增加、货币供给增加，在货币需求一定的情况下，会使利率下降。当中央银行卖出有价证券时，利率的变化方向相反。此外，中央银行在公开市场上买卖不同期限的证券，可直接改变市场对不同期限证券的供求平衡关系，从而使利率结构发生变化。

（四）货币政策的内容

1. 信贷政策

信贷政策是指中央银行为实现其货币政策目标而采取的调控信用量的方针和措施。其方针是：调控社会信用总量，以控制通货膨胀或紧缩，并适应经济发展的需要；调节社会信用量的结构和投向，促进经济结构优化，提高资金使用效益。其主要措施有：再贴现、存款准备金、公开市场业务及直接信用控制、消费者信用控制、道义劝告等。

2. 利率政策

利率政策是指中央银行为实现其货币政策目标而采取的控制市场利率的方针和措施。其方针是：调控市场利率的一般水平，使之能反映社会资金的供求状况；调控整个社会的利率结构，促使社会资金在合理的价格体系引导下进行有效的分配，提高使用效率。其主要措施有：官方利率的制定和其他特别的利率管制。但是，随着利率市场化的进程，中央银行将控制存款准备金率、再贷款利率等中央银行利率，其他利率将逐步放开由市场决定。

3. 外汇政策

外汇政策是指中央银行为实现其货币政策目标而采取的调控外汇资金的方针和措施。其方针是：调控外汇市场的资金供求，以稳定汇率、稳定外汇市场。其主要措施有：行政性管制，如由中央银行或指定的机构来控制一切外汇交易，一切外汇收入都要按官方汇率结售给外汇管理机构，一切外汇支出都须经过批准，限制资金和黄金、外汇的输入等；数量调节，如对外汇的交易数量、供给数量、收支数量、借贷数量、留成数量进行调节；汇率调整，如实行固定汇率、浮动汇率、中心汇率、双重汇率等。

（五）货币政策的选择

1. 扩张性货币政策

扩张性货币政策是指中央银行通过增加货币供给量，降低利息率，从而使投资增加，总需求扩大，刺激经济增长。这种政策的主要措施有：第一，降低法定存款准备金率，提高货币乘数，增加货币供给量；第二，降低再贴现率，使商业银行增加再贴现，增强对客户的贷款和投资能力，增加货币供给量；第三，通过公开市场业务，回购证券，增加货币供给量。除以上措施外，中央银行可通过“道义劝告”等方式来影响商业银行及其他金融机构使其增加放款，以增加货币供给量。

2. 紧缩性货币政策

紧缩性货币政策是指中央银行通过减少货币供给量，使利率升高，从而抑制投资，压缩总需求，限制经济增长。

在经济繁荣时期，总需求大于总供给，存在通货膨胀，政府则需采取紧缩性货币政策来抑制总需求，其中包括提高法定存款准备金率、提高再贴现率和再贴现条件、在公开市场上卖出有价证券等，通过减少货币供给量、提高利率抑制总需求，达到稳定物价的目标。

3. 中性货币政策

中性货币政策是一种保证货币因素不对经济运行产生影响，从而保证市场机制可以不受干扰地在资源配置过程中发挥决定性作用的货币政策。

中性货币政策是顺经济风向行事的货币政策。执行中性货币政策的央行根据真实利率来调整名义利率。由于真实经济运行的连续性，真实利率的变动也是连续的，而名义利率的调整是央行离散进行的，如果央行调整名义利率的时间间隔过长，会导致名义利率滞后于真实利率而影响真实经济。为了不致影响真实经济进而影响真实利率，中性货币政策的操作方法是小幅微调、经常变动。实施中性货币政策有严格的条件限制，包括央行的指导思想、最终目标、信誉基础、行动顺序和信息环境。

课堂讨论

1. 什么是货币政策？
2. 货币政策工具有哪些？
3. 什么是稳健的货币政策？稳健的货币政策是如何发力的？

四、财政政策与货币政策的相机抉择

在实践中，由于宏观经济问题十分复杂，单一使用财政政策或货币政策往往很难起到作用。常用的政策组合主要有以下几种情形，如表 5-3 所示。

表 5-3　财政政策与货币政策配合的政策效应

序号	政策配合	收入	利率
1	扩张性财政政策与扩张性货币政策	增加	不确定
2	紧缩性财政政策与紧缩性货币政策	减少	不确定
3	扩张性财政政策与紧缩性货币政策	不确定	上升
4	紧缩性财政政策与扩张性货币政策	不确定	下降

（一）扩张性财政政策与扩张性货币政策组合

扩张性财政政策与扩张性货币政策组合也称“双松”模式，适用于经济萧条阶段。松的货币政策是指通过降低法定存款准备金率和降低利率来扩大信贷支出的规模和增加货币供给量；松的财政政策是指政府通过减税、降低税率和增加财政支出规模等财政分配活动来增加和刺激社会总需求。

在经济萧条阶段，社会总需求严重小于总供给，刺激经济增长成为宏观调控的首要目标，宜采用“双松”的政策组合。政府采用扩张性财政政策在使总需求增加的同时会使利率上升，带来通货膨胀风险，而配合采用扩张性货币政策则会抑制利率上升，以消除或减小扩张性财政政策的挤出效应，从而使总需求增加。因此，政府推行“双松”政策必须注意时机的选择和力度的控制，以防引起经济过热和通货膨胀。

（二）紧缩性财政政策与紧缩性货币政策组合

紧缩性财政政策与紧缩性货币政策组合也称“双紧”模式，适用于经济过热阶段。紧的货币政策是指通过提高法定存款准备金率和提高利率来减少信贷支出的规模和减少货币供给量，抑制投资和消费；紧的财政政策是指通过财政分配活动来减少和抑制总需求，其手段主要是增税和减少财政支出。

当经济运行过热时，社会总需求极度膨胀，社会总供给严重不足、物价大幅度攀升、政府面临强大的通货膨胀压力时，宜采用这种政策组合。政府采用紧缩性财政政策在使总需求减小的同时会使利率下降，而配合采用紧缩性货币政策则会抑制利率下降，从而使总需求减少。这种政策组合虽然可以有效抑制需求膨胀与通货膨胀，却易矫枉过正，带来经济停滞的后果。因此，政府推进“双紧”政策也必须注意时机的选择和力度的控制，以防生产的急剧滑坡和经济萎缩。

（三）扩张性财政政策与紧缩性货币政策组合

扩张性财政政策与紧缩性货币政策组合也称“一松一紧”模式，适用于经济衰退阶段。在经济衰退阶段，政府采用扩张性财政政策，如减税和增加政府支出等对于刺激需求、克服经济萧条、调整经济结构比较有效。

当社会运行表现出通货膨胀与经济停滞并存，以及经济结构失衡，治理“滞胀”、刺激经济增长成为政府调控经济的首要目标时，宜采用这种政策组合。紧缩性的货币政策可以避免较高的通货膨胀。这种政策组合能够在保持经济适度增长的同时尽可能避免通货膨胀，但长期使用会增大财政赤字，积累大量国家债务。

（四）紧缩性财政政策与扩张性货币政策组合

紧缩性财政政策和扩张性货币政策组合也称“一紧一松”模式。当经济基本稳定、政府开支庞大、经济结构合理，但是企业投资并不十分旺盛、经济也非过度繁荣、促进经济较快增长成为经济运行的首要目标时，宜采用这种政策组合。

一方面，用紧缩性财政政策可以减少政府开支、抑制总需求过旺；另一方面，用扩张性货币政策降低利率、刺激投资，可以保持经济的适度增长，以防止财政政策过紧而引起衰退。

在现实生活中，“双松”政策和“双紧”政策都是同向操作，实施起来对经济的震动很大，通常会导致经济的大起大落，不利于社会经济的稳定运行，而且这种同向操作力度较难把握。因此，在一般情况下，应采取松紧搭配的方式，同时政府要不断根据具体情况来调整财政政策和货币政策，使其协调配合最终实现宏观调控目标。

价值提升

以政策“组合拳”发力稳经济大盘

按照2021年中央经济工作会议精神和《2022年政府工作报告》的部署，2022年中国人民银行依法向中央财政上缴结存利润总额超过1万亿元，以增强可用财力。这笔来自过去几年外汇储备经营收益的利润，既不会增加税收或经济主体负担，也不会提高财政赤字，体现了货币政策与财政政策的协调联动，共同发力稳定宏观经济大盘。

“各方面要围绕贯彻这些重大政策和要求，细化实化具体举措，形成推动发展的合力”“实施新的组合式税费支持政策”……2022年的政府工作报告中，“组合拳”成为一个重要政策取向，通过多种政策措施、调控手段相互配合，将会放大政策实施力度，更好发挥出“1＋1＞2”的组合效应，为经济平稳运行提供更强有力的支撑。

打好政策“组合拳”，要突出协同发力。进入新发展阶段，随着我国经济规模扩大、产业体系更趋完备，经济运行的系统性、复杂性大幅提高，考验着政策制定与实施的能力和水平。做好2022年经济工作，宏观政策要稳健有效，微观政策要持续激发市场主体活力，结构政策要着力畅通国民经济循环，科技政策要扎实落地，改革开放政策要激活发展动力，区域政策要增强发展的平衡性协调性，社会政策要兜住兜牢民生底线。这意味着，稳定宏观经济大盘、推动经济社会高质量发展，绝不是某一项政策单打独斗能够实现的，而是要多种政策、多项措施齐头并进。唯有打好政策“组合拳”，才能打赢2022年“稳字当头、稳中求进”的硬仗。

打好政策“组合拳”，要坚持系统观念。宏观调控是一项复杂的系统工程，任何一项政策措施“不到位”或者“过了头”，都可能影响整体政策效应的发挥，甚至产生“过犹不及”的反作用。这就要求我们制定和实施政策必须从全局出发，遵循经济规律、发展规律，坚持系统思维、科学谋划，努力促成政策合力，既要避免“合成谬误”，不同政策相互掣肘，又要防止“分解谬误”，整体任务简单分解，甚至层层加码。与此同时，调整政策和推动改革必须把握好时度效，坚持先立后破，稳扎稳打，不把长期目标短期化，不把系统目标碎片化，不把持久战打成突击战。

打好政策“组合拳”，要实现最优成效。当前，我国经济发展面临需求收缩、供给冲击、预期转弱三重压力，既要稳增长、又要高质量，制定和实施任何一项政策都如逆水行舟，需要综合权衡得失利弊，在最大限度发挥出政策对经济发展促进作用的同时，将可能的不良影响和经济风险降到最低。以财政政策、货币政策为例，如何能够在提升政策效能、加大实施力度的同时，防范可能出现的债务风险、通货膨胀等负面效应？2022年的政府工作报告给出了很好的答案：通过特定国有金融机构和专营机构依法上缴近年结存的利润、调入预算稳定调节基金等措施，在财政赤字率降低、财政可持续性增强的同时，支出规模比2021年扩大2万亿元以上，可用财力明显增加。这种既不增加企业和社会负担，又能降低财政风险的做法，可谓“一根甘蔗两头甜”的良策，体现了多种政策间的协调联动，展现了政策“组合拳”的真正魅力。

宏观调控犹如一台机器，只有每个部位、每个“零件”紧紧咬合、协同发力，才能高效运转。越是压力增大、困难增多，越需要发挥出各项政策事半功倍的组合效应。实现2022年经济社会发展各项目标任务，各地区各部门都要着眼大局、胸怀大局、服务大局，担负起稳定宏观经济的责任，积极推出有利于经济稳定的政策，形成稳定宏观经济大盘、推动高质量发展的强大合力。相信在财政、货币、就业、产业、投资、消费、区域等政策协同发力的“组合拳”作用下，中国经济巨轮定将乘风破浪、行稳致远，奔赴更加光明的未来。

（资料来源：吴秋余. 以政策“组合拳”发力稳经济大盘. 人民网，2021-04-23. ）

启示：

中国特色社会主义制度和国家治理体系是以马克思主义为指导、植根中国大地、具有深厚中华文化根基、深得人民拥护的制度和治理体系，是具有强大生命力和巨大优越性的制度和治理体系。推进国家治理现代化，必须适应时代进步潮流和国家现代化总进程，既改革不适应实践发展要求的体制机制、法律法规，又构建新的体制机制、法律法规，使各方面制度更加科学、更加完善，实现党、国家、社会各项事务治理制度化、规范化、程序化。解决中国的问题只能在中国大地上探索适合自己的道路和制度，培育和弘扬社会主义核心价值观，要坚持求真务实、知行合一，与国家治理现代化相互衔接、协调推进。

项目综合训练

应知考核

一、选择题

1. 市场失灵是指（　　）。

A. 在私人部门和公共部门之间资源配置不均

B. 不能产生任何有用成果的市场过程

C. 以市场为基础的对资源的低效率配置

D. 收入分配不平等

2. 公共物品具有以下哪个特征？（　　）

A. 排他性　　B. 竞争性

C. 非排他性和非竞争性　　D. 以上全对

3. 解决负外部性可采取以下哪一种方法？（　　）

A. 通过征税的方法或补贴来使外部性内在化

B. 通过征税使原有外部不经济的产品减少需求

C. 通过补贴使原有外部经济产品增加供给

D. 通过补贴使原有外部经济产品减少需求

4. 当人们无偿地享有了额外收益时，称作（　　）。

A. 正外部经济效果　　B. 信息不完全

C. 交易成本　　D. 负外部经济效果

5. 下面哪一项活动可能引起负外部性？（　　）

A. 汽车排出的废气　　B. 在街心花园种花

C. 购买一台个人电脑　　D. 修复历史建筑

6. 下面哪一项不是政府职能？（　　）

A. 提供公共物品　　B. 用行政与法律手段解决市场失灵问题

C. 对自然垄断实行价格管制　　D. 在市场上决定产品的价格

7.（　　）不是经济中的内在稳定器。

A. 累进税率

B. 政府开支直接随国民收入水平变动

C. 社会保障支出和失业保险

D. 农业支持方案

8. 在经济衰退期，如果政府不加干预，会导致（　　）。

A. 税收减少，政府支出减少　　B. 税收减少，政府支出增加

C. 税收增加，政府支出减少　　D. 税收增加，政府支出增加

9. 中央银行改变货币供给的途径是（　　）。

A. 调整法定存款准备金率　　B. 公开市场业务

C. 调整再贴现率　　D. 以上都是

10. 中央银行在公开市场上买入债券的结果是（　　）。

A. 银行存款减少　　B. 市场利率上升

C. 货币供给减少　　D. 以上都不是

11. 财政部将政府债券卖给（　　）时，基础货币会增加。

A. 中央银行　　B. 商业银行

C. 居民　　D. 企业

12. 宏观经济政策的目标是（　　）。

A. 充分就业和物价稳定

B. 物价稳定和经济增长

C. 充分就业、物价稳定、减少经济波动和实现经济增长

D. 充分就业、物价稳定、经济增长和分配平等

13. 扩张性财政政策有（　　）的影响。

A. 缓和经济萧条、减少政府债务

B. 缓和经济萧条、增加政府债务

C. 缓和通货膨胀、增加政府债务

D. 缓和通货膨胀、减少政府债务

14. 紧缩性货币政策的运用会导致（　　）。

A. 货币供给量减少，利率降低

B. 货币供给量增加，利率提高

C. 货币供给量减少，利率提高

D. 货币供给量增加，利率降低

15. 一般而言，实行扩张性货币政策的主要目的是（　　）。

A. 抑制投资需求的不断增长

B. 刺激社会总需求的增长

C. 控制通货膨胀的进一步加剧

D. 防止物价上涨得太快

二、判断题

1. 总支出水平过高时，政府可以提高购买支出，以抑制通货膨胀。（　　）

2. 总支出水平不足时，政府应提高政府转移支付水平，以增加社会总需求。（　　）

3. 政府税收不具有自动稳定经济的作用。（　　）

4. 当要减少货币供给量时，中央银行应降低再贴现率。（　　）

5. 当经济衰退时，一国货币当局应提高再贴现率，在公开市场上买进政府债券，降低法定准备金率。（　　）

6. 增加税收和增加政府支出都属于扩张性财政政策。 （　　）
7. 在总需求量不足时，政府可采取扩张性财政政策来抑制衰退。 （　　）
8. 在经济繁荣时，政府支出的自动变化具有自动稳定经济的作用。 （　　）
9. 再贴现率政策是中央银行控制货币供给量最主要的手段。 （　　）
10. 我国货币政策的目标是保持货币币值的稳定，并以此促进经济增长。 （　　）

三、问答题

1. 简述市场失灵及其产生原因及主要表现。
2. 简述公共物品的特点。
3. 简述财政政策包括哪些内容，财政政策应如何运用。
4. 简述货币政策工具主要有哪几种，货币政策应如何运用。

四、讨论题

1. 比较私人经营公共交通与政府经营公共交通的优缺点。过去城市由一家政府的公交公司经营公共交通，现在由多家公司包括股份制公司经营公共交通，你认为这是进步还是退步？为什么？

2. 为什么空气污染这种负外部性不能由市场解决？当政府解决这一问题时，能不能运用市场规则？你认为是政府直接管制好，还是运用市场规则好？为什么？

3. 以下各种活动哪些会带来负外部性，哪些会带来正外部性？为什么？

（1）老年人在居民小区跳广场舞。

（2）老式蒸汽机火车通过农田时，灰尘对农作物生长不利。

（3）私人开办以营利为目的的私立学校。

（4）私人购买汽车。

应会考核

◎ 分析题

推动实施更大力度组合式减税降费 帮助市场主体纾困激发活力

2022年1月5日，时任中共中央政治局常委、国务院总理李克强主持召开减税降费座谈会，总结近些年来减税降费成效，就进一步为市场主体减税降费听取意见建议。时任中共中央政治局常委、国务院副总理韩正出席。

座谈会上，财政部、税务总局负责人做了汇报，刘尚希、刘怡等专家发了言，山西、辽宁、江苏、安徽、山东、甘肃省政府主要负责同志通过视频谈了本地减税降费成效和建议。大家认为，减税降费是支持市场主体的“及时雨”，为稳定经济、优化结构注入了强劲动力。

李克强说，规模性减税降费是宏观调控的关键性举措。在以习近平同志为核心的党中央坚强领导下，近些年面对复杂严峻国内外环境特别是疫情等巨大冲击，我们全面贯彻新发展理念，创新宏观调控方式，把推进规模性减税降费作为“先手棋"，"十三五"以来累计新增减税降费超过8.6万亿元，在压减政府支出的同时为市场主体纾困，并与"放管服"等改革同步推进，更大激发市场主体活力，带动扩大消费和有效投资，促进实现稳增长、保就业、防通胀。实践证明，减税降费是受益面最大的惠企政策，对应对困难挑战、保持经济运行在合理区间发挥了关键作用。

李克强指出，减税降费突出支持制造业升级和量大面广、吸纳就业多的中小微企业及个体工商户，实现了宏观政策和微观主体紧密联接。在改革完善增值税制度、实施研发费用加计扣除等制度性减税的同时，还实行阶段性减免社保费等措施，既帮助市场主体减负，又促进了创新和产业升级。引导金融机构、部分自然垄断行业向市场主体合理让利。建立财政资金直达机制，支持地方落实减税降费政策。减税降费催生大量市场主体，新增市场主体纳税逐年增加，起到了培育税源、扩大税基的作用，实现了"放水养鱼""水多鱼多"良性循环。

李克强说，当前受国际国内多重因素影响，我国经济出现新的下行压力，要加强跨周期调节，继续做好"六稳""六保"工作，针对市场主体需求，抓紧实施新的更大力度组合式减税降费，确保一季度经济平稳开局、稳住宏观经济大盘。要延续实施2021年底到期的支持小微企业和个体工商户的减税降费措施。完善研发费用加计扣除政策，加大增值税留抵退税力度，促进制造业企业科技创新和更新改造。针对受疫情影响重、就业容量大的服务业等特殊困难行业，研究精准帮扶的减税降费措施。坚持政府过紧日子，换得市场主体总体稳定、有奔头。国家将继续加大对地方转移支付力度，推动财力向市县基层下沉，为减税降费提供保障。各地也要拿出自己的措施，同时要坚决打击偷税漏税骗税，坚决制止乱收费。

李克强指出，各地区各部门要坚持以习近平新时代中国特色社会主义思想为指导，落实党中央、国务院决策部署，稳字当头、稳中求进，扎实做好各项工作，促进经济持续健康发展。

分析1："减税降费"属于何种宏观经济政策？

分析2：减税对经济有何影响？

◎ 实训项目

1. 作为高职高专的学生，当面临就业市场存在对学校品牌和专业歧视的现象时，你该如何设计自己的就业计划，来解决用工企业和你之间的信息不对称问题？

2. 针对以下的情形，你作为一名大学生，应该如何处理？请结合本项目所学知识给张先生、沈先生一些你的建议和解决方案。

情形1：张先生的手机收到一条短信，提示他的网银需要升级。张先生立即登录短信提供的网址，进行操作。

情形2：有人对沈先生声称，通过办理多张信用卡，以POS机刷卡，可以迅速套现，并承诺如果沈先生回老家组织他人办理多张信用卡，他将给予沈先生一定的好处费。

参考文献

[1] 高鸿业 . 经济学基础 [M]. 北京 : 中国人民大学出版社，2022.

[2] 曼昆 . 经济学原理 [M]. 北京 : 北京大学出版社，2020.

[3] 罗伯特 · 弗兰克 . 牛奶可乐经济学 [M]. 北京 : 北京联合出版公司，2017.

[4] 尼尔 · 基什特尼 . 经济学通识课 [M]. 北京 : 民主与建设出版社，2017.

[5] 罗伯特 · S. 平狄克 . 微观经济学 : 第 9 版 [M]. 北京 : 中国人民大学出版社，2020.

[6] 徐高 . 宏观经济学二十五讲：中国视角 [M]. 北京 : 中国人民大学出版社，2019.

[7] 张顺 . 微观经济学习题集 : 第 3 版 [M]. 北京 : 中国人民大学出版社，2021.

[8] 张顺 . 宏观经济学习题集 : 第 3 版 [M]. 北京 : 中国人民大学出版社，2021.

[9] 鲁迪格 · 多恩布什，斯坦利 · 费希尔 . 宏观经济学 : 第 13 版 [M]. 北京 : 中国人民大学出版社，2021.

[10] 林毅夫 . 解读中国经济 : 解读新时代的关键问题 [M]. 北京 : 北京大学出版社，2018.

[11] 蔡昉 . 读懂未来中国经济 : 十四五到 2035 [M]. 北京 : 中信出版社，2021.

[12] 吴敬琏，周小川，等 . 中国经济的底气 : 未来经济高质量发展的路径 [M]. 杭州 : 浙江大学出版社，2020.

[13] 中国经济 : 北京大学课堂讲录 [M]. 北京 : 北京大学出版社，2020.

附　录

经济学学习常用网站

财经新闻网站

- 央视网—财经频道（finance.cctv.com）
- 人民网—财经频道（finance.people.com.cn）
- 新浪财经数据（finance.sina.com.cn）

政府相关网站

- 中华人民共和国商务部（www.mofcom.gov.cn）
- 国家发展和改革委员会（www.ndrc.gov.cn）
- 中国人民银行（www.pbc.gov.cn）

数据和文献查询网站

- 中国经济信息网（www.cei.cn）
- 国家统计局（www.stats.gov.cn）
- 东方财富网（www.eastmoney.com）
- 国研网（www.drcnet.com.cn）

新编 21 世纪高等职业教育精品教材·经济贸易类

经济学基础

活页练习册

主编　姚君

中国人民大学出版社
·北京·

目　录

项目一　走进经济社会

课内任务训练

任务一　初识经济学

【导学案例】

"房住不炒"

◆ 学习任务

思考问题 1

楼市中存在哪些市场主体及市场客体？

学生回答：

思考问题 2

谁在主导房价的涨跌？

学生回答：

思考问题 3

政府为何要提出“房住不炒”和“房地产业的良性循环、健康发展”的调控理念？

学生回答：

______

______

______

【学习笔记】

<table>
<tr><td rowspan="3">知识点：</td><td>日期：</td></tr>
<tr><td>主题：</td></tr>
<tr><td>笔记：</td></tr>
<tr><td colspan="2">小结：</td></tr>
</table>

【课堂讨论】

◆ 讨论目的：理解资源稀缺性的内涵

◆ 小组成员：

姓名	班级	学号	任务分工

◆ 讨论内容：

1. 天下到底有没有免费的午餐？

学生回答：

____

____

____

2. 俗语说“物以稀为贵”，请用经济学的术语做出解释说明。

学生回答：

____

____

____

◆ 讨论过程评价：

评价指标	自评	组内互评
1. 能有效利用资源查找有效信息（10%）		
2. 能通过自己的理解有条理地表述查找的资源信息（20%）		
3. 能运用所学的知识分析问题，熟练掌握专业知识点（30%）		

续表

评价指标	自评	组内互评
4. 能针对问题发表个人见解（20%）		
5. 按时完成任务的态度以及团队协作、分工的能力（20%）		

【课堂讨论】

◆ **讨论目的：理解微观经济学和宏观经济学的研究内容、方法和差异**

◆ **小组成员：**

姓名	班级	学号	任务分工

◆ **讨论内容：**

请举例说明你身边的经济现象哪些属于微观经济学的范畴，哪些属于宏观经济学的范畴。

学生回答：

____

____

____

◆ **讨论过程评价：**

评价指标	自评	组内互评
1. 能有效利用资源查找有效信息（10%）		
2. 能通过自己的理解有条理地表述查找的资源信息（20%）		
3. 能运用所学的知识分析问题，熟练掌握专业知识点（30%）		
4. 能针对问题发表个人见解（20%）		
5. 按时完成任务的态度以及团队协作、分工的能力（20%）		

【价值提升】

水资源短缺与污染应该引起我们的深思

姓名	班级	学号

◆ **教师评价：**

评价指标	分数	评定结果
1. 信息获取能力——能检索知识，能表达知识点，能将知识点转化到社会热点问题中	10	
2. 感知工作能力——职业岗位价值认同感	10	
3. 参与学习状态——能发表个人见解，能按时、按质完成相应任务	30	
4. 思想政治素养——爱岗敬业意识的养成以及对自我的认识和能力提升	30	
5. 学习过程——能发现问题、提出问题、分析问题和创造性地解决问题	20	

任务二　价格理论

【导学案例】

确保重要民生商品保供稳价　遏制大宗商品价格不合理上涨

◆ **学习任务**

思考问题 1

粮油肉蛋菜果奶等民生商品的价格由哪些因素决定？

学生回答：

____

____

____

思考问题 2

在控制民生商品价格方面，政府可以发挥什么样的作用？

学生回答：

【学习笔记】

知识点：	日期：
	主题：
	笔记：
小结：	

【课堂讨论】

◆ **讨论目的：掌握需求和需求量的变动**

◆ **小组成员：**

姓名	班级	学号	任务分工

◆ **讨论内容：**

1. 光头人士的收入增加，会不会改变对假发的需求？

学生回答：

2. 帽子的价格上升，会不会改变对假发的需求？

学生回答：

3. 护理头发的成本上升，会不会改变对假发的需求？

学生回答：

4. 重归单身生活，会不会改变对假发的需求？

学生回答：

5. 假发的价格下降，会不会改变对假发的需求？

学生回答：

◆ **讨论过程评价：**

评价指标	自评	组内互评
1. 能有效利用资源查找有效信息（10%）		
2. 能通过自己的理解有条理地表述查找的资源信息（20%）		
3. 能运用所学的知识分析问题，熟练掌握专业知识点（30%）		
4. 能针对问题发表个人见解（20%）		
5. 按时完成任务的态度以及团队协作、分工的能力（20%）		

【课堂讨论】

◆ **讨论目的：掌握供给和供给量的变动**

◆ **小组成员：**

姓名	班级	学号	任务分工

◆ **讨论内容：**

1. 新技术的应用使电动汽车生产成本下降，电动汽车生产规模扩大。

学生回答：

2. 西瓜涨价，农民扩大西瓜种植面积。

学生回答：

3. 对房屋开发商征税，开发商减少了房屋供给数量。

学生回答：

◆ **讨论过程评价：**

评价指标	自评	组内互评
1. 能有效利用资源查找有效信息（10%）		
2. 能通过自己的理解有条理地表述查找的资源信息（20%）		
3. 能运用所学的知识分析问题，熟练掌握专业知识点（30%）		
4. 能针对问题发表个人见解（20%）		
5. 按时完成任务的态度以及团队协作、分工的能力（20%）		

【价值提升】

华为 P50 手机定价风波

姓名	班级	学号

◆ **教师评价：**

评价指标	分数	评定结果
1. 信息获取能力——能检索知识，能表达知识点，能将知识点转化到社会热点问题中	10	
2. 感知工作能力——职业岗位价值认同感	10	
3. 参与学习状态——能发表个人见解，能按时、按质完成相应任务	30	
4. 思想政治素养——爱岗敬业意识的养成以及对自我的认识和能力提升	30	
5. 学习过程——能发现问题、提出问题、分析问题和创造性地解决问题	20	

任务三 弹性理论

【导学案例】

让水饮回归本源

◆ 学习任务

思考问题 1

商家开发不同的功能饮料是出于什么目的？

学生回答：

______

______

______

思考问题 2

你认为什么样的水饮不会被轻易取代，能有较长的生命周期？请说明理由。

学生回答：

______

______

______

【学习笔记】

知识点：	日期：
	主题：
	笔记：

小结：

【价值提升】

掣肘新能源汽车发展，充电桩问题如何解决？

姓名	班级	学号

◆ **教师评价：**

评价指标	分数	评定结果
1. 信息获取能力——能检索知识，能表达知识点，能将知识点转化到社会热点问题中	10	
2. 感知工作能力——职业岗位价值认同感	10	
3. 参与学习状态——能发表个人见解，能按时、按质完成相应任务	30	
4. 思想政治素养——爱岗敬业意识的养成以及对自我的认识和能力提升	30	
5. 学习过程——能发现问题、提出问题、分析问题和创造性地解决问题	20	

课后任务训练

【应知考核】

【应会考核】

■ 计算题

1. 某种商品的需求价格弹性系数为 1.5，当它降价 8% 时，需求量会增加多少？

2. 已知某商品的需求价格弹性系数为 0.8，当价格为每千克 4.2 元时，销售量为 1 500 千克，若其价格下降 10%，销售量是多少？该商品涨价后销售收入是增加还是减少了？增加或减少了多少？

3. 某商品的需求函数为 $P = 120-3Q$，供给函数为 $P = 5Q$，求均衡价格和均衡数量。

■ 实训项目

1. 时间是一种稀缺资源，请运用经济学的思维分析你未来几年大学生活的时间规划，并提交一份书面报告，要求分析检查现有时间利用的情况，并制订时间利用的改进计划。

____

____

____

2. 请同学们进行一次市场调查，了解现实生活中某产品（如生活用品或家电产品）价格变动情况，并尝试分析其变动的原因，写一份调查报告。

____

____

____

【查漏补缺】

<table>
<tr><td rowspan="3">易错知识点：</td><td>日　　期：</td></tr>
<tr><td>测试结果：</td></tr>
<tr><td>错题整理：</td></tr>
<tr><td colspan="2">小结：</td></tr>
</table>

项目二　经济主体行为

课内任务训练

任务一　消费者理性决策

【导学案例】

高价倒卖冰墩墩，10 人被抓“现行”

◆ **学习任务**

思考问题 1

什么是理性消费？

学生回答：

思考问题 2

有哪些因素会影响消费决策？

学生回答：

思考问题 3

如何进行合理的消费规划？

学生回答：

【学习笔记】

知识点：	日期：
	主题：
	笔记：
小结：	

【课堂讨论】

◆ **讨论目的：掌握边际效用递减规律**

◆ **小组成员：**

姓名	班级	学号	任务分工

◆ **讨论内容：**

1. 为什么同样颜色、款式、面料的衣服你不会购买 2 件以上？

学生回答：

2. 同学们的手机和电脑品牌各不相同，为什么你会选择购买自己现在用的手机和电脑？

学生回答：

3. 请举出生活中由于边际效用递减规律发挥作用的消费者决策案例。

学生回答：

◆ **讨论过程评价：**

评价指标	自评	组内互评
1. 能有效利用资源查找有效信息（10%）		
2. 能通过自己的理解有条理地表述查找的资源信息（20%）		
3. 能运用所学的知识分析问题，熟练掌握专业知识点（30%）		
4. 能针对问题发表个人见解（20%）		
5. 按时完成任务的态度以及团队协作、分工的能力（20%）		

【案例讨论】

5G 商用

◆ **讨论目的：掌握消费者均衡条件**

◆ **小组成员：**

姓名	班级	学号	任务分工

◆ **讨论内容：**

请结合所学知识，分析为什么消费者对于 5G 套餐的使用仍然秉持观望态度。

学生回答：

◆ **讨论过程评价：**

评价指标	自评	组内互评
1. 能有效利用资源查找有效信息（10%）		
2. 能通过自己的理解有条理地表述查找的资源信息（20%）		

续表

评价指标	自评	组内互评
3. 能运用所学的知识分析问题，熟练掌握专业知识点（30%）		
4. 能针对问题发表个人见解（20%）		
5. 按时完成任务的态度以及团队协作、分工的能力（20%）		

【案例讨论】

专辑拍卖会

◆ **讨论目的：掌握消费者剩余**

◆ **小组成员：**

姓名	班级	学号	任务分工

◆ **讨论内容：**

1. 小秦究竟从这张专辑中得到了什么收益呢？

学生回答：

____

____

____

2. 小秦的消费者剩余是多少？

学生回答：

____

____

____

◆ **讨论过程评价：**

评价指标	自评	组内互评
1. 能有效利用资源查找有效信息（10%）		
2. 能通过自己的理解有条理地表述查找的资源信息（20%）		
3. 能运用所学的知识分析问题，熟练掌握专业知识点（30%）		
4. 能针对问题发表个人见解（20%）		
5. 按时完成任务的态度以及团队协作、分工的能力（20%）		

【价值提升】

春晚的发展

姓名	班级	学号

◆ **教师评价：**

评价指标	分数	评定结果
1. 信息获取能力——能检索知识，能表达知识点，能将知识点转化到社会热点问题中	10	
2. 感知工作能力——职业岗位价值认同感	10	
3. 参与学习状态——能发表个人见解，能按时、按质完成相应任务	30	
4. 思想政治素养——爱岗敬业意识的养成以及对自我的认识和能力提升	30	
5. 学习过程——能发现问题、提出问题、分析问题和创造性地解决问题	20	

任务二 生产者生产行为

【导学案例】

数字经济如何赋能中小微企业

◆ 学习任务

思考问题 1

企业的生产成本包括哪些?

学生回答:

思考问题 2

企业在生产经营决策中如何降低成本，提高效率?

学生回答:

思考问题 3

数字化经济时代，企业如何通过创新实现转型升级?

学生回答:

【学习笔记】

<table>
<tr><td rowspan="3">知识点：</td><td>日期：</td></tr>
<tr><td>主题：</td></tr>
<tr><td>笔记：</td></tr>
<tr><td colspan="2">小结：</td></tr>
</table>

【课堂讨论】

◆ 讨论目的：了解生产要素的具体内容

◆ 小组成员：

姓名	班级	学号	任务分工

◆ 讨论内容：

在社区开一家便利店，需要的生产要素具体包括什么？

学生回答：

____

____

____

◆ 讨论过程评价：

评价指标	自评	组内互评
1. 能有效利用资源查找有效信息（10%）		
2. 能通过自己的理解有条理地表述查找的资源信息（20%）		
3. 能运用所学的知识分析问题，熟练掌握专业知识点（30%）		
4. 能针对问题发表个人见解（20%）		
5. 按时完成任务的态度以及团队协作、分工的能力（20%）		

【价值提升】

车间"智"变，新技术带来生产新方式

姓名	班级	学号

◆ 教师评价：

评价指标	分数	评定结果
1. 信息获取能力——能检索知识，能表达知识点，能将知识点转化到社会热点问题中	10	
2. 感知工作能力——职业岗位价值认同感	10	
3. 参与学习状态——能发表个人见解，能按时、按质完成相应任务	30	
4. 思想政治素养——爱岗敬业意识的养成以及对自我的认识和能力提升	30	
5. 学习过程——能发现问题、提出问题、分析问题和创造性地解决问题	20	

任务三 成本与收益理论

【导学案例】

海尔的成本控制

◆ **学习任务**

思考问题 1

企业经营过程中涉及哪些成本？

学生回答：

思考问题 2

企业如何通过成本控制实现利润最大化?

学生回答:

【学习笔记】

<table>
<tr><td rowspan="3">知识点:</td><td>日期:</td></tr>
<tr><td>主题:</td></tr>
<tr><td>笔记:</td></tr>
<tr><td colspan="2">小结:</td></tr>
</table>

【课堂讨论】

◆ **讨论目的：区分固定成本和可变成本**

◆ **小组成员：**

姓名	班级	学号	任务分工

◆ **讨论内容：**

如果你要开一家奶茶店，请列出固定成本和可变成本分别是哪些。

学生回答：

____

____

____

◆ **讨论过程评价：**

评价指标	自评	组内互评
1. 能有效利用资源查找有效信息（10%）		
2. 能通过自己的理解有条理地表述查找的资源信息（20%）		
3. 能运用所学的知识分析问题，熟练掌握专业知识点（30%）		
4. 能针对问题发表个人见解（20%）		
5. 按时完成任务的态度以及团队协作、分工的能力（20%）		

【课堂讨论】

◆ **讨论目的：学会分析成本和利润，做出经济决策**

◆ **小组成员：**

姓名	班级	学号	任务分工

◆ **讨论内容：**

请你结合所学知识，为小李做出相应的决策。

学生回答：

◆ **讨论过程评价：**

评价指标	自评	组内互评
1. 能有效利用资源查找有效信息（10%）		
2. 能通过自己的理解有条理地表述查找的资源信息（20%）		
3. 能运用所学的知识分析问题，熟练掌握专业知识点（30%）		
4. 能针对问题发表个人见解（20%）		
5. 按时完成任务的态度以及团队协作、分工的能力（20%）		

【价值提升】

让"流量"回归真实和理性

姓名	班级	学号

◆ **教师评价：**

评价指标	分数	评定结果
1. 信息获取能力——能检索知识，能表达知识点，能将知识点转化到社会热点问题中	10	
2. 感知工作能力——职业岗位价值认同感	10	
3. 参与学习状态——能发表个人见解，能按时、按质完成相应任务	30	
4. 思想政治素养——爱岗敬业意识的养成以及对自我的认识和能力提升	30	
5. 学习过程——能发现问题、提出问题、分析问题和创造性地解决问题	20	

课后任务训练

【应知考核】

【应会考核】

■ 计算题

1. 已知一件衬衫的价格为 80 元，一份快餐的价格为 20 元，在某消费者关于这两种商品的效用最大化的均衡点上，一份快餐对一件衬衫的边际替代率是多少？

2. 假定小王决定购买葡萄酒（W）、啤酒（B）和苏打水（S）三种饮料，它们的价格分别为每瓶 4 元、2 元、1 元。这些饮料给他带来的边际效用如下表所示。若小王有 17 元可以用来购买这些饮料，他应该如何购买才能实现总效用最大？

数量	1	2	3	4	5	6
MU_W	60	40	32	24	20	16
MU_B	50	40	30	20	16	12
MU_S	10	9	8	7	6	5

3. 已知某企业的生产函数为 $Q = KL-0.5L^2-0.32K^2$，其中 Q 代表产量，K 代表资本，L 代表劳动，且 $K = 10$，试求：

（1）劳动的平均产量函数和边际产量函数。

（2）当总产量、平均产量和边际产量达到极大值时，该企业雇佣的劳动量是多少？

4. 某企业的短期成本变动情况如下表所示，请根据所学内容完成表中空缺部分的填写。

产量	固定成本	可变成本	短期总成本	短期边际成本	平均固定成本	平均可变成本	短期平均成本
0	3	0					
1	3	0.3					
2	3	0.8					
3	3	1.5					
4	3	2.4					
5	3	3.5					
6	3	4.8					
7	3	6.3					
8	3	8.0					
9	3	9.9					
10	3	12					

5. 已知某企业总成本函数为 $TC = 0.2Q_2-12Q+200$，总收益函数为 $TR = 20Q$，试问：生产多少件产品时利润最大？利润为多少？

■ 分析题

分析 1：房地产企业在规模扩张的同时，应该如何做好规模、利润、负债间的平衡？请谈谈你的观点。

____

____

____

分析 2：运用边际效用理论来指导企业的生产决策（从了解消费者心理、企业预算约束、市场定位、广告投放等方面分析）。

____

____

____

【查漏补缺】

<table>
<tr><td rowspan="3">易错知识点：</td><td>日　　期：</td></tr>
<tr><td>测试结果：</td></tr>
<tr><td>错题整理：</td></tr>
<tr><td colspan="2">小结：</td></tr>
</table>

项目三　经济市场分析

课内任务训练

任务一　生产要素市场

【导学案例】

推动数字经济健康发展

◆ 学习任务

思考问题 1

什么是生产要素？

学生回答：

思考问题 2

为什么要将数据纳入生产要素范畴？

学生回答：

【学习笔记】

知识点：	日期：
	主题：
	笔记：
小结：	

【课堂讨论】

◆ **讨论目的：掌握劳动力市场均衡工资的决定因素**

◆ **小组成员：**

姓名	班级	学号	任务分工

◆ **讨论内容：**

1. 政府实行最低工资标准的初衷是什么？

学生回答：

____

____

____

2. 实行最低工资标准后会对劳动市场均衡工资产生什么样的影响？

学生回答：

____

____

____

◆ **讨论过程评价：**

评价指标	自评	组内互评
1. 能有效利用资源查找有效信息（10%）		
2. 能通过自己的理解有条理地表述查找的资源信息（20%）		
3. 能运用所学的知识分析问题，熟练掌握专业知识点（30%）		
4. 能针对问题发表个人见解（20%）		
5. 按时完成任务的态度以及团队协作、分工的能力（20%）		

【价值提升】

劳动力市场出现新变化

姓名	班级	学号

◆ **教师评价：**

评价指标	分数	评定结果
1. 信息获取能力——能检索知识，能表达知识点，能将知识点转化到社会热点问题中	10	
2. 感知工作能力——职业岗位价值认同感	10	
3. 参与学习状态——能发表个人见解，能按时、按质完成相应任务	30	
4. 思想政治素养——爱岗敬业意识的养成以及对自我的认识和能力提升	30	
5. 学习过程——能发现问题、提出问题、分析问题和创造性地解决问题	20	

任务二　消费市场

【导学案例】

操纵价格的垄断行为是市场秩序之大害

◆ 学习任务

思考问题 1

垄断形成的原因是什么?

学生回答:

思考问题 2

垄断对经济有什么影响?

学生回答:

思考问题 3

除了垄断以外，现实经济中还有哪些市场结构?

学生回答:

【学习笔记】

知识点：	日期：
	主题：
	笔记：

小结：

【课堂讨论】

◆ 讨论目的：区分不同市场上不同收益曲线的关系

◆ 小组成员：

姓名	班级	学号	任务分工

◆ 讨论内容：

完全竞争市场和完全垄断市场上的边际收益曲线与平均收益曲线的关系有什么不同？

学生回答：

____

____

____

◆ 讨论过程评价：

评价指标	自评	组内互评
1. 能有效利用资源查找有效信息（10%）		
2. 能通过自己的理解有条理地表述查找的资源信息（20%）		
3. 能运用所学的知识分析问题，熟练掌握专业知识点（30%）		
4. 能针对问题发表个人见解（20%）		
5. 按时完成任务的态度以及团队协作、分工的能力（20%）		

【案例讨论】

“大数据杀熟”为什么令人反感

◆ 讨论目的：了解价格歧视

◆ 小组成员：

姓名	班级	学号	任务分工

◆ **讨论内容：**

1.“大数据杀熟”现象会对市场产生什么危害？

学生回答：

2. 遏制“大数据杀熟”现象，建立健康有序的市场秩序，企业和政府分别能做什么？

学生回答：

◆ **讨论过程评价：**

评价指标	自评	组内互评
1. 能有效利用资源查找有效信息（10%）		
2. 能通过自己的理解有条理地表述查找的资源信息（20%）		
3. 能运用所学的知识分析问题，熟练掌握专业知识点（30%）		
4. 能针对问题发表个人见解（20%）		
5. 按时完成任务的态度以及团队协作、分工的能力（20%）		

【课堂讨论】

◆ **讨论目的：了解价格歧视的相关知识点**

◆ **小组成员：**

姓名	班级	学号	任务分工

◆ **讨论内容：**

1. 实行价格歧视的关键是什么？

学生回答：

____

____

____

2. 价格歧视给厂商和消费者分别带来什么样的影响？

学生回答：

____

____

____

◆ **讨论过程评价：**

评价指标	自评	组内互评
1. 能有效利用资源查找有效信息（10%）		
2. 能通过自己的理解有条理地表述查找的资源信息（20%）		
3. 能运用所学的知识分析问题，熟练掌握专业知识点（30%）		
4. 能针对问题发表个人见解（20%）		
5. 按时完成任务的态度以及团队协作、分工的能力（20%）		

【课堂讨论】

◆ 讨论目的：理解完全垄断市场的短期均衡

◆ 小组成员：

姓名	班级	学号	任务分工

◆ 讨论内容：

你是否曾经走进一家餐馆吃午饭，发现里面几乎没人？为什么这种餐馆还要开门呢？请用所学经济学原理加以解释说明。

学生回答：

____

____

____

◆ 讨论过程评价：

评价指标	自评	组内互评
1. 能有效利用资源查找有效信息（10%）		
2. 能通过自己的理解有条理地表述查找的资源信息（20%）		
3. 能运用所学的知识分析问题，熟练掌握专业知识点（30%）		
4. 能针对问题发表个人见解（20%）		
5. 按时完成任务的态度以及团队协作、分工的能力（20%）		

【课堂讨论】

◆ 讨论目的：了解垄断厂商的竞争策略

◆ 小组成员：

姓名	班级	学号	任务分工

◆ **讨论内容：**

1. 随着人们生活水平的提高，牛奶已经成为人们的饮食必需品了，那么生产牛奶的厂商为何要做广告？

学生回答：

____

____

____

2. 生产什么类型产品的厂商会花钱请明星作为产品代言人？请回答并说明理由。

学生回答：

____

____

____

◆ **讨论过程评价：**

评价指标	自评	组内互评
1. 能有效利用资源查找有效信息（10%）		
2. 能通过自己的理解有条理地表述查找的资源信息（20%）		
3. 能运用所学的知识分析问题，熟练掌握专业知识点（30%）		
4. 能针对问题发表个人见解（20%）		
5. 按时完成任务的态度以及团队协作、分工的能力（20%）		

【案例讨论】

海信呼吁电视行业走出价格战“恶习”

◆ 讨论目的：复习垄断竞争市场的特征、厂商的竞争策略

◆ 小组成员：

姓名	班级	学号	任务分工

◆ 讨论内容：

1. 电视市场属于什么市场类型？现有的电视市场主要竞争表现在什么地方？

学生回答：

____

____

____

2. 电视生产厂家如果要在市场竞争中存活并求发展，应该注重在哪些方面进行改进？

学生回答：

____

____

____

◆ 讨论过程评价：

评价指标	自评	组内互评
1. 能有效利用资源查找有效信息（10%）		
2. 能通过自己的理解有条理地表述查找的资源信息（20%）		

续表

评价指标	自评	组内互评
3. 能运用所学的知识分析问题，熟练掌握专业知识点（30%）		
4. 能针对问题发表个人见解（20%）		
5. 按时完成任务的态度以及团队协作、分工的能力（20%）		

【案例讨论】

国家广播电视总局：“十四五”时期将规范演员片酬

◆ **讨论目的：寡头垄断市场的特征以及竞争策略**

◆ **小组成员：**

姓名	班级	学号	任务分工

◆ **讨论内容：**

1. 为什么会出现演员“天价片酬”？其背后的经济学原理是什么？

学生回答：

______

______

______

2. 改变演员“天价片酬”，政府和行业能做什么？

学生回答：

______

______

______

◆ **讨论过程评价：**

评价指标	自评	组内互评
1. 能有效利用资源查找有效信息（10%）		
2. 能通过自己的理解有条理地表述查找的资源信息（20%）		
3. 能运用所学的知识分析问题，熟练掌握专业知识点（30%）		
4. 能针对问题发表个人见解（20%）		
5. 按时完成任务的态度以及团队协作、分工的能力（20%）		

【价值提升】

姓名	班级	学号

◆ **教师评价：**

评价指标	分数	评定结果
1. 信息获取能力——能检索知识，能表达知识点，能将知识点转化到社会热点问题中	10	
2. 感知工作能力——职业岗位价值认同感	10	
3. 参与学习状态——能发表个人见解，能按时、按质完成相应任务	30	
4. 思想政治素养——爱岗敬业意识的养成以及对自我的认识和能力提升	30	
5. 学习过程——能发现问题、提出问题、分析问题和创造性地解决问题	20	

课后任务训练

【应知考核】

【应会考核】

■ 计算题

1. 假设某完全竞争企业的成本函数为 $TC = 0.1Q^3-2Q^2+15Q+10$，其产品的平均价格为 55 元，试求：

（1）利润最大时的产量和利润。

____

____

____

（2）如果市场供求关系发生变化后，产品价格变为 30 元，在新的价格水平上该厂商是否会发生亏损？

____

____

____

2. 完全竞争行业中某厂商的长期总成本函数为 $LTC = Q^3-12Q^2+40Q$，试求：

（1）当市场商品价格为 $P = 100$ 时，厂商实现 $MR = LMC$ 时的产量、平均成本和利润。

____

____

____

（2）该行业长期均衡时的价格和单个厂商的产量。

（3）当市场的需求函数为 $Q = 660-15P$ 时，行业长期均衡时的厂商数量。

3. 假定某劳动市场的供求曲线分别为 $S_L = 100W$，$D_L = 60\,000-100W$，则：

（1）均衡工资为多少？

（2）假如政府对工人提供的每单位劳动课以 10 元的税，则新的均衡工资为多少？

■ 分析题

分析：欧盟委员会为什么要对谷歌进行处罚？这种处罚对市场竞争有什么意义？

■ 实训项目

1. 请调查互联网平台寡头垄断的情况，并就产生垄断的原因、影响及应对策略谈谈自己的认识，形成一份调查报告。

2. 了解你就读专业相关工种在全国不同地区的工资价位，写一篇调查分析报告。

3. 试着利用课余时间找一份兼职工作，分析工资的决定和和变动，写一份心得体会。

【查漏补缺】

易错知识点：	日　　期：
	测试结果：
	错题整理：

小结：

项目四　民生经济问题

课内任务训练

任务一　经济增长

【导学案例】

中国经济将成为世界经济增长的“火车头”

◆ **学习任务**

思考问题 1

用什么来衡量经济增长？

学生回答：

思考问题 2

中国近 10 年的经济增长率是多少？中国能保持经济高增长的原因是什么？

学生回答：

思考问题 3

全球经济进入衰退期，各国经济格局的新变化会给我国带来什么样的机遇和挑战？

学生回答：

【学习笔记】

知识点：	日期：
	主题：
	笔记：
小结：	

【课堂讨论】

◆ 讨论目的：掌握用支出法计算 GDP

◆ 小组成员：

姓名	班级	学号	任务分工

◆ 讨论内容：

以下生活中的经济现象，哪些可以计入 GDP？

（1）销售给本国企业的原材料的市场价值；（2）销售给外国企业的原材料的市场价值；（3）股票买卖的价格；（4）支付给证券经纪人的佣金；（5）银行助学贷款的利息；（6）私人向贫困大学生的捐赠；（7）妻子从事的家务劳动；（8）保姆从事的家务劳动。

学生回答：

◆ 讨论过程评价：

评价指标	自评	组内互评
1. 能有效利用资源查找有效信息（10%）		
2. 能通过自己的理解有条理地表述查找的资源信息（20%）		
3. 能运用所学的知识分析问题，熟练掌握专业知识点（30%）		
4. 能针对问题发表个人见解（20%）		
5. 按时完成任务的态度以及团队协作、分工的能力（20%）		

【价值提升】

优化社会保障制度是推进共同富裕的重要举措

姓名	班级	学号

◆ **教师评价：**

评价指标	分数	评定结果
1. 信息获取能力——能检索知识，能表达知识点，能将知识点转化到社会热点问题中	10	
2. 感知工作能力——职业岗位价值认同感	10	
3. 参与学习状态——能发表个人见解，能按时、按质完成相应任务	30	
4. 思想政治素养——爱岗敬业意识的养成以及对自我的认识和能力提升	30	
5. 学习过程——能发现问题、提出问题、分析问题和创造性地解决问题	20	

任务二　国民收入

【导学案例】

走活中国经济“大棋局”

◆ 学习任务

思考问题 1

如何理解“构建以国内大循环为主体、国内国际双循环相互促进的新发展格局”？

学生回答：

思考问题 2

我国构建新发展格局目标是什么？应该侧重在哪些方面进行改革？

学生回答：

思考问题 3

供给侧结构性改革的理论依据是什么？

学生回答：

【学习笔记】

知识点：	日期：
	主题：
	笔记：

小结：

【价值提升】

供给侧结构性改革——经济发展的主线

姓名	班级	学号

◆ **教师评价：**

评价指标	分数	评定结果
1. 信息获取能力——能检索知识，能表达知识点，能将知识点转化到社会热点问题中	10	
2. 感知工作能力——职业岗位价值认同感	10	
3. 参与学习状态——能发表个人见解，能按时、按质完成相应任务	30	
4. 思想政治素养——爱岗敬业意识的养成以及对自我的认识和能力提升	30	
5. 学习过程——能发现问题、提出问题、分析问题和创造性地解决问题	20	

任务三 失业现象

【导学案例】

党的二十大报告为劳动者“饭碗”注入“稳力量”

◆ **学习任务**

思考问题 1

如何衡量失业?

学生回答:

思考问题 2

失业有何弊端?

学生回答:

思考问题 3

现阶段我国应如何治理失业?

学生回答:

【学习笔记】

知识点：	日期：
	主题：
	笔记：
小结：	

【价值提升】

推动实现更加充分更高质量就业

姓名	班级	学号

◆ **教师评价：**

评价指标	分数	评定结果
1. 信息获取能力——能检索知识，能表达知识点，能将知识点转化到社会热点问题中	10	
2. 感知工作能力——职业岗位价值认同感	10	
3. 参与学习状态——能发表个人见解，能按时、按质完成相应任务	30	
4. 思想政治素养——爱岗敬业意识的养成以及对自我的认识和能力提升	30	
5. 学习过程——能发现问题、提出问题、分析问题和创造性地解决问题	20	

任务四　通货膨胀

【导学案例】

0.9%！2021 年控通胀目标完成

◆ 学习任务

思考问题 1

什么是通货膨胀？如何来衡量通货膨胀？

学生回答：

______

______

______

思考问题 2

通货膨胀对我们的生活会产生什么样的影响？

学生回答：

______

______

______

【学习笔记】

知识点：	日期：
	主题：
	笔记：

小结：

【价值提升】

投资中国就是投资未来

姓名	班级	学号

◆ **教师评价：**

评价指标	分数	评定结果
1. 信息获取能力——能检索知识，能表达知识点，能将知识点转化到社会热点问题中	10	
2. 感知工作能力——职业岗位价值认同感	10	
3. 参与学习状态——能发表个人见解，能按时、按质完成相应任务	30	
4. 思想政治素养——爱岗敬业意识的养成以及对自我的认识和能力提升	30	
5. 学习过程——能发现问题、提出问题、分析问题和创造性地解决问题	20	

课后任务训练

【应知考核】

【应会考核】

■ 计算题

1. 假设某经济社会的消费函数为 $C = 100+0.8Y$，投资为 500 亿元。试求：

（1）均衡收入、消费和储蓄分别是多少？

（2）若投资增加至 1 000 亿元，增加的收入是什么？

2. 如果总供给曲线为 $AS = 250$，总需求曲线为 $AD = 200-25P$，试求：

（1）供求均衡点的价格水平和收入水平为多少？

（2）如果总需求曲线向右平移 10%，其他条件不变，新的供求均衡点的价格水平和收入水平为多少？

（3）如果总供给曲线向左平移 10%，其他条件不变，新的供求均衡点的价格水平和收入水平为多少？

3. 假定某地的国内生产总值是 5 000 亿元，个人可支配收入是 4 100 亿元，政府预算赤字是 200 亿元，消费是 3 800 亿元，贸易赤字是 1 000 亿元，请计算储蓄和投资。

■ 实训项目

1. 登录国家统计局官方网站，查找近 3 年 CPI 数据，通过作图分析当前我国处于通货紧缩还是通货膨胀，结合国家的相关政策谈谈你对当前中国所处的经济态势的看法，撰写一份《对通货膨胀的认识》的心得体会，分析国家采取的哪些政策在实际经济生活中起到了作用，而哪些又未能达到预期效果。

2. 登录国家统计局官方网站，查阅近 20 年关于国内生产总值增长率的相关数据，根据查到的数据，绘制 GDP 增长率的曲线图，并根据图形分析在此期间的经济周期变化的情况。查找相关资料分析这 20 年中经济周期性波动的主要原因。

____

____

____

【查漏补缺】

<table>
<tr><td rowspan="3">易错知识点：</td><td>日　　期：</td></tr>
<tr><td>测试结果：</td></tr>
<tr><td>错题整理：</td></tr>
<tr><td colspan="2">小结：</td></tr>
</table>

项目五　调控经济政策

课内任务训练

任务一　微观经济政策

【导学案例】

防治噪声污染须久久为功

◆ 学习任务

思考问题 1

请查找相关资料，了解生活中噪声污染的类型。

学生回答：

____

____

____

思考问题 2

噪声污染对人们生活会产生什么影响？

学生回答：

____

____

____

思考问题 3

针对噪声污染防治问题，政府可以做什么？

学生回答：

【学习笔记】

<table>
<tr><td rowspan="3">知识点：</td><td>日期：</td></tr>
<tr><td>主题：</td></tr>
<tr><td>笔记：</td></tr>
<tr><td colspan="2">小结：</td></tr>
</table>

【案例讨论】

市场监管总局对阿里巴巴“二选一”垄断行为做出行政处罚

◆ **讨论目的：了解垄断及其危害**

◆ **小组成员：**

姓名	班级	学号	任务分工

◆ **讨论内容：**

1. 为什么要反垄断？

学生回答：

2. 政府在反垄断方面做了哪些努力？

学生回答：

3. 结合我国《反垄断法》，了解相关内容，谈谈你对反垄断问题的认识。

学生回答：

◆ **讨论过程评价：**

评价指标	自评	组内互评
1. 能有效利用资源查找有效信息（10%）		
2. 能通过自己的理解有条理地表述查找的资源信息（20%）		
3. 能运用所学的知识分析问题，熟练掌握专业知识点（30%）		
4. 能针对问题发表个人见解（20%）		
5. 按时完成任务的态度以及团队协作、分工的能力（20%）		

【课堂讨论】

◆ **讨论目的：掌握外部性的内涵和表现形式**

◆ **小组成员：**

姓名	班级	学号	任务分工

◆ **讨论内容：**

请列举现实生活中还有哪些外部性的实例，并分别说明它们属于哪种类型，会对经济主体产生什么影响。

学生回答：

◆ **讨论过程评价：**

评价指标	自评	组内互评
1. 能有效利用资源查找有效信息（10%）		
2. 能通过自己的理解有条理地表述查找的资源信息（20%）		
3. 能运用所学的知识分析问题，熟练掌握专业知识点（30%）		
4. 能针对问题发表个人见解（20%）		
5. 按时完成任务的态度以及团队协作、分工的能力（20%）		

【课堂讨论】

◆ **讨论目的：掌握公共物品提供中的“搭便车”现象和“公地的悲剧”内涵**

◆ **小组成员：**

姓名	班级	学号	任务分工

◆ **讨论内容：**

你在现实生活中遇到过哪些“搭便车”现象？请举例说明，并提出解决搭便车问题的方案。

学生回答：

【案例讨论】

“救命药”为何一药难求

◆ **讨论目的：了解公共物品**

◆ **小组成员：**

姓名	班级	学号	任务分工

◆ **讨论内容：**

1. 药品是公共物品吗？理由是什么？

学生回答：

2. “救命药”为何会一药难求？

学生回答：

3. 结合经济学相关知识，谈谈如何解决“救命药”一药难求的问题。

学生回答：

◆ **讨论过程评价：**

评价指标	自评	组内互评
1. 能有效利用资源查找有效信息（10%）		
2. 能通过自己的理解有条理地表述查找的资源信息（20%）		
3. 能运用所学的知识分析问题，熟练掌握专业知识点（30%）		
4. 能针对问题发表个人见解（20%）		
5. 按时完成任务的态度以及团队协作、分工的能力（20%）		

【课堂讨论】

◆ **讨论目的：掌握逆向选择和道德风险的内涵**

◆ **小组成员：**

姓名	班级	学号	任务分工

◆ **讨论内容：**

1. 请问保险市场上会存在怎样的逆向选择问题？针对该类问题谈谈解决思路。

学生回答：

______

______

______

2. 请讨论企业中员工会存在哪些道德风险问题，以及如何防止这类问题的发生。

学生回答：

______

______

______

◆ **讨论过程评价：**

评价指标	自评	组内互评
1. 能有效利用资源查找有效信息（10%）		
2. 能通过自己的理解有条理地表述查找的资源信息（20%）		
3. 能运用所学的知识分析问题，熟练掌握专业知识点（30%）		
4. 能针对问题发表个人见解（20%）		
5. 按时完成任务的态度以及团队协作、分工的能力（20%）		

【案例讨论】

数字经济新业态

◆ 讨论目的：了解信息不对称现象及其后果

◆ 小组成员：

姓名	班级	学号	任务分工

◆ 讨论内容：

1. 直播带货作为新生事物具有两面性，请你谈谈这种经济模式的优缺点。

学生回答：

____

____

____

2. 如何解决直播经济中消费者和销售者之间信息不对称的问题？

学生回答：

____

____

____

◆ 讨论过程评价：

评价指标	自评	组内互评
1. 能有效利用资源查找有效信息（10%）		
2. 能通过自己的理解有条理地表述查找的资源信息（20%）		

续表

评价指标	自评	组内互评
3. 能运用所学的知识分析问题，熟练掌握专业知识点（30%）		
4. 能针对问题发表个人见解（20%）		
5. 按时完成任务的态度以及团队协作、分工的能力（20%）		

【价值提升】

我国的排污权交易制度

姓名	班级	学号

◆ **教师评价：**

评价指标	分数	评定结果
1. 信息获取能力——能检索知识，能表达知识点，能将知识点转化到社会热点问题中	10	
2. 感知工作能力——职业岗位价值认同感	10	
3. 参与学习状态——能发表个人见解，能按时、按质完成相应任务	30	
4. 思想政治素养——爱岗敬业意识的养成以及对自我的认识和能力提升	30	
5. 学习过程——能发现问题、提出问题、分析问题和创造性地解决问题	20	

任务二　宏观经济政策

【导学案例】

2022 年国家的宏观经济政策

◆ 学习任务

思考问题 1

什么是宏观经济政策？

学生回答：

____

____

____

思考问题 2

什么是财政政策和积极的财政政策？什么是货币政策和稳健的货币政策？

学生回答：

____

____

____

思考问题 3

2021 年我国为什么要实施积极的财政政策和稳健的货币政策？

学生回答：

____

____

____

【学习笔记】

<table>
<tr><td rowspan="3">知识点：</td><td>日期：</td></tr>
<tr><td>主题：</td></tr>
<tr><td>笔记：</td></tr>
<tr><td colspan="2">小结：</td></tr>
</table>

【课堂讨论】

◆ 讨论目的：了解国家财政政策内容

◆ 小组成员：

姓名	班级	学号	任务分工

◆ 讨论内容：

1. 什么是财政政策？

学生回答：

____

____

____

2. 财政政策工具有哪些？

学生回答：

____

____

____

3. 什么是积极的财政政策？积极的财政政策是如何发力的？

学生回答：

____

____

____

◆ **讨论过程评价：**

评价指标	自评	组内互评
1. 能有效利用资源查找有效信息（10%）		
2. 能通过自己的理解有条理地表述查找的资源信息（20%）		
3. 能运用所学的知识分析问题，熟练掌握专业知识点（30%）		
4. 能针对问题发表个人见解（20%）		
5. 按时完成任务的态度以及团队协作、分工的能力（20%）		

【课堂讨论】

◆ **讨论目的：了解定向降准政策**

◆ **小组成员：**

姓名	班级	学号	任务分工

◆ **讨论内容：**

1. 什么是定向降准？

学生回答：

____

____

____

2. 你觉得定向降准的目的是什么？会产生什么样的经济效果？

学生回答：

____

____

____

◆ **讨论过程评价：**

评价指标	自评	组内互评
1. 能有效利用资源查找有效信息（10%）		
2. 能通过自己的理解有条理地表述查找的资源信息（20%）		
3. 能运用所学的知识分析问题，熟练掌握专业知识点（30%）		
4. 能针对问题发表个人见解（20%）		
5. 按时完成任务的态度以及团队协作、分工的能力（20%）		

【课堂讨论】

◆ **讨论目的：巩固货币政策的基础知识**

◆ **小组成员：**

姓名	班级	学号	任务分工

◆ **讨论内容：**

1. 什么是货币政策？

学生回答：

____

____

____

2. 货币政策工具有哪些？

学生回答：

____

____

____

3. 什么是稳健的货币政策？稳健的货币政策是如何发力的？

学生回答：

______

______

______

◆ **讨论过程评价：**

评价指标	自评	组内互评
1. 能有效利用资源查找有效信息（10%）		
2. 能通过自己的理解有条理地表述查找的资源信息（20%）		
3. 能运用所学的知识分析问题，熟练掌握专业知识点（30%）		
4. 能针对问题发表个人见解（20%）		
5. 按时完成任务的态度以及团队协作、分工的能力（20%）		

【价值提升】

以政策“组合拳”发力稳经济大盘

姓名	班级	学号

◆ **教师评价：**

评价指标	分数	评定结果
1. 信息获取能力——能检索知识，能表达知识点，能将知识点转化到社会热点问题中	10	
2. 感知工作能力——职业岗位价值认同感	10	
3. 参与学习状态——能发表个人见解，能按时、按质完成相应任务	30	
4. 思想政治素养——爱岗敬业意识的养成以及对自我的认识和能力提升	30	
5. 学习过程——能发现问题、提出问题、分析问题和创造性地解决问题	20	

课后任务训练

【应知考核】

【应会考核】

■ 分析题

分析 1：“减税降费”属于何种宏观经济政策？

分析 2：减税对经济有何影响？

■ 实训项目

1. 作为高职高专的学生，当面临就业市场存在对学校品牌和专业歧视的现象，你该如何设计自己的就业计划，来解决用工企业和你之间的信息不对称问题？

2. 针对以下的情形，你作为一名大学生，应该如何处理？请结合本项目所学知识给张先生、沈先生一些你的建议和解决方案。

情形1：张先生的手机收到一条短信，提示他的网银需要升级。张先生立即登录短信提供的网址，进行操作。

情形2：有人对沈先生声称，通过办理多张信用卡，以POS机刷卡，可以迅速套现，并承诺如果沈先生回老家组织他人办理多张信用卡，他将给予沈先生一定的好处费。

____

____

____

【查漏补缺】

易错知识点：	日　　期：
	测试结果：
	错题整理：
小结：	

新编21世纪高等职业教育精品教材

■经济贸易类■

体系新颖、内容实用。将经济学基础知识重新架构，突破传统的微观和宏观两部分理论教学的划分方法，通过走进经济社会、经济主体行为、经济市场分析、民生经济问题、调控经济政策五个项目重构教学内容。

学生主体、能力导向。教材中除了保证知识体系的完整性、结构安排的合理性之外，更加注重学生在学习中的主体地位，通过分组讨论和课堂训练的形式帮助学生巩固所学知识，并将其运用于现实生活中的决策和分析，解决在市场经济活动和民生问题中遇到的现实问题。

栏目丰富、资源多样。设置了"导学案例""课堂讨论""学中做""做中学"等小栏目，配有教学大纲、课程标准、微课、教学课件、交互式测验等大量的教学资料，形成立体化教材。

本书配备教学资源，
请登录中国人民大学出版社官网
（www.crup.com.cn）免费下载。

策划编辑　刘继方
责任编辑　崔灵琳
封面设计　许　广

人大社职教之窗

ISBN 978-7-300-31415-0

定价：48.00元